イタリアルネサンスとアジア日本

イタリアルネサンスとアジア日本

ヒューマニズム・アリストテレス主義・プラトン主義

根占献一著

知泉書館

序

『ロレンツォ・デ・メディチ――ルネサンス期フィレンツェ社会における個人の形成』（南窓社、一九九七年）を出版したあと、翌年には『東西ルネサンスの邂逅――南蛮と禰寝氏の歴史的世界を求めて』（東信堂、一九九八年）を世に問うた。出版年が連続し、そして書下ろしに近かったために、周りには驚く研究者も見られた。『ロレンツォ・デ・メディチ』は書き上げるうえに長年月を要しただけでなく、特別な事由から出版社が別の社に移り、たまたまその年になったという事情があった。決して続けざまに執筆したわけではない。

『東西ルネサンスの邂逅』は先の書に比べれば、一気に書きあげたということになるかもしれない。ただし、『ロレンツォ・デ・メディチ』におけるメディチ家兄弟、ロレンツォとジュリアーノ暗殺に関わる叙述のなかで、私は殺害場所の比較の意味で禰寝《ねじめ》氏宗家の暗殺出来《しゅったい》に言及した。このためある機関誌に書評を書いてくださった方から、この禰寝氏はあなたの家とどのような関係にあるのかと尋ねる私信をいただくことになる。両書の書き始めと完成のあいだには随分と時間が経過しているのだが、同一の著者であるから問題意識が連続していた面もあったのであろう。

本書『イタリアルネサンスとアジア日本――ヒューマニズム・アリストテレス主義・プラトン主義』は言うなれば、先行するこの両小著があってこそ生まれたことはまちがいない。もちろん、これら二作品以外にこれまでに書として三冊、『フィレンツェ共和国のヒューマニスト――イタリア・ルネサンス研究（正）』（二〇〇五年）、

『共和国のプラトン的世界――イタリア・ルネサンス研究（続）』（同年）、そして『ルネサンス精神への旅――ジョアッキーノ・ダ・フィオーレからカッシーラーまで』（二〇〇九年）をすべて創文社から上梓しており、これらも関連性がないわけでない。そのことは、ヨーロッパでは特にイタリアがこのたびの新著の中心になっていることから明らかであろう。

以上紹介した、そのようなわずか数冊の拙著のなかで新著に最も関連が深いのは『東西ルネサンスの邂逅』である。本書の第一章「ルネサンス史のなかの日本――近代初期の西欧とアジアの交流」は旧著にじかに連結する。書き始めたきっかけもこの著述があって学術誌に寄稿を求められたからである。そしてこの章は幸い、本書の長いけれども序章的な第一章、と呼べるのではないかと思っている。本章で叙述し、問題として指摘したことがらがのちの章で展開されることになるからである。「霊魂不滅」はその最たるテーマであるだろう。このテーマは時代の問題であるとともに時代を超える側面を有しており、精神史、思想史の一重要課題に属しよう。また、本書副題の「ヒューマニズム・アリストテレス主義・プラトン主義」が全体として各章のキーワードとなることが示されるであろう。

第一章でも最初に述べたことであるが、東西の出会いについてはヨーロッパ人のアジア、日本への興味を抜きにしては語れない。「オリエント」世界に関心を抱いた人は野心的な政治家や探検家に限らず、知識人、商人、修道士など広範囲にみられる。第二章「ニッコロ・デ・コンティの旅路と地図製作およびアジア再認」ではコンティなる人物を取り上げ、彼のアジア旅行を紹介した。その際、その旅路がポッジョ・ブラッチョリーニの手になるために、このヒューマニストについても少し述べる機会があった。ポッジョについては『フィレンツェ共和国のヒューマニスト』で詳述しており、本章はさらに彼の人となりを補うことにもなる。地理情報が増えることはまた地図製作にも反映されていくであろう。地図がいかに重要であるかに関しては贅言を要しないであろう。

第三章「イタリア人の訪問者・熟知者と日本――鹿児島ノート」では東西交流のいわば日本への玄関口であった鹿児島に注視して、東西の出会いをまずは日本の歴史のなかで考えてみた。本書が問題にする鹿児島は、日本史の転換期に当たっているとはいえ、いまだ大隅国と薩摩国に分けて考察する必要がある時代であった。それが本章の前半であり、鹿児島の地理、地形を知ってもらうためにも、自らの旅とともに語ってみた。副題を「鹿児島ノート」、覚書とした所以である。章後半は来日したイエズス会士のうち画家として知られるジョヴァンニ・ニコラオ・ダ・ノーラを検討してみた。続けて、来日しなかったイエズス会士にも言及し、彼らの著述活動による日本理解などに迫ってみた。ここでは特にイタリア系の人たちに着目した。インドにいたランチロットなどはヤジロウとの関係から言ってももっと知られてよいであろう。

この続きとして、第四章「ザビエルと時代の課題――ルネサンスの霊魂不滅論」ではキリスト教を伝えたフランシスコ・ザビエルが登場する。ザビエルはもちろんイタリア人ではなく、学習の場もイタリアの大学でなく――父はボローニャ大学出身だが――パリの大学であった。だが、彼とイタリアの関係も蔑ろにはできない。あるいは総じてこれはイエズス会士全般に言えることであり、同会本部がローマにあったことは重要である。なお日本に来るにあたり、学僧との議論を楽しみにしていて、足利学校の存在も知っていたようである。当時この学校は戦国時代の反映もあるのか、兵学と占筮が盛んであったというから、仮にザビエルがこの地に来た時にいかなる議論が成り立っただろうか、と訝しく思う。

しかし、確実に、ザビエル以後来日する宣教師と日本側で議論の中心となったテーマがある。それが章の副題「ルネサンスの霊魂不滅論」である。本章ではどのようにその話題が現れているのかを史実などに基づきながら、具体的な叙述を試みた。これはルイス・フロイスを始め、この時代の多くの文献に現れて、目立つ議論、時には激論となっている。

なぜこれほどまでに「霊魂不滅論」を来日したキリスト教徒は主張し、仏教徒との間で往々にして白熱の議論となったのか。この間の消息を知るにはヨーロッパ側の事情を見る必要があろう。それが第五章「パドヴァ大学の伝統と霊魂不滅の問題——一六世紀世界における宗教と哲学思想」である。パドヴァ大学における哲学と神学の関係や、フィレンツェ・ルネサンスにおける哲学文化の勃興などが明らかにされるなかで、第五ラテラノ公会議（一五一二—一七年）の決定に注目が向かわなくてはならない。つまり霊魂不滅がここで初めてキリスト教の信仰箇条となり、教義上は神学的決着がはかられることになった。

ザビエルはこれ以後のキリスト教宣教師であり、これが否定されている社会は容認できなかったであろう。聖書の伝統はこの不滅、不死を力説しているわけではないが、信仰箇条となった結果、キリスト教側は日本の仏教社会、禅を信奉する武士階級や知識人の社会にあってこの理論を訴えたのである。ヨーロッパで宗教会議での決定があったからといって、その後の自由思想家や啓蒙思想家の間では受容されなかったように、極東の地でもなかなかに受け入れがたい論法であった。とまれ、霊魂の議論は洋の東西を問わず、興味津々のテーマたりうる。

イエズス会の本部があったのはローマであった。パリでもなく、リスボンでもなく、新興のマドリッドでもなかった。一六、七世紀の日欧関係を考える時、幾らかなりともローマ・ルネサンスがいかようであったのか、とりわけローマ教会にはいかなる個性が現れているのか、然るべき関心が払われるべきであろう。第六章「ローマ・ルネサンスと世界——ヨーロッパ域を越えるヒューマニストと航海者たち」では特に先ずは神学者・哲学者エジディオ・ダ・ヴィテルボの思想を詳らかにしようとした。ポルトガルのアジア進出を自らの歴史哲学に入れ込もうとするローマ教会人エジディオの解釈には新たな時代の到来が告げられている。

だが、この章ではいわばエジディオのような教会人のイデオローグのみを扱ったわけではない。イタリアの探検家たちのもたらしたアジア情報とその問題点に、特にジョヴァンニ・ダ・エンポリの琉球情報を介して踏み込んでみた。また、そのアジア情報が真っ先に入るポルトガルの思想状況の解明に努め、ルネサンス思想の特徴について考察を加えてみた。ポルトガルのリスボン港はヨーロッパ・アジア間の出入港として誰しもが利用しなければならなかった。そしてリスボンから入り、スペインのアリカンテから出、イタリアのジェノヴァあるいはリヴォルノに上陸すると、その先には常にローマがあった。

日本を含む東アジアでのイエズス会の宣教活動を描いた、同時代の重要文献にジョヴァンニ・ピエトロ・マッフェイの『インディア（インド）史全一六巻』がある。このラテン語原本を俗語に訳した人物を扱ったのが、第七章「カトリック復興期のヒューマニスト　フランチェスコ・セルドナーティ」である。そしてこの章ではヒューマニスト（人文主義者）の文化活動の考察に向かい、一六世紀ヨーロッパの状況を明らかにしようとした。セルドナーティは決して大物の学者ではないが、彼の仕事は如実に時代とヒューマニストの仕事を反映している。なお、私はこのマッフェイについて先行する著書『共和国のプラトン的世界――イタリア・ルネサンス研究（続）』の最後にすでに以下のように記し、本書、なかんずく本章に至る道を示している。

この時代には一五世紀と異なり、われわれの関心を惹き付けて離さない局面が存在する。新たな宗教上の展開と海外発展は、日本の歴史と関連を持つに至るからであり、ルネサンスはこの時、もはやヨーロッパだけの歴史ではなくなっている。モンテーニュと同年生まれのイエズス会士ジョヴァンニ・ピエトロ・マッフェイの著作を手にする時、イタリア・ルネサンスの時代がアジアと確実な接点を創り出していることを発見することになろう。

最後の章の「フマニタス研究の古典精神と教育――イエズス会系学校の誕生頃まで」では、フマニタス研究、ヒューマニズム（人文主義）の中心にあった教育問題を考えてみた。イエズス会の学校はラテン語学習を熱心に行い、ルネサンスを特徴づける古典文化の発展に大いに寄与することになった。日本のイエズス会系学校にも西欧の古典語に基づく教育は導入された。だが、それは地域の歴史や伝統を無視した形で始められたわけではなかったし、日本の古典も忘れられずに教材に提供された。この点で、アレッサンドロ・ヴァリニャーノの役割は大きかったであろう。本書では不干斉ハビアンに単独の章を捧げてはいないが、彼の『ハビアン抄キリシタン版平家物語』があるのは、このような洋の東西の文化交流のなかでである。

これらの章のあとに本書の内容を強化するために補論を二点置いた。一点は「ヨーロッパ史から見たキリシタン史」、次の一点は「イタリア・ルネサンスにおけるプラトン哲学とキリスト教神学」である。最初の一点は本書が扱った時代を知るうえで、また次の一点はプラトン主義の特徴とそのルネサンス的意義を明らかにしようとした。後者は特に第五章の関連ないしは続きとして有効であってほしいと願っている。

目次

イタリアルネサンスとアジア日本

――ヒューマニズム・アリストテレス主義・プラトン主義――

第一章　ルネサンス史のなかの日本

――近代初期の西欧とアジアの交流――

一　ヨーロッパと日本のルネサンス――世界史の誕生

二〇世紀最後の一〇年は、ルネサンスにおけるヨーロッパとわれわれの出会いを回顧するうえで、これを総合的に時代全体から眺めてみても、また特別にキリスト教史から考えてみても、極めて意義深い時であった。その一〇年の間に、ルネサンスの一五、一六世紀の最後の各一〇年のなかから、五〇〇年、四五〇年、四〇〇年を経過した、区切りのよい記念の年がわれわれの時代に巡ってきた。このため各種の催事があり、また出版物が現れた。

一四九二年のクリストーフォロ・コロンボによる「新大陸発見」は一九九二年に五〇〇年目を、一五四九年のフランシスコ・ザビエル来日は一九九九年に四五〇年目を、そして一五九九年のイエズス会学事規定（ratio studiorum）は同じく一九九九年に四〇〇年目を、各々祝った。最初の出来事は東西の邂逅を可能にする、ジェノヴァ人の難事業であった。あとの出来事二例は、仏教とは世界観を異にする宗教、キリスト教をわれわれが知るとともに、儒教を基本とする中国文明とは歴史的実体を異にする文化、古代ギリシア・ローマの地中海文明に端を発するヒューマニズム（人文主義）文化にわれわれが接した、具体的かつ象徴的な事例となった。

第一、第二、第三のそれぞれにいくらか説明が必要であろう。

まず、コロンボはチパング（ジパング）、日本の発見を目指して、近道となるはずの西方に向かって大海原に乗り出した。到達地がヨーロッパ人に未知の大陸であって、コロンボの思いと違ってアジアの「インディア（ス）」でなかったことは、やがてフィレンツェ人アメリゴ・ヴェスプッチの業績[1]に帰せられることになる。だが、南北のアメリカ大陸がヨーロッパの歴史とここで初めて関連を持ち始めたという意味で、コロンボの企図は過小評価されてはならない[2]。アメリカ大陸の主要な一国たるアメリカ合衆国が、大陸名と国名をアメリゴ（Amerigo）のラテン名アメリクス（Americus）の女性形（America）に負っていようとも、一〇月一二日の米大陸発見日をコロンブス（コロンボ）祭として祝日（Columbus Day. Discovery Day）にしているのは興味深い。ここではアメリカの歴史はコロンボの発見から始まっている。大都市ニューヨークではまたコロンボ像に出会うことは難しいことではない。

つぎに、ピレネーのバスク人ザビエルがポルトガルのリスボン港をあとにして、東方航海でアジアを目指したのは、一五四一年四月七日のことである。それは彼の三五歳の誕生日に当たっていた。彼は公認されたばかりのイエズス会の宣教師で、前年にポルトガル王ジョアン三世からインドに向かうように指示を受けていた。出港した時点だけでなく、インドに入ってからも（一五四二年五月六日ゴア着）、彼の頭のなかには日本布教の意図はなかった。ところが、一五四七年に一日本人と出会い、宣教への希望を抱き始め、ついに鹿児島に上陸する。これは後述するように、知り合って洗礼を施した日本人がこの地の人であったことによる。

最後に、ルネサンス文化の枠、ヒューマニズムを青少年教育に導入し、制度化したのは、学事規定に明らかなようにイエズス会の一大事業である。これは同会の創始者イグナチオ・デ・ロヨラの改憲草案から発展したもので、長時間をかけた教育方針の集大成的性格を有している(3)。

ここで言われているヒューマニズムとは、ルネサンス期には「フマニタス研究」（studia humanitatis）と称された学科、具体的にはレトリック、文法、詩（韻文）、歴史（散文）、そして道徳哲学（倫理学）を指し、言語ではギリシア語、ラテン語、時にヘブライ語を基本とする。これらの言葉は異教とキリスト教の双方の古典理解には不可欠だったが、他方で俗語も人文的学識や教養に無縁ではなくなった。このことは一六世紀以降顕著となる。ボルドーのモンテーニュによる『エセー（随想録）』がフランス語で著されていても、それはルネサンス・ヒューマニズムの代表作の一つであろうし、おそらくはリスボン出身であるルイス・デ・カモンイスの叙事詩『ウズ・ルジアダス――ルールスの民のうた』はルネサンス・ヒューマニズムの色濃い、ポルトガル語による創作文学である。それは若いポルトガルだけが生むことができた歴史的作品であり、実に躍動感に溢れ、新たな海洋国家の動勢を示している。

同時代のわが国におけるキリシタン版書籍の数々もまたこの類に入るであろう。西欧古典や聖句の和訳、多言語辞書の試み、また量的に少ないとはいえ、ラテン語によるレトリックの極みとしての演説や説教、またラテン語詩の創作など(4)、「キリシタンの世紀」の日本文化のなかにヒューマニズムの香りを嗅ぐことになる。

「キリシタンの世紀」あるいは「キリスト教の世紀」とはボクサーの書『日本におけるキリスト教の世紀』(5)に基づく。この世紀を含む、およそ二五〇年間にわたる歴史叙述の書を、私はすでに公刊している(6)。同一時代にあったという認識のもとに東西に隔てられたヨーロッパと日本の、特に鹿児島の史的展開を描こうとした。その一書で日本とヨーロッパの一六世紀、ルネサンス時代を取り扱うことが可能になったのは、いわゆる地理上の発見から始まる大航海時代の到来と、イエズス会による布教活動の世界的展開、特にこの場合はアジアにおける宣教のゆえであった。

ヨーロッパ・ルネサンスの全貌を語るとき、他地域に触れずに済ますのは困難となった。例を挙げてみよう。イタリア・ルネサンス、特にヴェネツィア文化と教育史の大家グレントラーによる壮大な『ルネサンス百科事典』[7]では、イエズス会の布教活動を介した日本言及にたびたび出会う。イタリアで起こったルネサンス文明のなかに日本が入る「世界史」が成立し、極東の「日出る処」に関する史料が残されているからである。このような叙述は、近年のヘイルの『ルネサンスのヨーロッパ文明』[8]、少し前のドリュモーの『ルネサンス文明』[9]にも窺えるところである。同時代の日本に関する情報の増大がヨーロッパの学者の関心を高めてきた証しであろう。

先述したコロンブスの「新大陸発見」五〇〇周年に因んで、いくつかのカタログ、書物などの関連書が出た。グラフトン編『ローマ再生。ヴァティカン図書館とルネサンス文化』[10]とレヴェンソン編『一四九二年ころ。探検時代の芸術』[11]のうち、特に後者は装丁も立派で日本に関する頁も多い。これと類似の題の書物がイタリアにある。『一四九二年。二時代のとある年』[12]がこれで、添えられた絵の選択は間違っているが、日本の絵（Museo Stibbert di Firenze 収蔵）が一枚、ジャック・ル・ゴフの論文に添えられている。イタリアで出た本やカタログで注目されるのは、『フィレンツェとアメリカの発見——一五世紀フィレンツェのヒューマニズムと地理学』[13]であり、この書にはチパング（Cipangu）、日本旧名（antico nome del Giappone.）の地図も収められているから、一層重要である。

グローバル化がいっそう進む現代世界にあって、アジアを含む同時代に関心が持たれるのは当然であろう。ヨーロッパもまたアジアから広大な影響を受けた。ラックの『ヨーロッパ形成中のアジア』[14]はこれを雄弁に示す労作群である。ここには、過去の時間が語る無尽蔵の事実が収録されていて感動的でさえある。

ヨーロッパにおけるルネサンス文化と近代早期のカトリックの展開がわれわれの歴史につながり、新時代を画するに至った経緯について、いくつかのあまり知られざる史実を以下示したく思うが、本章の題名はあるいは「ルネサンス史のなかの日本像――空想から現実へ」であるほうが相応しいかも知れない。

二　マルコ・ポーロ、トスカネッリ、コロンボと想像の日本

先述の三点のうちの最初のものは、この「世界史」誕生の契機となったがゆえに、コロンボの事績には地理的、空間的意味だけに留まらない重要性が存する。

周知のように、日本に関するヨーロッパ最初の情報は、ヴェネツィア共和国の商人マルコ・ポーロの『東方見聞録』（*Il Milione*）にある「チパング（チパンゴ）」（Cipangu [Cipango]）の叙述である。[15] いわゆる黄金の島伝説である。黄金伝説自体は日本に限らないとしても、中国大陸の文献資料によると、対馬の銀とともに奥州の金は知られていた。この情報は平泉の藤原（清原）氏の栄華が関わる伝聞に基づくかも知れない。[16] ただマルコが一三二四年に死去し、生年のほうが一二五四年と目されているため、藤原氏の全盛期には一〇〇年以上遡る必要がある。

マルコ・ポーロの時代から一五〇年以上の月日が流れた一五世紀後半になると、このチパングに一段と関心を持つ人たちが現れる。コロンボはその最たる一人であろう。[17] 彼は、フィレンツェの学者パオロ・ダル・ポッツォ・トスカネッリとポルトガル王室関係者との交遊、交誼から、これまた伝説の島アンティリヤ（Antilla）が西方の海にあり、日本からは僅かしか離れていないと知った。[18] イベリア半島が八世紀にイスラム教徒のアラブ人

に侵攻されたとき、七人の司教に引率されたキリスト教徒の集団がこのアンティリヤに移住したと考えられていた。

このトスカネッリは、ルネサンス・イタリアと東アジアとのきっかけを作った重要人物である。一三七九年にフィレンツェ共和国の医者の家に生まれ、フィレンツェ大学で数学を学んだのち、アリストテレス哲学研究の先進地、ヴェネツィア共和国のパドヴァ大学で医学を修めた。ここで、時代のもっとも独創的な哲学者にして精力的は枢機卿となるニコラウス・クザーヌスの知己を得、終生の友となった。トスカネッリとクザーヌスは時代を代表する科学者となる。(19)

フィレンツェ人は学業終了後、故国に戻り、一四二五年に医師・薬剤師組合に登録された。この薬剤師というのは、当時ではオリエントの物産、スパイスをも扱っていた。トスカネッリ一族には本来的に薬剤師が見出されるので、ある意味では私たちのトスカネッリは香辛料商人の出とも言えよう。香辛料を産する遠い故郷は彼のオリエントへの憧憬をかき立てていたのかもしれない。一四六九年兄弟ピエロの死去を機に、おそらくはピサでの航海・地図業の責務をも引き受けることになり、地図製作に取り組み始めた。長い生涯の間に一四〇〇年代の数々の画期的な出来事を見聞し、また場合によっては自らその当事者ともなったものの、コロンボのアメリカ大陸「発見」を知ることはなかった。その一〇年前の八二年に生を閉じたからである。

トスカネッリが関心を示した学問領域は、同時代の万能人レオン・バッティスタ・アルベルティのように広大だが、ここでは特に地理学の面に触れておこう。そのためにはトスカネッリの生まれた年から出発しよう。この年、東ローマ帝国のギリシア人マヌエル・クリュソロラスは来伊した折に、プトレマイオスの『地理』(*Geographia*)を持参した。そしてフィレンツェの実力者でヒューマニズム文化の理解者、豪商のパッラ・ディ・

ノフリ・ストロッツィにこれを託した。(20)この古典は西ヨーロッパ世界のヒューマニストの研究心をそそった。またトスカネッリは同じくフィレンツェに齎されたストラボンの古典原文に関して、同じく東ローマ帝国のゲミストス・プレトンに意見を訊いたこともあった。プレトンは新プラトン主義者の哲学者として知られ、一四三九年のフィレンツェ公会議に出席の身であった。

地理情報は古典に限らなかった。新たに届いた同時代のオリエントの地理情報もあった。ジャワまで旅行したヴェネツィア人ニッコロ・デ・コンティの旅行は、ポッジョ・ブラッチョリーニ『運命転変論』（*De varietate fortunae*）の第四巻に合本された。(21)トスカネッリはこれらをもとに、アジアの位置とこれに至る新ルートを知らせる書簡をポルトガル王国のフェルナン・マルティンスに書き送った。やがてコロンボがトスカネッリと交信するなかでこの書簡を入手し、ピウス二世の『世界誌』（*Historia rerum ubique gestarum*）見返しの遊びに書き写した。西方へ航海したほうがはるかに短い距離で「チパング」に辿り着くというのが、これの味噌であった。『世界誌』はコロンボの愛読書であり、ピウス二世はヒューマニストの教皇として有名で、クザーヌスやアルベルティ、それにトスカネッリらと親交があり、ルンサンス文化の花形だった。

三　時代の思潮と理想の日本——元イエズス会士ポステルのシンクレティズム

地理学的に誤認があったとはいえ、航海熱が嵩じて西と東の接近が図られ、ここに日本では六世紀の仏教導入以来、一千年振りに新たな外来宗教、キリスト教との出会いが起こることになる。日本人最初のキリスト教徒はインドのゴアでザビエルから洗礼を受けた。日本名をヤジロウ（弥次郎、アンジロウ）、洗礼名をパウロ・デ・サンタ・フェという。この人物の従者二人も受洗した。一五四八年五月二〇日のことである。それはヤジロウが誰であり、いかなる人であったかについては、専門研究者に限らず、人々の関心を惹いてきた。ヤジロウがいくらかポルトガル語が分かり、その文を訳した最初のカトリック教徒の邦人であるから、当然のことであろう。一説によれば、名前と出身地から考えて、この人物に近いのは「池端弥次郎重尚」という。(22)

この間、彼らから日本に関する情報を集めたのは、イタリア人のイエズス会士ニッコロ・ランチロットであった。(23)そしてザビエルは翌一五四九年の夏、パウロ・デ・サンタ・フェの故郷である鹿児島に上陸し、この南九州の地で最初にキリスト教を布教し始める。(24)なお、ポルトガル人ら世俗の人々、商人や航海者たちは一五四三年来、もうすでに九州各地で活動を開始していた。そのなかで注目すべき一人はジョルジョ・アルヴァレスであろう。ポルトガル語で執筆されたアルヴァレスの日本報告は、西欧各国語に訳されて広く読まれた最初のものであり、知人ザビエルも来日する前にすでに把握していた。(25)

日本情報の読者、享受者にフランス・ルネサンスの特異な人物、ノルマンディ出身のギョーム・ポステル（一五一〇―八一年）がいた。(26)ポステルは早熟な才能、高度の語学力のみならず、諸学にも秀でたがゆえに、第二のジョヴァンニ・ピーコ・デッラ・ミランドラと称された。カトリック信仰を維持しながらもカバラ主義者であり、混乱したヨーロッパ社会、特に新旧キリスト教徒間の対立が日常化し、異端裁判所が力を振るうなか、寛容と宗教的和合を唱えた思想家であった。明白に、ポステルにはフランチェスコ修道会の急進主義、ジョアッキーノ主義、千年王国思想などが影響を与えている。総合的に判断すると、ルネサンス思想の特徴とされるシンクレティズム（諸説融和主義）の傾向が十分に窺われよう。

セーヌ川左岸の聖ジュヌヴィエーヴの丘にある聖バルブ（バルバラ）学寮で、ポステルはザビエルをはじめとする、のちのイエズス会の同士たちと知り合った。ポステルの思想空間は同時代のイエズス会の動向を理解する一助となる。彼の活動舞台はヨーロッパ各地の都市、たとえばパリであり、ローマであり、ウィーンであったが、わけても特別な都市はヴェネツィアであった。ここは新エルサレムと目された。オリエントに開かれたこの港町には、[27]デ・ロヨラを中心とする、のちのイエズス会士たちも聖地巡礼を目途に集合したことがあった（一五三七年）。このようなヴェネツィアでポステルは、後々まで影響を受ける敬虔なる年配女性、「母なるズアナ」（Madre Zuana）、「ヴェネツィアの処女」と知り合い（一五四七年）、彼女を介して世界の救済、復位の立役者に自分が選ばれると考えた。驚くべきことに、無学なこの女性は、彼にはユダヤ教の『ゾハール』（*Zohar*）の奥義を解いた聖なる母シェキナー（Scechinah）であった。一五四九年夏にはヴェネツィアを離れ、一年半にわたってエルサレム（再訪）、コンスタンティノポリス（イスタンブル）に滞在し、現地でオリエント理解を深めることになる。

　ポステルは自分には独特の使命、役割があると確信していただけでなく、イエズス会の宣教活動はキリスト教の歴史を塗り替えると考えた。デ・ロヨラから拒絶されたため、同会に所属した期間は短期（一五四四―四五年）に過ぎないものの、同会への敬意の念は終生変わらなかった。後述する、この修道会の「適応」方針はポステル思想に遠く隔たってはいなかったのではなかろうか。ザビエルをはじめイエズス会の面々と袂を分かつことになっても、イスラム教、ユダヤ教、そして異教からの改宗に情熱を傾け、一つの宗教、一つの法、一つの真理を信じていた点で両者間の差は広くはないだろう。ザビエルなど、イエズス会の海外情報などをもとに書かれた『世界の驚異、主にインド（インディアス）と新世界の感嘆すべき事柄』（*Des merveilles du monde, et principalement des admirables choses des Indes et du nouveau monde*）（一五五三年）で、キリスト教の原初的啓示の可能性が東方民族にあると明言し、日本の宗教には完璧にキリスト教徒になるためのキリストの名が欠けていないと、高い評価を与えた(28)。

一五五〇年代初頭、ポステル思想は深化、過激化する。それは「ヴェネツィアの処女」の死を契機にしているように思われる。彼女は彼のなかで甦り、両者は心身ともに一体化する。至福千年を予知し、万物は本来的な完璧さに戻ることになろうと言って憚らない。だが、異端嫌疑がかかり、結局はヴェネツィアを経てローマで幽囚の身となり、五五年から五九年まで呻吟する。牢から解放されたのは、ローマ教皇パウロ四世の死をきっかけに起こった騒乱に紛れ込んでのことである。この間、万物の復位（restitutio omnium）が起こると予告した一五五六年が過ぎた。この一〇年後、再び、少女ニコル・オブリーに関わるランでの奇跡の一五六六年が和合年と位置づけられる。この考えは、ヴェネツィア画壇の巨匠ティントレットの絵画制作にも影響を及ぼした(29)。

ポステルが反カルヴァン論を執筆したのもヴェネツィアであったが、ここには当時多種類の人間が集まっていた。アレッサンドロ・ヴァリニャーノ（一五三九―一六〇六年）もその一人である。彼はのちにイエズス会の布教活動方針を定める大物宣教師として来日する。この頃、まだ彼は共和国の大学町パドヴァで学生生活を送っていた。ヴェネツィアでの学生時代からローマでの活路開拓までの彼の道程が、ポステルの転地と奇妙に重なるのが興味深い。大学生のとき、ヴェネツィアでヴァリニャーノは女性に刀傷を負わせる重大事件を犯し、それは間違いなく彼の人生上の転機となった。このため一年以上に亘って収監されたが、ローマ教会の大立者カルロ・ボッロメーオ枢機卿の介添えがあって再び「娑婆」に出た(30)。

ポステルが深い関わりを持ったのはカトリック圏に限らなかった。フランドルの急進的プロテスタントたち、宗派「愛の家族」に近しさを覚え、アントワープの高名な印刷業者クリストフ・プランタンと、これまた有名な地図製作者オルテリウスを通じて親交を結ぶに至った。多言語聖書がポステルらの熱い関心のもとでプランタンから公刊（一五六八―七二年）されたが、皮肉なことに、スペイン国王フェリペ二世の認可を受けてのことであった。彼らに見られるように、カトリックを建前とだけする人たちもいた。ポステルは、オルテリウスにキリスト教的統合の新時代を切り開くべく、自らの理念を受け継ぐよう期待した。[31]

「日本の発見」は、ヨーロッパが複雑な政治的、宗教的状況を呈している時期に当たっていた。ポステルに見られるように、理想の日本は混乱した社会の中で新たな世界を夢見ていた者に希望を点す光であった。期待を抱かせる日本情報は、カトリック圏、カトリック教徒を越えて広がり、ルター派が多数生まれたドイツも例外ではなかった。遣欧使節（すぐに後述）はドイツにも寄るべきだったのであり、ルターの教えこそが発見された日本に相応しいと主張する者までいた。[32]この使節一行が来欧するまでポステルが生きていたら、どんなにか深い感慨を覚えたことであろうか。一六世紀はユートピアの世紀でもあり、新世界や極東の地に理想郷を求める知的関心と精神的営為はその後も途絶えることはなかった。

四　イタリア半島の日本人

ポステルの知人であったザビエルは、一五五一年一一月まで二年三か月日本にいた。そのあとも次々にポルトガル、スペイン、イタリアのイエズス会士を中心に多くのヨーロッパ人が訪れ、西欧の思惟方法や文物を伝えた。この間、日本でザビエルから洗礼を受けた一人、ベルナルド（日本名不明）は言わば日本人留学生として初めてヨーロッパに渡った。ローマではコッレージョ・ロマーノ（collegio romano. ローマ学院）で学ぶとともに、イエズス会会長デ・ロヨラに会った。当地にポステルもいた一五五五年のことである。イエズス会士ベルナルドは五六年から五七年にかけては、ポルトガルのコインブラで学習中の身であった。

このため、のちにコッレージョの教授陣の要となる、ドイツ出身のクリストフ・クラヴィウス（一五三八―一六一二年）に出会った可能性があろう。クラヴィウスはこの時、コインブラ大学教養学部で学んでいたからである。教師の一人に、近代レトリック史に名を残す、同会士シプリアーノ・ソアレスがいた。ソアレスについては本書で別の機会に名を出すことになろう。ベルナルドとクラヴィウスがイタリアからポルトガルへ移動する時期も一致している可能性がある。クラヴィウスはやがて一七世紀科学革命の重要人物の一人ガリレオ・ガリレイ（一五六四―一六四二年）と因縁浅からぬ関係を有することになる。(33)

ここで、イベリア半島の大学史を知悉することは、当時のイエズス会の活動、そしてキリシタン時代の日本との関係から言ってきわめて重要であることを強調しておきたい。それはコインブラを始め、サラマンカ、アルカラ等の高等教育機関の思想的意義が認知されていないために、この時代の精神史理解が不十分なままに留まっているのではないかと恐れるからである。

さて、ベルナルドからほぼ三〇年後に、彼のように密やかでなく大規模にヨーロッパの土を踏んだのが天正遣欧使節である。これには、ナポリ王国、アブルッツォのキエティ出身で巡察使（visitatore delle missioni）のアレッサンドロ・ヴァリニャーノが果たした役割が大きい。一五七九年に初来日して以来、九年二か月日本で暮らした。私にはこのヴァリニャーノは、中国の明におけるマッテーオ・リッチ（一五五二―一六一〇年）、インドにおけるロベルト・デ・ノービリ（一五七七―一六五六年）と同一の重要性を、日本において占めているように思われる。イベリア半島出身者たちのように帝国的な統一国家を背負わないイタリア系イエズス会士には、彼らに共通する強圧的態度が目立たないように見受けられる。この文脈で、日本の習慣と日本人を愛した、北イタリアはカスト出身のオルガンティーノ・ニェッキ・ソルディ（一五三三―一六〇九年）の名を思い起こすことは良いことであろう。あるいは日本に来ることはなかったが、同年生まれでギリシア正教の地やプロテスタントの勢力圏で活躍したアントニオ・ポッセヴィーノ（一五三三―一六一一年）と彼を比較するのも有益であろう。生まれも同様に北イタリアはマンドヴァ生まれのポッセヴィーノは一五五九年にイエズス会に入り、後年、パドヴァのコッレージョで教鞭を取り、博識を売り物にした(34)。後述する使節の対話録では、このコッレージョとともに既出の大学が礼賛されている。

このパドヴァ大学で法学を修めたヴァリニャーノは、一五六六年、イエズス会に入り、翌六七年からコッレージョ・ロマーノで学んだ。リッチやデ・ノービリと違い、異郷の地日本に定住し、この地で亡くなったわけではないが、関係は深く、日本には三度（年度としては一五七九―八二、一五九〇―九二、一五九八―一六〇三年）、巡察にやって来て、キリスト教教義とヒューマニズム教育を導入しようとした。このため三レヴェルの制度、セミナリオ、ノヴィシアード、コッレージョが案出された。基礎的な教育を受け持つのはセミナリオで教養的な人文学が教えられた。これを修めた者が教会での司牧活動に従事するのか、またはイエズス会に入会するのか、それとも実社会に出て行くかは、本人の選択意志に任された(35)。イエズス会に入会する者には、養成機関としてのノヴィシアード、修練院が設置された。一五八〇年、臼杵に新設された修練院で最初の学生たち一二名を親しく教えたのは、ヴァリニャーノ自身であった。最後に、コッレージョは修練を終えた神学生が専門に哲学や神学を学ぶ課程であり、府内（大分）に置かれた。こうしてヒューマニズム教育は、アリストテレスに基づく伝統的な哲学や神学と相反するのでなく、その基礎部分を構成していることが分かる(36)。

またヴァリニャーノは日本人をヨーロッパ、ポルトガル王国、スペイン王国、イタリア半島の諸国家に派遣することを思いつき、一五八二年、これを実行に移した。天正遣欧使節一行がポルトガルのリスボンに到着したのは一五八四年、祖国日本に戻るのは一五九〇年である。スペインでは、ポルトガル国王を兼ねていたフェリペ二世から旅路の往復とも大いなる歓待の栄に浴した。使節が帰国したとき、日本におけるキリスト教布教は困難な状況に陥っていた。時の権力者豊臣秀吉が伴天連追放令を出していたからである。これを機にヴァリニャーノの日本での宣教と教育の活動は難しい局面に遭遇し始める。

使節に関わるヨーロッパ側の史料は夥しく、一行が大きな反響を巻き起こしたことが知られる。興趣をそそる話にも事欠かない。たとえば、イタリアの他都市に較べて長く滞在したヴェネツィア共和国ではティントレットが使節の若者たちの肖像画を描き、伊東マンショのみ完成と伝えられてきた(37)。同共和国のパドヴァ植物園園長メルキオッレ・グイランディーノ(メルヒオル・ヴィーラント)は、天正遣欧使節に訪問と旅の記念に、オルテリウス『世界輿地図』を贈っている。彼はケーニヒスベルクに生まれてパドヴァに骨を埋めたドイツ人で、今も世界的に有名なこの植物園の基礎を作ったひとりだった。さらに彼らは同共和国の重要都市ヴィチェンツァではテアトロ・オリンピコを見学した。劇場内には一行が訪問した時の様子が絵として残されている(38)。

これらの史実はわが国の研究者や文学者により指摘されてきたから、今更目新しいことではない。大事な点は、先述したようにティントレットがいかなる時代の芸術家であるかであり、ポステル的思考は彼に疎遠でなかったということであろう。著名な地図が示すように世界認識が広がるなかで、一行はその真っ只中にいる張本人たちと出会った。テアトロ・オリンピコに関しては、大建築家パッラーディオの古典主義理念のなかで、若者たち一行の訪問が想像されるべきである。能舞台と異なる舞台環境、劇場空間は新鮮な驚きをここでも強烈にもたらしたに違いない。ヴィチェンツァはルネサンス最高の建築家パッラーディオの町として知られ、このテアトロも実際に彼の手になる。なおこの町の出身者には地理上の発見時代を考えるに忘れてはいけない人物もいた。マゼラン（マガリャンイス）の世界周航に参加して貴重な記録を残したアントニオ・ピガフェッタその人である。

五　フィレンツェ人と天正遣欧使節

フィレンツェと関わる史料も豊富だが、次の文献はあまり知られてはいないだろう。それはジュリアーノ・デ・リッチ（一五四三―一六〇六年）の日記で、一五八四（現一五八五年）年三月八日の日を挙げながら、一行の滞在に言及する。ジュリアーノの母はニッコロ・マキァヴェッリの娘バルトロメア（バッチァ）で、ジュリアーノは母の実家先で長男として生まれた。母方の高名な祖父が亡くなって一六年後のことである。日記には次のようにある。[39]

四人の若者は、三人のイエズス会士と一一人の従者と一緒で、最年長者も一八歳を越えているようには見えない。彼らはマルコ・ポーロによってジパングリ（Zipangri）と呼ばれたジァパン（Giapan）あるいはジァッポーネ（Giappone）の島の王族の血を引くと言われ、教皇座に恭順を表するために来ている。彼らは会士の服を纏い、ピサでも（フランチェスコ・デ・メディチ一世）大公閣下により、また当地でも修道会によりたいそう歓待された。

このあと、書き手ジュリアーノはチーナ（中国）の向かいにある日本の北半球での位置、モルッカ島が近いこと、一行がリスボンに入って、スペインのアリカンテからリヴォルノに来たことなどを記して、最後につぎのように述べる。

　この若者たちは、何人も分からない彼らの母国語のほかに、ラテン語とポルトガル語をものの見事に解して話す。ローマでは教皇庁と教皇からこの上ない名誉と華麗さを以って迎えられた。

この前後の日録に、時代の大物たち、ミラノの枢機卿カルロ・ボッロメーオと教皇グレゴリオ一三世の死去が記入されている。一行が会うことができた、このローマ教皇には死期が迫っていたために、彼らはローマへの旅程を早めながら南下した。

　使節のトスカーナ大公国訪問中、のちに世界一周の途次、日本に立ち寄るフランチェスコ・カルレッティが物見高い群衆に交じっていなかったかと想像するのは楽しい。カルレッティは一五七三年もしくは七四年に当地に生まれ、一五九一年にフィレンツェを離れてスペインに行き、九三年まで新大陸との大交易港セビリアで商売に従事した。その後、中南米を経て一五九七年六月に訪日。離日するのは翌年九八年三月で、アフリカ大陸南端を周ってヨーロッパに入った。種々の理由から即刻祖国には帰れず、パリ着が一六〇五年一二月。時のフランス国王はアンリ四世でその妃はメディチ家出身のマリ・ド・メディシスだった。翌年夏、一五年ぶりにフィレンツェに戻り、すぐにマリの叔父でトスカーナ大公のフェルディナンド一世に謁見した[40]。新大陸やアジア、インディアスに関心の高かったメディチ家はカルレッティを厚遇することになる。

　この年、一六〇六年、ジュリアーノ・デ・リッチが亡くなった。彼の日記にはマリや大公に関する興味深い記述は見出されるが、カルレッティの話はない。ジュリアーノの時代のフィレンツェ文化に少し触れてみよう。ガリレオはこの二人と同郷でカルレッティとは同時代人と言えるだろう。若いガリレオは天正遣欧使節と前後して同一の都市、ピサ、フィレンツェ、シエナ、ローマなどを移動している。今ではこの時代のもっとも著名な人物だが、ジュリアーノの日記にはまだ名が出てこない。

一行がそれらの都市を旅しているときに有名だった学者に、ピサ大学にはフランチェスコ・デ・ヴィエーリ（一五二四―九一年）がいた。ヴィエーリからこの時代のフィレンツェ文化の特色を見ることが可能である。彼は時代を代表するプラトン主義者で、アリストテレス哲学との一致を志向した。この方向性は一五世紀以来、フィレンツェ・ルネサンスの哲学の特徴を示している。一五七六年、ヴィエーリはフランチェスコ大公からプラトン哲学講義を公的に認められた。これは画期的なことで、大学での哲学講義というとアリストテレスと相場が決まっていたので、プラトン主義の歴史上とても意義深いことである。

もう一人挙げるとすれば、ヤコポ・マッツォーニ（一五四八―九八年）が好例だろうか。マッツォーニはパドヴァやボローニャの大学で学び、マチェラータ、ピサ、ローマで教えた。彼もまたヴィエーリとともに時代を代表するプラトン主義者であったが、アリストテレス哲学にも通じていた[41]。クラヴィウスやガリレオの知人であり、暦の改革（グレゴリオ暦）に貢献した。ピサ時代、マッツォーニはメディチ家出身のフランス王母后カトリーヌ（カテリーナ）が逝去したとき、フィレンツェにあるサン・ロレンツォ聖堂でラテン語の追悼演説を行った[42]。一五八八年二月六日のことである。演説を依頼されてこれを行うのはヒューマニスト活動の一環であった。

ところで、マチェラータはマッテーオ・リッチの故郷である。一五七二年、イエズス会司祭のヴァリニャーノはこの地のコッレージョで校長を務めた。こうしてマッツォーニはイエズス会が始めたばかりの新たな教育の現場近くにいたことになる。天正遣欧使節はこのマチェラータから、待望のロレートに入ることになるであろう。イタリア出身の両イエズス会士の関係はヨーロッパを出てアジアでさらに深まり、師は弟子にイエズス会活動がどのように展開されるべきかを力説し、弟子は明で布教活動を展開し、日本に来ることはない(43)。

使節一行は往来の途次、インドには長く滞在した。その時ここに多才なひとりのフィレンツェ人がいた。交易商人フィリッポ・サッセッティ（一五四〇―八八年）である(44)。サッセッティが生まれた頃はまだ色濃いルネサンス文化の余韻に浸ることができた。ピサ大学で学び、フィレンツェ・アカデミー（アッカデーミア・フィオレンティーナ）やアルテラーティ・アカデミーとつながりがあった。フィレンツェはアカデミー活動が盛んで、一五世紀にはプラトン・アカデミーが有名であった。その後身が幾つか時代の変化のなかで生まれ、イタリア各地に広がった。当代きってのヒューマニスト、ピエロ・ヴェットーリ（一四九九―一五八五年）は師であり、また友人でもあった。先の大学人ヴィエーリとマッツォーニも、フィレンツェやピサの時代のサッセッティとの関係を忘れてはならない(45)。文学的素養に富み、俗語ヒューマニズム（umanesimo volgare）(46)の発展を支えたサッセッティの代表作は『フランチェスコ・フェッルッチ伝』（*Vita di Francesco Ferrucci*）であり、一五七七年頃、成稿した。主人公フェッルッチは筋金入りの自由主義者で、最後のフィレンツェ共和国（一五二七―三〇年）の悲劇的人物として名高い。

サッセッティは一五七八年に故郷を去ってイベリア半島に赴き、マドリッドやリスボンで商業・貿易活動に従事した。この半島には伝統的に銀行業などの商売を行うイタリア半島の出身者は多かった。サッセッティの場合はこの地域に留まることなく、胡椒の一大市場インドに向けてリスボンを出港した。その年は一五八二年であるから、それは日本人たちがカトリック地域の玄関港、同港上陸を目指して離日した年と同一年である。彼はこの時代の知識人らしく、アジアに来る前から諸学への関心が強かった。そのなかで植物学、本草学への興味は異なる環境に身を置いて一層高まった。同じ事は地理学や気象学などの他の学問分野にも当てはまる。チーナ語（中国語）などの外国語への興味も目立っている。サンスクリット語とギリシア、ラテンのヨーロッパ言語との類似性にも気づいている。やがてこの地ではデ・ノービリが本格的なインド研究を行うことになろう。デ・ノービリは日本に憧れながら、厳しさを増してゆくキリシタン弾圧のため、日本を断念してインドに留まるのである。ローマ生まれの彼は少年の頃、旅する天正遣欧使節に忘れ難い印象を持ったようである。(47)

当時まだローマ教会の枢機卿であり、のちに還俗してトスカーナ大公となったフェルディナンドあての書簡では帰国の気持ちを語ってはいるものの、(48)サッセッティの遺言はイエズス会士に託され、「東洋のローマ」、ゴアが永眠の地となった。一五八八年のことである。この死亡情報が地元に伝わるや、ルネサンス時代らしく、アルテラーティ・アカデミーでルイジ・アラマンニにより追悼演説が行われている。帰郷への旅が実現されていれば、カルレッティとは逆の航路となったであろう。書簡のなかには帰国途次の日本使節に言及し、日本への関心も小さくないとはいえ、訪日の気持ちは文面からは窺えない。(49)

同じくゴアにおいて、一五八七年、南欧訪問者の一人で古典語にもっとも秀でていた原マルチノは、当地で使節一行の帰りを待っていたヴァリニャーノを前に、この師に対する称賛演説を行った。セネカの『恩恵論』（*De beneficiis*）を引用しながらの弁論は、視覚に訴えるレトリックの技法を駆使したもので、ここにはヒューマニズムの精華が如実に示されている。(50)原は時のヨーロッパの学者と伍す、正真正銘のヒューマニストであった。この称賛演説というのは、先に言及した追悼演説とともに、他の二大弁論（レトリケー）、議会弁論と法廷弁論以外の第三のジャンルである誇示弁論を構成している。

ヴァリニャーノはゴアから若者たちと同行し、日本を目指す。マカオで、このゴアから続けてきた、彼らの「西洋紀聞」の総括編集を行わせた。キケロの演説集、イソップ翻訳集、デ・ロヨラの『心霊修行』などと並んで、後々、教科書として役立てるつもりであった。その印刷はヨーロッパから使節が持ち帰った活版印刷機による。こうしてラテン語で印行された、詳細な『日本使節対話録（天正遣欧使節記）』（*De missione legatorum iaponensium dialogus*）が生まれた[51]。対話形式を取ったのは、時のイエズス会総長クラウディオ・アクァヴィーヴァあての献辞によれば、読者を飽きさせない配慮からであった。その文中には、哲学ではアリストテレスの思想、社会ではコンパニーア（コンフラリア、信心会）のことなど、いろいろな分野にわたる事柄が縷々叙述されていて興趣が尽きないが、ここではコンパニーアについて一言しておこう。近年、アングロ・アメリカンの学者が中心になって、イタリアのコンパニーア研究が盛んとなった。それは当時のイタリア社会を知るうえで重要な組織であり、たとえばミゼリコルディアはフィレンツェに生まれ、ポルトガルに広がった。日本でもキリシタン時代を反映して南欧社会に特徴的なこのような互助団体が生まれた。それはまた日本の事情に合致した講、コンフラリアとなる[52]。

六　東西の相違と接近――現実の日本と近代カトリシズム

ところで、東西のこの本格的な出会いから、幾つかの問題点が顕在化する。特に訳語の問題と思想内容の問題である。これらに関してはかつて小著で詳述しているので、要点を振り返りながら、確認しておこう。

ザビエルは最初、キリスト教の神「デウス」（Deus）を大日と、ヤジロウが元来信じていた真言宗の本尊に訳して布教活動に入った。だが、これではキリスト教が仏教の一派と見なされてしまい、しかも同じインドから宣教師がやってきたことも紛らわしい事柄となった。このため原語で押し通すことに変えた。ザビエルに続く宣教師たちは、神「デウス」以外に霊魂や天使、地獄や天国なども原語のラテン語のほうが都合がよいと分かった。

この問題は、イタリア・ルネサンス盛期の哲学者、既出のジョヴァンニ・ピーコがヒューマニストのエルモラオ・バルバロと交わした、前世紀（一四八五年）の有名な論争のなかで発した言を想起させずにはおかない。ピーコは言う。(53)

同一の事柄をアラブ人はそう言い、エジプト人もそう言うだろう。彼らはラテン語でそのことは言わないだろうが、それでも正確に言っている。

もちろんここでは日本人である。ヒューマニストのバルバロは原語のラテン語に拘った。原語でないと意味内容は変じてしまい、本来の意味が失われると主張する。しかもそのラテン語は中世のスコラ学者の使うラテン語ではなく、古代ローマのキケロなどが使った古典ラテン語でなければならなかった。単語のみならず、文全体も古典的でなければならなかった。これに対してピーコは、ラテン語という原語よりも使用言語が明らかにしようとしている内容のほうが重要なのであるし、その真理は何語を使おうが明示できると主張した。

ピーコ同様に、ザビエルは初め大日で自分たちの神が言い表せると思った。日本人が知っている概念でその神が伝わると考えた。だが、大日ではキリスト教の神デウスは大日でしかなかった。翻訳は不可能だった。異なった言語は異なった歴史を有しており、デウスと大日では各概念を作り出した背景が違っている。今日ではキリスト教のデウスは「神」と訳出されている。これは神道用語から来ていると言われる。神社や八百万の神のことだ。むろんこれは漢語表現だから、中国語に遡及し、なにも神道に限定はされないだろう。かつてのように訳語「神」は問題にならず、定着しているように思われるものの、大日と五十歩百歩と見なす研究者もいる。(54) 事態は改善されていないということであろう。原語でザビエルたちが押し通そうとした背景には当然仏教批判がある。彼らは仏教攻撃を決して忘れなかった。そもそも多様な宗派の存在自体がこの宗教に真理がない証しとして厳しく批判された。その点、キリスト教は教皇を頂点に一つであると主張された。イエズス会はしたがって、他の別派修道会が日本に来て宣教することが分派の存在を知らせ、誤解を招くのではないかと危惧した。ましてやプロテスタンティズムの存在は努めて隠蔽された。

次に問題とすべきは「霊魂不滅論」のテーマである。日本の研究者はこのテーマがヨーロッパ思想の影響であることに気付いていていない。一五一二年に開始された第五ラテラノ公会議で霊魂不滅が信仰箇条になったために、来日した宣教師たちが霊魂不滅を強調したのではないかという視点が必要である。これがローマ教会のドグマとなったのは、フィレンツェ・ルネサンスのプラトン主義の反映であろう。その中心にいたのが、霊魂不滅論のスンマと称される『プラトン神学』を書いたマルシリオ・フィチーノであった。フィチーノは一五世紀のプラトン・アカデミーの活動を推進した哲学者であり、先のピーコはその仲間でもあった。

ザビエルから始まるキリスト教の宣教活動は、仏教にはこの霊魂不滅の教説が決定的に欠けているから仏教は不完全な宗教である、と盛んに攻めた。またこのために、当今の日本人仏教徒は死後の不滅の存在を信じていないから道徳的に問題が多い、と断罪した。ヴァリニャーノもまたこの点を衝いている。彼が学んだことのあるパドヴァ大学では、かつて霊魂不滅の真否をニュートラルな問題と見たピエトロ・ポンポナッツィが教鞭を執っていた。ポンポナッツィの態度は「中立的犯罪」(crimen neutralitatis) となり、その説は第五ラテラン公会議で否定された。時にはこの第三者的な見解や立場は不信を招いてしまう。同時代のエラスムスも同様な目にあっただけでなく、現代の研究者からも今なお、これは不実な態度と批判を受けがちである。

また日本人のなかに、一旦はキリスト教に改宗して熱心な信者になりながら、やがては棄教して、今度は逆にキリスト教を激しく批判する人物が現れる。それはイエズス会に属していた不干斎ハビアン(ファビアン)である。[55] 彼は自著『妙貞問答』(一六〇五年)では仏教各派、儒教、神道に対してキリスト教を擁護し、他方で自著『破提宇子(ハダイウス)』(一六二〇年)ではキリスト教を攻撃している。『妙貞問答』では「貴理志端之教之大綱」として理性的霊魂、「アニマラショナル」の不滅・不変が説かれ、仏教的な流転輪廻が否定されている。[56]

不干斎ハビアンは近年では種々の方面から注目され、私自身も二〇一六年ボストンでの米国ルネサンス学会で彼に言及する機会があった。[57] また小文も綴ってみた。[58] キリシタン学者の海老沢有道は熱心なキリスト教信者として、『妙貞問答』に内在している問題点を指摘している。それが「邦人イルマンによる唯一の教理書であり、彼の才智のほどを示すなかなかすぐれた著作であるが、キリストの十字架(クルス)による救贖という信条の玄義、その恩寵の体験を欠いていたことは、キリスト教信仰としては致命的欠陥」とし、棄教に至ったのはこの信仰の神髄を把握できなかった、当然の帰結と考えている。[59]

海老沢の解釈は、思うに、研究者自身の現代的キリスト教観からの接近が強すぎるのではなかろうか。ここに見られるのは聖アウグスティヌス的思想であり、カトリックもプロテスタントもその境目が曖昧になっているのではなかろうか。果たして、本書が問題にする時代にあってカトリック世界でどこまでそのようなパウロ＝アウグスティヌス的視点が歴史的に正しいのかは問われなくてはならない。アウグスティヌスの思想把握はとても厄介であるが、彼の何が強調されたかは、その時代のなかでこそ問われなくてはならないし、アウグスティヌス思想は時代から超然としていたわけではない。またパウロの神義論は宗教改革の源にあった。

このように対立点が露わになる一方で、調和精神や寛容志向があったことは相応に評価されるべきであろう。ヴァリニャーノ、マッテーオ・リッチ、デ・ノービリのアジア理解、日本、チーナ（中国）、インドに対する接し方に共通している点は、できるだけ現地の習慣に適応し、伝統を尊重しようという態度である。これは「適応」（accomodatio, acomodación, adaptación）と呼ばれる方法である。また「文化適応、文化変容」（acculturazione）とも評せよう。ある意味では譲歩した結果、清（中国）では有名な典礼問題が生じた。この適応に関して、文明論的関心を寄せてきたのが井手勝美である。論のなかで井手が「真理の種子」に言及しているのは注目に値しよう(60)。このストア派の「ロゴス・スペルマティコス」は、ルネサンス時代にあってもキリスト教世界と異教世界を結合する鍵言葉であり、適応主義の前提に他者を同一の人と見なすこの概念が働いていたのではあるまいか。

この概念はまた、ルネサンス思想の特徴であるシンクレティズムの根本要素でもあろう。これはフィチーノやピーコのようなルネサンス・プラトン主義者や、本論で見たポステルらの思想的傾向を示している。激越な社会変動のさなかにあって、それは明らかに寛容思想の発生と発展を促した。キリスト教に最終的真理を置きながらも、非西欧地域にあってその地域独自の信仰にこれとの史的関係を求めていく姿勢は、やはりシンクレティズムの様相をよく表している。彼らやクザーヌスに見られる、ルネサンスのこのような哲学的特質が、時代の宗教思想、とりわけイエズス会宣教師たちの思惟といかなる関係を有するのか、影響関係はどのようであったのかは、今後の研究課題である。本書ではそのような課題に幾らかなりとも挑戦することになろう。

思想的観点とは言い難いけれども、組織の子弟関係のあり方に関して、時のアカデミー、フィチーノのプラトン・アカデミーとイエズス会との類似性を指摘した研究者もいる。このアカデミーはまた信心会組織に似た面があり、またこれを主導したフィチーノの書簡が信心会員間の書簡形式に類似しているとの見方があるだけに、興味深い考察と言えるだろう(61)。形式はただ単に外面だけで終わらず、内容を伴っている可能性があるからである。

この課題に取り組むにあたって、少なくとも従来の時代観や社会認識だけは不適切であろう。特に、ルネサンスと宗教改革を対比的に捕捉しながら、サン・ピエトロ大聖堂の改築はローマ教会の悪弊の一齣であり、これがルターの改革の引き金となったと叙述されれば、である。ここではルネサンス文化は人の心の堕落に役立っているに過ぎない。とするなら、ミケランジェロが無報酬で円蓋屋根製作に打ち込み、念願のロレート巡礼を除けばローマを離れなかった、この心性をどう見るべきなのだろうか。頑迷な「旧教徒」のカトリック信仰なのか、それとも深い信仰心なのか。他方で、ミケランジェロには「新教徒」のプロテスタント的敬虔も見られる(62)。

またカトリック側の改革を無視ないしはせいぜい消極的な対応としか見ず、「反」宗教改革もしくは「対抗」宗教改革と、ドイツ史学史的視点で眺めるのは歴史理解に欠けている。このため、日本を含めた海外でのイエズス会活動も、一般的に旧弊なカトリック帝国のスペイン、ポルトガルの植民地政策——特にスペインの「黒い伝説」(la leyenda negra)が形成される——の一環と見なされ、積極的評価が与えられることはほとんどなかった(63)。わが国ではローマ・カトリックは「旧」教であり、オランダ、英国は「新」教の国なのである。新旧の軽重は次時代との関連で火を見るよりも明らかなようである。

これに対し、近代初期のキリスト教史の見直しを提案しているオマリーの研究は、ヨーロッパ近代史に対する、われわれの従来の見方の修整を迫っている(64)。近代カトリシズムはプロテスタンティズムとの比較対照のみで語られない。いわゆる地理上の発見、大航海時代がもたらした東西の邂逅のなかでも語られるべきである。そして実にここにこそ宗教改革の歴史とは異なる、ローマ・カトリック教会の一六世紀以降の歴史がある。[65] その初期の歴史のなかで、たとえば次のような人びとは忘れ難かろう。それは『二十の諸世紀史』(*Historia XX saeculorum*)の著者でアウグティヌス隠修士会会長エジディオ・ダ・ヴィテルボ、[66]『教皇あて書簡(レオ一〇世あて小冊)』(*Libellus ad Leonem X*)の作者パオロ・ジュスティニアーニとピエトロ・クィリーニである。この両名はカマルドリ会修道士であった。またこの両人は同郷ヴェネツィアの友にガスパロ・コンタリーニを有していた。[67] コンタリーニはイエズス会公認に熱心な枢機卿となる。『二十の諸世紀史』も『教皇あて書簡』も時の教皇、レオ一〇世(在位一五一三—二一年)に献呈された。第五ラテラノ公会議で霊魂不滅が信仰箇条になったのは、この公会議を始めたユリウス二世を受け継いだレオ一〇世の時であった。

アジアと新大陸の非キリスト教徒圏とそこの住民をどのように理解するか、発見の歴史を従来のキリスト教史観とどのように関連づけるかは、ローマ教会にとり、緊急の課題となった。先の修道士たちの段階ではヨーロッパ人はまだ日本に到達していなかった。だが、やがて世界史に繰り込まれるわが国の歴史を理解するためにはこの前史は限りなく深い意義を有しているのである。

註

(1) ソデリーニあて書簡の日付は刊本により異なり、九月四日と一〇日がある。以下の書では写本により後者である。Amerigo Vespucci, *Lettere al Piero Soderini*, a cura di G. Sergio Martini, Firenze, 1957. ヴェスプッチの古典的伝記に Angelo Maria Bandini, Alberto Magnaghi の手になるものがあるが、最新の成果と標準的な伝記は、*Amerigo Vespucci, la vita e i viaggi*, *Banca Toscana*, 1991. G. Arciniegas, *Amerigo and the New World. The Life of Amerigo Vespucci*, translated from the Spanish by H. de Onis, New York, 1978. コロンボとの関係については、C. Valera, *Colombo e i fiorentini*, traduzione e cura di R. Pieraccoli, Firenze, 1991, pp.75-

81. インディアス概念などに関しては、増田義郎『新世界のユートピア』研究社、一九七一年。増田『コロンブス』岩波書店、一九七九年。

(2) *Renaissance Studies. Journal of the Society for Renaissance Studies*, published by Oxford University Press, vol. 6, n. 3-4, 1992 では特集号となり、*The Encouters of Two Worlds in the Renaissance* と謳われた。

(3) 本書第八章参照。

(4) 演説や説教などについては、本書の各章で触れることになろうが、韻文については特に、原田祐司『キリシタン司祭後藤ミゲルのラテン語の詩とその印刷者税所ミゲルをめぐって』近代文芸社、一九九八年。

(5) Charles R. Boxer, *The Christian Century in Japan 1549-1650*, Manchester, 1993. 初版は一九五一年。

(6) 根占献一『東西ルネサンスの邂逅——南蛮と禰寝氏の歴史的世界を求めて』東信堂、一九九八年。

(7) Paul F. Grendler, *Encyclodedia of the Renaissance*, 6 vols, New York, 1999.

(8) J.R.Hale, *The Civilization of Europe in the Renaissance*, London, 1993.

(9) Jean Delumeau, *La Civilisation de la Renaissance*, Paris, 1967. 最近になって漸く邦訳が出た。『ルネサンス文明』論創社、二〇一二年。

(10) Anthony Grafton, *Rome Reborn. The Vatican Library and Renaissance Culture*, Washington D. C., 1993.

(11) Jay A.Levenson, *Circa 1492. Art in the Age of Exploration*, Yale, 1991.

(12) *1492. Un anno fra due ere*, Banca Toscana, 1992. 類似ながら大作に *Optima Hereditas. Sapientia, giuridica romana e coscienza dell'ecumene*, Credito italiano, 1992.

(13) *Firenze e la scoperta dell'America. Umanesimo e geografia nell'400 fiorentino*. Catalogo a cura di Sebastiano Gentile, Firenze, 1992.

(14) Donald F. Lach, *Asia in the Making of Europe*, Chicago, 3 vols, 9 bks, 1965-1991.

(15) マルコ・ポーロ『東方見聞録』愛宕松男訳、平凡社、一九九七（一九七一）年、一三〇―三五頁。『全訳マルコ・ポーロ東方見聞録』月村辰雄、久保田勝一訳、岩波書店、二〇〇二年、一四七頁。以下の書は種々の手写本を示すとともに、当該箇所を訳出している。マルコ・ポーロ／ルスティケーロ・ダ・ピーサ『世界の記』高田英樹訳、名古屋大学出版会、二〇一三年、三九七―四一〇、四一三―一四頁。簡易ながら、Roberto Almagià, *La figura e l'opera di Marco Polo secondo recenti studi*, Roma, 1938.L. Olschki, *Storia letteraria delle scoperte geografiche. Studi e ricerche*, Firenze, 1999 (1937), pp.39 sgg. Id., *L'asia di Marco Polo*, Firenze, 1957, pp.160 sgg, 341 sgg. 邦訳を含めると、マルコ・ポーロ文献はかなりの数となる。英語からの翻訳がやはり多いなか、つぎの訳は特に話題となった。ヘンリー・H・ハート『ヴェネツィアの冒険家――マルコ・ポーロ伝』幸田礼雅訳、一九九四年、二五九頁。この本（原書初版一九四二年！）の訳者はあとがきで、岩村忍『マルコ・ポーロ――西洋と東洋を結んだ最初の人』岩波書店、一九五一年第一刷、がこれからの「剽窃」であると指摘した。この問題提起は一般紙でも取り上げられ、「盗作」と断定された。公刊をした出版社と言い、岩村と言い、当時はこの方面の認知された書であり、私の手元にあるのは一九七一（昭和四六）年第二一刷。「盗作」批判はやや一方的で酷であり、行き過ぎのように思われるものの、「巻末文献にハートのことが一切触れられていないのは実に悲しむべきことである」という、訳者の感慨は間違っていないだろう。ただ岩村著には巻末参考文献の欄はない。あるのは『東方見聞録』書誌であって、研究文献ではない。

（16）現東北地方の金の中世的状況に関しては、竹内理三『武士の登場』（日本の歴史六）、中央公論新社、二〇一五年、四五三―七五頁。

（17）井沢実『大航海時代夜話』岩波書店、一九七七年、九六―一〇三頁。

（18）トスカネッリに関しては「大阪印刷」で文字通り大作の名に値する、G. Uzielli, *La vita e i tempi di Paolo Dal Pozzo Toscanelli, Ricerche e studi*, 1894, Roma がある。*Ibid.*,568-580.N. Sumien, *La correspondence du savant floretin Paolo dal Pozzo Toscanelli avec Christophe Colomb*, Paris, 1927. V. Cronin, *The Floretine Renaissance*, London, 1967, pp.155-162. D. B. Quinn, The Italian Renaissance, in *Renaissance Studies*, pp.352-359.

（19）トスカネッリとクザーヌス、さらにこのあと本文で述べるアルベルティ、マルティンスらと関係については、P. M. Watts, From the Desert to the New World: the Viator, and the Venator, and the Age of Discoveries, in *Renaissance Studies in Honor of C. H. Smyth*, ed. by A. Morrogh et al., Firenze, 1985, I, pp.519-530. M. Henninger-Voss, Toscanelli, in *Encyclodedia of Renaissance*, VI, p.154.

（20）*Firenze e la scoperta dell'America*, pp.12, 96-97.

（21）*Ibid.*, pp.170-173. A. Grossato, *L'India di Niccolo' de' Conti*, Padova, 1994. ニッコロ・デ・コンティについては、本書第二章。

（22）大住広人『ザビエルとヤジロウの旅』葦書房、一九九九年、はそのような一冊である。私もこれについては、根占『東西ルネサンスの邂逅』八六―九七頁で詳細な考察を加えた。だが、同時代人である二人が完全に一致する決定的な証拠はない。このアンジロウ問題に実証的に迫り、両者の関連を完全否定したのは『ザビエルと日本――キリシタン開教期の研究』吉川弘文館、一九九八年、の著者岸野久である。その否定の根拠となるペロ（ペドロ）・ディエス関連史料にはすでに岡本良知が言及していた。これに関しては、根占、前掲書、九四頁参照。岸野はまた、先の書に基づく『ザビエルの同伴者アンジロー』吉川弘文館、二〇〇一年で、ヤジロウの実像を史料から構成し、海老沢有道たちと違い、ヤジロウの歴史的、宗教的役割を高く評価した。思うに、池端弥次郎もまた日本における「新時代」、ヨーロッパ人の来日、鉄砲登場期に名を残した一人であり、「ヤジロウ」的人物の可能性は十分にある。この点に関しては、大住、前掲書、二八八頁、も同意見のようである。ただ、わけ――私見ではこのわけは当然である――あって絶版となった某書を大住が引用しているのはいただけない。ただ某書は以下のような書にも影響を与えるなど、広く知られた。小堀桂一郎編『東西の思想闘争』叢書比較文学比較文化4、一九九四年、一三八頁。

(23) ランチロットについては、本書第三章参照。

(24) ザビエル関連文献は国内外ともに数多に上る。ここでは本論冒頭で述べた視点と関わる地元文献を挙げておきたい。小平卓保『鹿児島に来たザビエル』春苑堂出版、一九九八年。『薩摩と西欧文明――ザビエルそして洋学、留学生』ザビエル渡来四五〇周年記念シンポジウム委員会編、南方新社、二〇〇〇年。なお『聖フランシスコ・ザビエル全書簡』東洋文庫五七九―五八二、平凡社、一九九四年、の翻訳者河野純徳と鹿児島との関係については、師の著書『鹿児島における聖書翻訳――ラゲ神父と第七高等学校造士館教授たち』キリシタン文化研究シリーズ二一、キリシタン文化研究会、一九八一年、参照。

(25) 岡本良知『長崎開港以前欧舶往来考』日東書院、一九三二年、八六―八九頁。

(26) ポステルについては以下の専門書に依る。W. J. Bouwsma, *Concordia mundi. The Career and Thought of Guillaume Postel (1510-1581)*, Cambridge, Mass., 1957. ウィリアム・J・ブースマ『ギヨーム・ポステル。異貌のルネサンス人の生涯と思想』長谷川光明訳、法政大学出版局、二〇一〇年。M. L. Kuntz, *Guillaume Postel. Prophet of the Restitution of All Things. His Life and Thought*, The Hague/Boston/London, 1981. F. Secret, Les kabbalistes chrchrètiens tiens de la Renaissance. Nouvelle éditon mise à jour et augumentée, Milano, 1985, pp.151-217. G. Weill, *Vie er caractère de Guillaume Postel*, traduite du latin et mise à jour par Secret, Milano, 1987. *Postello, Venezia e il suo mondo*, a cura di M. L. Kuntz, Firenze, 1988. M. L. Kuntz, *Venice, Myth and Uiopian Thought in the Sixteenth Century*, Variourm, 1999. 邦語文献に、岸野『西欧人の日本発見――ザビエル来日前日本情報の研究』吉川弘文館、

一九九五年、二二〇—二五頁。山内昶『青い目に映った日本人——戦国・江戸期の日仏情報史』人文書院、一九九八年、三〇—四七頁。

（27）ヴェネツィアに関わる書は少なくないが、本文文脈ではたとえばこの論文集。*Venezia e l'Oriente fra tardo Medioevo e Rinascimento*, a cura di Agostino Pertusi, Firenze, 1966.

（28）F. Lestringant, Cosmographie pour une restituition: note sur le traité· < *Des merveilles du monde* > de Guillaume Postel (1553), in *Postello, Venezia e il suo mondo*, p.245.

（29）M. L. Kuntz, Guillaume Postel e l' idea di Venezia come la magistratura più perfetta, in *Postello, Venezia e il suo mondo*, p.176. Guillaume Postel et Jean Boulaese, *De summopere* (1556) et *le Miracle de Laon* (1566). Edition critique, traduction et notes par I. Backus, Genève, 1995.

（30）Kenichi Nejime, Alessandro Vaglignano (1539-1606) between Padua and Japan, in *Bulletin of Gakushuin Women's College*, no. 16, 2014, pp. 43-52, especially p. 45. A. C. Ross, *A Vision Betrayed. The Jesuits in Japan and China, 1542-1742*, New York, 1994, ch. 3.

（31）Cfr. Giorgio Mangani, *Il <mondo> di Abramo Ortelio. Misticismo, geografia e collezionismo nel Rinascimento dei Paesi Bassi*,. Seconda edizione, Modena, 2006.

（32）Lach, *op.cit*., vol. I, bk. 2, p. 702.

（33）W. A. Wallace, *Galileo, the Jesuits, and the Medieval Aristotle*, Varioum, 1991.

（34）A. Biondi, La Bibliotheca selecta di Antonio Possevino. Un progetto di egemonia culturale, in *La <ratio studiorum>. Modelli culturali e pratiche educative dei Gesuiti in Italia tra Cinque e Seicento*, a cura di G. P. Brizzi, Roma, 1981, pp. 43-75. ポッセヴィーノのヴァリニャーノの評価は、*Ibid*., 48 n. 21.

（35）尾原悟『ザビエル』清水書院、一九九八年、一二六—一二七頁。

（36）根占『東西ルネサンスの邂逅』、二〇五—〇七頁。ここで私は『日本大文典』などの著者として知られる通事ジョアン・ロドリーゲスの言を引用している。彼はコッレージョの第一期生であった。日本との比較の意味で、伊仏、特にサヴォイア（サヴォワ）の教育状況に関しては、A. Scaglione, *The Liberal Arts and the Gesuit College System*, Amsterdam / Philadelphia, 1986.

（37）大画家の手になったわけではないが、子息ドメニコ・ティントレット作が近年発見されて話題になり、二〇一六年度に東京国立博物館で展示が行われた。その後、伊東マンショは九州に「里帰り」した。

(38) AA. VV., *Anno 1585: Milano incontra il Giappone. Testimonianze della prima missione giapponese in Italia*, Milano, 1990, pp.92-93. G. Malena, Le ambascerie giapponesi in Italia (1585, 1615) ed i loro lascito nell'editoria e nelle arti, in *Italia-Giappone. 450 anni*, a cura di A. Tamburello, ISIAO, 2003, pp.41-52: 44.

(39) Giuliano de' Ricci, *Cronaca (1532-1606)*, a cura di G. Sapori, Milano / Napoli, 1972, p.421.

(40) Gemma Sgrilli, *Francesco Carletti,mercante e viaggiatore fiorentino 1573(?)-1636*, Rocca San Casciano, 1905. 榎一雄『商人カルレッティ』大東出版社、一九八四年。

(41) F. Purnell, Jr, *Jacopo Mazzoni and his Comparison of Plato and Aristotle*, Columbia University, Ph.D., 1971. UMI Dissertation Services.

(42) Giuliano de' Ricci, *op.cit.*, p.525.

(43) 平川祐弘『マッテオ・リッチ伝』東洋文庫、平凡社、一九六九―九七年、全三巻。ジョナサン・スペンス『マッテオ・リッチ――記憶の宮殿』古田島洋介、平凡社、一九九五年。レトリックのソアレス、数学のクラヴィウスはリッチに影響を与えた教授たちだった。

(44) M. Milanesi, *Filippo Sassetti*, Firenze, 1973. 以下は一部、没後四〇〇年記念の特集号となっている。ルネサンス時代の先輩のアカデミー人を偲んで、とでもいうべきか。*Atti e memoria dell'accademia Toscana di scienze e lettere. La colombaria*, v. LIV, Firenze, 1989, pp.283-379.

(45) F. Niccolai, *Pier Vettori (1499-1585)*, Firenze, 1912. G. Nencioni, Filippo Sassetti sulle rotte della cultura e degli oceani, in *La colombaria*, pp.287-316.

(46) Filippo Sassetti, *Vita di Francesco Ferrucci*, a cura di Vanni Bramanti, Torino, 2000.

(47) V. Cronin, *A Pearl to India. The Life of Roberto de Nobili*, New York, 1959.

(48) Filippo Sassetti, *Lettere dall'India (1583-1588)*, a cura di A. Dei, Roma, 1995, p.214.

(49) *Ibid.*, p.218 sgg.

(50) 根占『東西ルネサンスの邂逅』二〇二―〇三頁。

(51)『デ・サンデ天正遣欧使節記』泉井久之助・長沢信寿・三谷昇二・角南一郎訳、一九六九年。A. Boscaro, *Sixteenth Century European Printed Works on the First Japanese Mission to Europe*, Leiden, pp.160-66. 該当頁で『使節記』と原の演説に関わる出版状況が述べられている。

(52) 海老沢有道『キリシタン南蛮文学入門』教文館、一九九一年、一二二、一七四—七六頁。一八四頁注三〇にヨーゼフ・シュッテの先駆的業績が挙がっている。新たな業績は、川村信三『キリシタン信徒組織の誕生と変容——「コンフラリア」から「こんふらりあ」へ』教文館、二〇〇三年。

(53) *Prosatori latini del Quattrocento*, VI, a cura di E. Garin, Torino, 1977, p. 818 sgg. G. Pico della Mirandola, *De hominis dignitate. Heptaplus. De ente et uno. E scritti vari* a cura di Eugeio,Garin, Firenze, 1942, 7-10.

(54) 岸野『西欧人の日本発見』二〇七頁。

(55) 棄教の理由として、ジェノヴァ出身のカルロ・スピノラとの人間関係悪化が考えられる。スピノラはコッレージョ・ロマーノでクラヴィウスに学んだイエズス会宣教師である。根占『東西ルネサンスの邂逅』一九五—九六頁参照。また別の理由として、ルターの事例を想起させるが、修道女との恋愛が考えられる。

(56) 海老沢有道・井手勝美・岸野久編『キリシタン教理書』教文館、一九九三年、三九四—四〇二頁。

(57) Fabian Fucan and Renaissance Syncretism in the West and the East. Saturday, 2 April 2016.

(58) Kenichi Nejime, Aristotelianism, Platonism and Humanism in Japan's Christian Century, 149-158, in *Bulletin of Gakushuin Womens College*, no. 18, 2016, pp.149-58.

(59) 海老沢『キリシタン南蛮文学入門』二五七頁。

(60) 井手勝美『キリシタン思想史研究序説——日本人のキリスト教受容』ぺりかん社、一九九五年、三三四頁。オルファネール『日本キリシタン教会史　一六〇二—一六二〇年』井手勝美訳、ホセ・デルガド・ガルシア註、雄松堂書店、三三一—三八、特に三三五頁、の訳者あとがき参照。東西思想の比較史的考察に、弥次郎（ヤジロウ）の存在あるいはキリシタンの用語問題に関心を寄せ続けてきた研究者の一人に小堀桂一郎がいる。その一冊に『日本に於ける理性の傳統』中央公論新社、二〇〇七年、を挙げることができるだろう。小堀の主調音にはある術語の影響関係を見つつも、日本の独自性を見ようとする傾向が顕著である。

(61) D. Hay, J. Law, E. Cochrane, *La civiltà del Rinascimento. Storia e cultura. L'Italia dal 1380 al 1600*, vol. I, Bari, 1991, pp.432-33.

根占献一『共和国のプラトン的世界――イタリア・ルネサンス研究（続）』創文社、二〇〇五年。

(62) ヘルマン・テュヒレ他『バロック時代のキリスト教』キリスト教史6、上智大学中世思想研究所編訳、平凡社、一九九七年、一六五―六六頁、根占献一「コロンナ、ミケランジェロ、ポントルモ――時代と向き合う芸術家たち」、『学習院女子大学紀要』第一三号、二〇一一年、一三一―四五頁。

(63) 石原保徳『インディアスの発見――ラス・カサスを読む』田畑書店、一九八〇年、三九頁。シンボリックな年、一四九二年を西欧の世界史先導と世界侵略の起年と見なす叙述は広い読者層を獲得しているように思われ、類書の邦訳もある。ジャック・アタリ『一四九二。西欧文明の世界支配』斎藤広信訳、筑摩書房、二〇〇九年。フェリペ・フェルナンデス＝アルメスト『一四九二。コロンブス――逆転の世界史』青土社、二〇一〇年。本章並びに本書の目的は欧日間を基軸とする文化的、思想的な歴史の同時理解である。

(64) J. W. O'Malley, *Trent and all that. Renaming Catholicism in the Early Modern Era*, Cambridge, Mass./ London, 2000.

(65) *The Jesuits. Cultures, Sciences, and the Arts, 1540-1773*, edited by J. W. O'Malley et al., Toronto/ Buffalo/ London, 1999, I and 2007, II.

(66) 本書第六章参照。

(67) 根占献一「ガスパロ・コンタリーニとトレント公会議への哲学的・神学的傾向」、『西洋史論叢』早稲田大学西洋史研究会、第三六号、二〇一四年、二五―三八頁。

第二章　ニッコロ・デ・コンティの旅路と地図制作およびアジア再認

一　ラムージォに始まる航海・探検叢書

一六世紀四〇年代に日本とヨーロッパの邂逅が開始された頃、イタリアではトレヴィーゾ出身のジョヴァンニ・バッティスタ・ラムージォ（一四八五―一五五七年）が航海と羈旅のもっとも基本となる文献、『航海・旅行記集成』（*Delle navigationi et viaggi*, Venezia, 1550）第一巻を刊行しようとしていた。ラムージォの編纂書は同時代の偉業に留まらず、過去の記録をも収録する壮大なものであった(1)。ルネサンスにおけるいわゆる地理上の発見、あるいは大航海時代のなかでこそ、これは実現されたのであるが、時代の動向が昔日の延長、継続にあることも教えていた。

ジェノヴァ人クリストーフォロ・コロンボ（一四五一―一五〇六年）の大航海は、バルトロメ・デ・ラス・カサス（一四八四―一五六六年）の『インディアス（アメリカ）史』（*Historia de las Indias*）や『航海日誌』（*Il giornale di bordo*）が教示しているように、ヴェネツィア人マルコ・ポーロ（一二五四―一三二四年）の『東方見聞録』（*Il Milione. Divisament dou monde*）に親縁があった。ポーロは来日こそしなかったものの、西欧人にとっての最初の日本情報は彼のその書に負っていた。そこでは「チパング」、日本が黄金の島として紹介され、この魅力が後々まで続行し、彼らの関心を惹きつける。そのような日本を目指してアメリカに至ったのがコロンボである。また、ローマに本部をもうけたイエズス会の活動は、中世のローマ教皇やフランス国王の派遣した、かつてのフランチェスコ修道会やドミニコ修道会の東方布教を思い起こさせよう。ラムージォにはポーロの旅もザビエルの日本情報もともに含まれる。

それだけではない。ルネサンスの文字通りの意義、「再生」がこの分野でも発揮され、古代文献の批判的摂取が新たな発展を促すことになる。ラムージォは俗語による文献語彙が広範な読書層を摑むことはむろんだが、ヴェローナ出身の著名な自然哲学者ジローラモ・フラカストロ（一四七八―一五五三年）あての『航海・旅行記集成』第一巻序で、プトレマイオスの『地理学』（*Geographia*）の改善をも目ろんでいると言明している[2]。彼の仕事は言わば同時代のジョルジョ・ヴァザーリ（一五一一―七四年）のそれに準えることができよう。このアレッツォ生まれの芸術家が『列伝』（*Le vite*）初版を刊行したのは一五五〇年のことで、それもまた一三世紀以来の美術の壮大な発展を集大成するものであった。ルネサンスにあっては、ラテン語と俗語双方の表現手段を分け隔てなく考慮しておくことが肝心であり、ラムージォとヴァザーリの一大仕事は「俗語ヒューマニズム」の記念碑となった。

ラムージォ以来、旅と航海に関する古典叢書を有するイタリアは、現代では、今なお貴重なシリーズ物「イタリア人の航海者と探検家の旅路と発見」（Viaggi e scoperte di navigatori ed esploratori italiani）全一八巻を発刊している[3]。このなかには、周知のコロンボやポーロ以外に、日本では有名でないものの、知るに値する人物も含まれている。たとえば、エンリケ親王（航海王子）やマガリャンイス（マゼラン）などは高名だろうが、親王のために航路に出た、ヴェネツィア出身のアルヴィーゼ・カ・ダ・モスト（一四二六年頃―八三年）や、統率者亡き後、世界周航を達成したヴィチェンツァ人、アントニオ・ピガフェッタ（一四九一〔以前。一四八〇とその間〕頃―一五三五年〔一説では一五二六年頃〕）らは、その旅行記のゆえにも重要な探検家の部類に属するであろう。また冒険に出ずとも、コロンボの意義を認識し、『新世界』（*De orbe novo*）を著わしたピエトロ・マルティーレ・ダンギエーラ（一四五九―一五二六年）も忘れてはならないだろう。アンギエーラの名字はマッジョーレ湖に面したアンジェラ（Angera）に由来する。彼は新興国スペインの要人中の要人となった。

もちろん、網羅的にすべての旅行者・冒険家がこの現代刊行物に含まれたわけではない。フィレンツェ人アメリゴ・ヴェスプッチ（一四五四―一五一二年）の名高い書簡は印行されていない。幸いなことに、カ・ダ・モストやピガフェッタは先のイタリアのシリーズ物が底本として使用され、日本の「大航海時代叢書」（一九六四年以降）のなかで邦訳されている。なお、ヴェスプッチの書簡もこの邦訳集成では、一九五一年のブエノス・アイレス版（ロベルト・レビリエール編）に基づいて翻訳されている。

コロンボは日本を目指したものの、辿り着いたところは実はインディア（インディアス。アジア）ではなかった。そこは、ヴェスプッチのいう「未確認の大地」（terrae incognitae）、「新世界」（novus mundus）であり、ヨーロッパ人には未知の大陸であった。このことは、ロレンツォ・ディ・ピエルフランチェスコ・デ・メディチあてヴェスプッチ書簡（一五〇三年）で言明される。コロンボはスペイン王室の支援を受けたが、ヴェスプッチもまた最終的にはスペイン国籍を得、一五〇八年には同王から「航海士長」（piloto major）に任命された。こうしてスペインは西回りで黄金の国日本に関心を持ち続けた。コロンボの考えはこの黄金を資金にイェルサレムをイスラム教徒から奪還することであった。黄金は乏しく、日本は遠かった。イベリア半島のもう一か国ポルトガルは果たしてどうであったのか。

二　ニッコロ・デ・コンティの旅行記

日本およびアジアから見て、『東方見聞録』とともに意味深いと思われる旅行記がイタリアのシリーズ物には収録されている。それはキオッジァ出身のニッコロ・デ・コンティ（一三九五年頃―一四六九年）の記録で、マリオ・ロンゲーナが一〇〇頁の序論を付け、本文には詳細な学問的注釈を施している。(4) この記録はわが国では訳出されず、研究者の然るべき注目を集めてきたようには思われない。(5) それには、インドからマレー半島、さらにはインドシナ半島ヴェトナムにかけて、またジャワからモルッカ諸島を含む、極東の島々にかけての初情報が含まれていて、たいへん貴重である。これらの地域はやがてポルトガルの進出するところとなる。そして、そのポルトガルが日本の初めて出会う西欧の国となることを考えると、この国がどのようなアジア情報を持ちえたのか、またポルトガル王の支援を受けたフランシスコ・ザビエル（一五〇六―一五五二年）がリスボンを立つ前に、入手できた、その情報源にはどのようなものがあったのかを知ることは大事なことであろう。

ロンゲーナは、一四九二年にコンティの最初のラテン語印刷本が出版され、題名として『再認されたインディア』（India recognita）を有していたと記している。これは稀覯書に属し、およそ六〇年後のラムージォはこの版を利用することができなかった。さらにロンゲーナは、一五〇二年のポルトガル語訳版はそのラテン語版から翻訳がなされ、実にラムージォはこの俗語版から自分の編纂書に取り組んだ、と述べている。(6) 注視すべきは、ポルトガル語訳版が、ジェノヴァ出身のジローラモ・ディ・サント＝ステーファノの旅行記とともに、マルコ・ポーロの本文（これもポルトガル語訳されている）に続く体裁になっているということである。マリカ・ミラネージはその版がラムージォに先行する一旅行記集成、と指摘している。(7) こうした形での『東方見聞録』のポルトガル導入には国家的意義があるように思われる。(8)

サント＝ステーファノの旅行記とはエジプト、ペルシャ、アラブ、インド、南アジア、そしてスマトラ島などに関し、帰国の途次、一四九九年にシリアのトリポリで認められた書簡を指す。(9) イタリア語を解するイスラム教徒の裁判官（un cadi）の調停により、その島で彼は事なきを得ているが、一四九一年にともにジェノヴァを旅立った同郷の友人ジローラモ・アドルノを一四九六年一二月二七日にペグー（Pegù）で喪っていた。アドルノと違い、彼の氏素性は不分明であり、また生没年も不明だが、その名は同じく同郷のコロンボ自身の書簡（一五〇二年三月二一日）に現れる。(10) 全体としてこれらの旅記録は、アジアを目指したポルトガル人やイエズス会士の必要不可欠な書となったであろう。

さて、一般に活版印刷術の登場により、これからの類推に基づくルネサンス知に頼りがちであるが、マニュスクリプトの意義と役割を無視することはできない。コンティの手稿本の場合も同様である。印刷本より早く写本で流布し、その種類も多い。また、『再認されたインディア』は元来、決して単行本ではなく、後述するようにポッジョ・ブラッチョリーニによる全四巻のなかの最終巻に過ぎなかった。だが、最後の第四巻のみが単独で出回った。その数も多い。全巻が揃って印刷出版されたのは、ようやく一七二三年になってからである。この間、優に二〇〇年以上経っている。全巻揃いのこの完全版（パリで発刊）は現在復刻版が出ている。これを見ると、ロンゲーナの指摘したこと、つまりラムージォの編集のことやポルトガル語訳などが第四巻序に既に述べられている。(11)

手写本の一冊一冊に興趣が湧く。豪華な手稿本を愛好したウルビーノ公フェデリコ・ダ・モンテフェルトロ所蔵だったものもある。教皇ニコラウス五世に献呈されたもののように全巻の写本もあれば、コンティのみに関わる巻の写本もある。同時代の著名なヒューマニストたちの作品と一緒のものも少なくないが、古代の作品や教父たちの著作と一本になったものも珍しくない。ただ、マルコ・ポーロと合わさった写本はない。写本に所収される各論の性質が共通の、ドン・フランシスコ・アルヴァレスの『エチオピア史』（Historia d'Ethiopia）、一五一六年、一七年のフィレンツェ人アンドレア・コルサーリ（一四八七―一五二四年以降。エチオピアで死去）の各書簡、およびフィレンツェ生まれで、現ニューヨークを発見するジョヴァンニ・ヴェッラッザーノ（一四八〇年頃―一五二七年頃）のフランス国王あて書簡がひとつに纏められたものもある。しかもこの本は数ある写本のなかで成立が遅く、活版印刷の登場から一世紀近くも経った一五四〇年にできた。(12)

インディアは再認識された（India recognita）が、依然として神秘に満ちた地域であった。種々の結婚形態（一夫多妻制、多夫一妻制、一夫一婦制）、夫の死去に伴う、妻たちの火炎での添い死になどの習俗描写、食人種、生態系の相違に由来する物珍しい植物の紹介、闘鶏の賭け、象の調教と利用、牛の神聖視、サイやヘビ、ワニ、ジュゴンなどの各種の生き物、極彩色の鳥類、不死鳥、また触手をそそる数々の宝石や貴金属、ダイヤモンドの信じがたい埋蔵量と発見法、香辛料、芳香を放つ植物（樟脳）の案内は、アラビア半島以東のアジアの陸地と島々を眼前に髣髴とさせるうえで、絶大な力があったであろう。大河に沿った都市の名が挙がり、またある都市と別の都市間の旅行日数が述べられる。

明の時代にもかかわらず、「カタイと呼ばれる」（nomine Catauim）チーナ（中国。Cina）の統治者には大カーンの表現が用いられる。(13) 時に、イタリアにある都市に似た、チーナの大きな都が話題になって比較され、(14) またこの国での紙幣使用は知っている。また時に、インドでのヴェネツィアのドゥカート貨幣使用に言及される。(15) アジアにおける黒髪重視と、(16)何に書くかに言及しながら、上から下へと真っ直ぐに字を書き連ねる習慣を伝えている。(17)その反応は、のちの時代に日本に関心を示した宣教師たちを想起させよう。(18)

これらの地域を歩むことは、諸宗教とその習俗との出会いでもあった。キリスト教徒として、インドでの聖トマスの布教の痕跡やプレスタージョンの所在は気に懸かる。海港都市マリアプル（Maliapur、マドラス郊外）には聖トマスの遺体を安置した豪壮なバジリカがあり、ネストリウス派と呼ばれる異端の徒に崇められていると語る。(19)この派の信徒たちはわれわれの世界ではユダヤ人がそうであるように、インド全体に広がっていると付け加える。(20)偶像崇拝者には至る所で出会い、インドでは当然、ヒンドゥー教とそのカースト制には注目している。哲学者のようなブラマン階級は占い（星占いと土占い）と関連づけられる。(21)

こうしてインド内部やアジア遠隔地の知識も格段に増え、地図製作に反映された。一ラテン語手稿本（Biblioteca Marciana di Venezia蔵）をファクシミリで発行したグロッサートは、時のポルトガル王がコンティをインド諸都市に関する貴重な情報の源と見て、ラテン語からポルトガル語への翻訳を委託したと述べている。(22)王はマヌエル一世、翻訳者はヴァレンティン・フェルナンデスを指すであろう。ポルトガルの関心はインド、そして「カタイ」にあったから、大きな刺激になったことは間違いない。翻訳にはこの言葉以外に、スペイン語、オランダ語、英語、そして二種類のイタリア語のものが存在する。(23)

三　コンティとトスカネッリ

さらにコンティの証言記録には注目される点がある。地理・地図学者として研究業績を残したセバスティアーノ・クリノによれば、このコンティはインドと中国を訪れただけでなく、日本に足を踏み入れた最初の西欧人であり[24]、そこに妻と子供とともに、九か月間も住んだのである[25]。クリノはさらに自らの著名な一書『アメリカは如何に発見されしか』でも同意見を繰り返している[26]。彼の主張するような、一五世紀前半の日本側の記録に「南蛮人」が訪れたという記録がないわけではない。このようなクリノ説にどのような評価が与えられたのかは詳らかでないが、少なくとも同説が広まった形跡はない[27]。だが、コンティがかなり重要な歴史的人物であることに変りはなく、小論に取り上げるに値し、また彼の主張は日本が関わるだけに興味深かろう。

クリノ研究の狙いは、フィレンツェ人パオロ・ダル・ポッツォ・トスカネッリ（一三九七—一四八二年）が製作した地図にあった。トスカネッリは、甦った古典のギリシャ文献プトレマイオス[28]とストラボン[29]、ラテン文献のプリニウス『博物誌』（*Naturalis Historia*）[30]、そしてもたらされた最新の外国情報、コンティのアジア情報などをもとに、前時代からの地理知識に修正を加えた。その決定的な点は、大西洋からインディア（インディアス、アジア）に向かう西方の旅路、東アジアの中国、日本への到達は想像以上に短距離で行われるというものであった。この判断は一四七四年のトスカネッリ書簡で明言される。この書簡はやがてコロンボに強い影響を及ぼす。他に彼に感化を与えた書として、教会大分裂、大シスマ時代の枢機卿ピエル・ダイイ（一三五〇—一四二〇年）の『世界像』（*Imago mundi*, 1410）も無視できないだろう。西方に向かってインディアに短時日で着くこと、インディアとアフリカが近いことなどが指摘されていたからである[31]。

また他に、ピウス二世の『歴史地誌』（*Historia*）もコロンボの愛読書であった[32]。一四六一年に執筆された箇所、教皇ピウスのアジアに関する記述にはコンティの影響が及んでいる[33]。この教皇の時代に、アジアに並々ならぬ関心を抱くポルトガル代表とフィレンツェの自然哲学者が親しく膝を交える機会が生ずる。教皇は一四五九年、マントヴァ公会議でキリスト教国に対し、反トルコ十字軍を呼びかけた。このため来伊したポルトガル使節はフィレンツェで高名なトスカネッリと会談し、東方に関する地理情報を収集できた(34)。

先述の一四七四年書簡とは、この年の六月二五日、ポルトガルはリスボンの聖堂参事会員フェルナン・マルティンスあてのトスカネッリ書簡を指す。この写しが後にコロンボにも与えられて「新大陸」発見に繋がったとされる、いわくつきの書信である。ただ、手紙とともにトスカネッリから彼らに送られた地図は発見されていない。それがどのような地図であったかは、多くの研究者により縷々検討されてきた。『アメリカは如何に発見されしか』でクリノは、H・ヴァーグナーによって再構成された地図を収録するとともに、従来、一四一七年ジェノヴァ製地図と見られていた世界（絵）図を一四五七年フィレンツェ製作、しかもトスカネッリ作として色刷りで収めている。その研究書のなかでは周到な論点が展開される。プトレマイオス地図中の閉じられたインド洋を改訂し（この地図も収録）、「日本」が書き込まれたのはコンティの伝えた情報による、と主張している。さらに、一四五七年の地図製作のとき、トスカネッリは『東方見聞録』を知らなかったが、書簡を書く前までにはこれを読む機会があり、一四七四年のマルティンスあて地図ではこれが活かされ、書面からもそれが読み取れるとする(35)。

今日、『東方見聞録』がドミニコ会修道士ピピーノ・ダ・ボローニャによって一四世紀初めにラテン語訳され、非常に広く写本が出回ったことが分かっている。これから俗語訳も行われた。その初版印刷は一四八五年アントワープにおいてであった。コロンボが丹念に読んだのも、このピピーノ（ラテン語名ピピヌス）訳であり、一四八五年版はこの航海者が所有していたことも分かっている。写本研究の第一人者セバスティアーノ・ジェンティーレは、トスカネッリが書簡を綴った際、このもっとも「科学的な」ラテン語訳を用いた可能性があったとし、またトスカーナ語訳は広く出回っていたので、こちらも接しえたとしている(36)。

フラ・マウロの地図（完成は一四六〇年）もまた、クリノによれば、コンティの情報から影響され、そこにはふたつのJava、つまり日本が明示されているという。この地図はポルトガル国王アルフォンソ五世のために、ヴェネツィア、ムラーノ島のサン・ミケーレ聖堂のカマルドリ会修道士マウロが製作し、ヴェネツィア貴族ステファノ・トレヴィザンが王の元に発送した、著名な世界地図である。クリノは日本を示すと見なす地図を載せるとともに、一島は今日の本土（Hondo）としている。[37]

ニコラウス・クザーヌス（一四〇一―一六四年）研究者として知られているポーリン・モフィット・ワッツは、西欧における地理学上の進展を扱った、簡にして要を得た論文のなかで、ピウス二世らの親友クザーヌスにおいて、荒野や僻地へ向かう修道的な旅人（viator）から探検家、冒険家としての探求者（venator）、宇宙誌的人間（homo cosmographicus）へと変わったと述べ、その例証として『知恵の狩りについて』（*De venatione sapientiae*）、『要約』（*Compendium*）のクザーヌス作品を挙げている。パドヴァ大学でのクザーヌスの同窓トスカネッリもまた、そのような人物と言えよう。ワッツは、一四六四年クザーヌスの死床のそばに、トスカネッリと侍医マルティンスがいたと記し、[38]三者の人間関係を示している。既述のように、コロンボはマルティンスと密接な関係があり、彼を介してトスカネッリと繋がり、ポイントとなる書簡と地図の写しを入手した。コロンボもまた冒険家（venator）であったろうが、彼にはしかし、神秘主義的使命感も強固にあった。ポーロらが伝えるアジアの地にキリストを「運び込む」ことほど、自分の名クリストーフォロに相応しいことはなかった。[39]

四　コンティとポッジョの『運命転変論』

ところで、トスカネッリやクザーヌスの同時代人の冒険家としての venator、コンティの旅行記録は、前述のように自身の書き著したものではない。その点で『東方見聞録』（Divisament dou monde, 一二九九年）の事情に似ているが、違う点は言語媒体であろう。見聞録が北イタリアで広範な散文文学語であったフランス語で記されているのに対し[40]、コンティのほうは優れたヒューマニストのラテン語で記述されている。作者はトスカーナ、テッラヌォーヴァ生まれのポッジョ・ブラッチョリーニ（一三八〇—一四五九年）である。ラテン語能力を買われ、八人の教皇に五〇年間奉仕した。時はシスマ時代であった。そしてこの間、数々の古典を西欧各地で発見した。シリウス・イタリクスの『ポエニ戦役』（*Punica*）、スタティウスの『セルヴェ（Selve）』（*Silvae*）、ルクレティウスの『事物の本性（自然論）』（*De rerum natura*）、クィンティリアヌスの『弁論術教程』（*Institutio oratoria*）などがそれらである。一時期ローマ教会での公職を離れて、英国にパトロンを求めた。古典籍が見出せず、憂鬱な日々を過ごしたが、再度、教会の仕事に戻った[41]。

教皇エウゲニウス四世時代は対立と戦いの日々であった。一四三八年一月、教皇庁がフェッラーラからフィレンツェに移って公会議が開催される。教皇庁秘書官のポッジョも当地にいた。このとき種々のキリスト教宗派が世界各地から集まり、翌年、各派を越えて、ローマ教会下での合同がなった。一四四七年、エウゲニウス四世が死去し、新たな教皇に古典に豊かな素養のあるニコラウス五世が選出された。ポッジョとは既知の間柄であるこの教皇は天から送られてきたかのように思われた。先の時代と違い、平和が待望される。ヒューマニズムへの期待を込めながら、この教皇にあてた、ポッジョの「美しい」挨拶（一四四七年五月一日）が届けられる。[42] 後述する『運命転変論』（*De varietate fortunae*）の献呈先は、各種写本の箇所で触れたこのニコラウスであった。[43]

また同時期に属するエンリケ親王あてポッジョ書簡（一四四八／四九年）は、西欧が海外に雄飛しようとする時代の雰囲気をよく伝えている。父王ジョアン一世の方針を受け継いだこの親王のもとで、強力に推進されている東アフリカ南下政策に歴史的意義を与えながら、未信仰者の地にキリスト教信仰を拡大することを願っている。[44] 最晩年はカルロ・マルスッピーニ（一三九八―一四五三年）の跡を襲って、フィレンツェ共和国の書記官長となった。この国の激しい政治的対立に遭遇することになるが、老ポッジョにはもはや公的仕事に打ち込む情熱はなかった。

さて、ポッジョとコンティの出会いがフィレンツェで実現したのは、公会議開催地であったことによる。この公会議は全教会統一《エクメニコ》を志向し、ルネサンスは居住地域《エクメネ》を拡大していた。コンティはアラビアからペルシャを旅するなかで、止むを得ずキリスト教を打ち捨ててイスラム教に改宗していた。一四三九年、教皇に会いにフィレンツェに来、赦免を請うた。この機会を捉えて、ポッジョは自宅で彼から話を聞き、ラテン語に綴ったのである。好色な『滑稽譚』（*Facetiae*）――しかもこれもラテン語作品！――のポッジョらしく、イラワジ川の都市アヴァ（Ava）にまつわる性的話[45]などは、特にこのヒューマニストの興味を惹いたように思われる。コンティはのちの時代のヴェスプッチ書簡同様に、性的欲情あふれる現地の女性に言及する。ここではエロチック性（erotica）とエキゾチック性（exotica）が併存している。ポッジョの女性関係は夙に有名で、彼の評価に悪影響を与えている面がある。正式に結婚したのは一四三六年五六歳の時で相手は一八歳であった。この体験をもとに小品『老人は妻を娶るべきか否か』（*An seni sit uxor ducenda*）が執筆された。対話に登場するのは親友のふたり、ニッコロ・ニッコリ（一三六四年頃―一四三七年）とマルスッピーニである。コンティの記録に随分とインディアの結婚形態が出てくるのは、作者自身の興味の為せる業か。オリエントで一夫多妻は珍しくないが、ひとりの妻で満足とか、あるいは一妻多夫（poliandria）の形式とかも紹介される。ネストリウス派のキリスト教徒が大方を占め、アロエを産するソコトラ（Socotra）の向かいに、男だけの島と女だけの島があり、半年間、互いに相手の島に出掛けるという。(46) これとほぼ類似した話はすでに『東方見聞録』にある。

一四一四年から四半世紀に及ぶ、そのようなコンティの冒険旅行譚が収録されたのは、ポッジョの数多い著作の一冊、既出の『運命転変論』においてであった。(47) そして、『運命転変論』の第四巻が旅の記録となっているのは、既述の通りである。先の三巻は、中世からルネサンスにかけて人々の心を惹きつけて離さなかったフォルトゥーナが主題であり、人間世界の有為転変が描かれる。キリスト教の神の摂理が支配しているにもかかわらず、異境の女神が自由気ままに振る舞える余地が残されている。第一巻は同じ教皇秘書官でヴィチェンツァ出身アントニオ・ロスキ（一三六五年頃―一四四一年）が対話の相手である。ローマの廃墟が話題となり、世の移ろいを示している。一四〇二年の現代の出来事、タメルランによるトルコ征服も取り上げられる。第二巻は一三七七年から一四三一年の教皇マルティヌスの死までの出来事が扱われ、運命の変遷が示される。第三巻は対話の相手にマルスッピーニが登場し、エウゲニウス四世（一四三一―四七年）による教会統一、アルメニア、コプト、エチオピアなどの東方教会が取り上げられる。

第四巻はこの叙述の発展として多様な世界、民族に言及されることになる。従来の対話形式は捨てられる。冒頭でポッジョはこの巻の愉快な逸脱について弁解を述べ、キケロのレトリック書の根本精神で、楽しませ（delectare）、教え（docere）、そして感動させ（movere）ようと努める。(48) コンティの体験が中心となるこの巻には従来の三巻にはない異質性が濃厚で、異教世界の種々の見聞が披瀝され、倦むところがない。イタリア、ヨーロッパの世界との比較の視点が常にあるものの、優越感的意識は殆ど感じられず、ある意味で爽快である。他宗教を攻撃している様子もなく、たんたんと報告している。故郷を離れて二五年間[49]、アラビア、ペルシャ、インド、ビルマなどのオリエント、アジアを旅したコンティは、数奇な運命に、フォルトゥーナに弄ばれたといえるだろう。ヴェネツィアに息子二人と帰還したが、故郷を目前にしたカイロで、ペストのため妻と二人の息子、召使全員を喪っていた。

五　コンティの旅と「日本」記述

ここで改めて第四巻の構成を見、その後、日本との関係如何を検討してみよう。それは大きく二部に分けられ、前半は広くインドを中心としたアジアの住民と習俗に頁が費やされている。これがコンティとの談話に基づく部分であり、その内容については既述した通りである。そのなかの、イタリア帰還に続く箇所で、コンティはインドが三地域に分けられると指摘する。ペルシャからインダス川まで、次にここからガンジス川まで、そしてさらにここから先の地域という具合にである。ここは人間らしさ（humanitas）が豊かで、われわれと似ているといろ[50]。

そして後半は前半に比べて圧倒的に分量が少ないが、別人からの情報としてアフリカの住民と棲息動物、自然環境、特にエチオピア人とナイル川の源などが話題になっている。この水源はプトレマイオスが詳細に述べていて古典に典拠があった[51]。アジア（インディア）と同様に、アフリカの地ではペスト（pestilentia）が存在せず[52]、このために特にエチオピアの人は長命であると強調される。この点だけなら、現地はユートピアの世界のように映じている。またその地は自国の習慣に似て、テーブル、テーブルクロス、ナプキンを使用すると述べられる。(53)

以上のなかに、「日本」を表現したものは見出せない。ガンジスから先の遠い地域にあるはずの日本は言明されてはいない。クリノと違い、ロンゲーナもゲレーラフェルテもコンティの日本行きをまったく問題にしていない。のみならず中国行きにも否定的である。(54) ポッジョはマルコ・ポーロの『東方見聞録』を知らなかったようである。プリニウスとの関連でしかコンティの旅を考えていず、ポーロやオドリコ・ダ・ポルデノーネのアジア情報は無視できないはずなのに、これらが読み取れない。(55) 古典に詳しいヒューマニストが中世の文献を知らないことになる。中世の彼らを熟知したうえで、ポッジョがコンティに質問してれば、中国に関して、そして一層日本に関して、もっと多くの情報を聞き出せたかも知れない。そうなれば、コンティのインディア情報と先人たちの極東情報を比較できたであろう。

しかし、クリノによれば、ポッジョは India interior（インディア内地）を北部シナとし、トスカネッリはガンジス川から先のインディア（India ultra Gangem）においてカタイとシナ（Cataio e Sine）を区別している。北部シナの向かい側、東に、ふたつの Java（ジャワ）があるが、この Java はボルネオあるいはスマトラのことではなく、日本（Japan）を指していると見る。(56) これ（ボルネオあるいはスマトラ）にはコンティは Taprobane の名称を与えているから、間違うはずがないとする。(57) 既出の Ava から一七日で Panconia に入った。(58) そしてここから一か月の航海で日本に行き、長期間滞在したのである。コンティはジャワには行かず、マルコ・ポーロと同じだったともいう。(59)

場所を同定することは必ずしも容易なことではない。クリノは Cambalech を南京とするが、他の研究者たちは北京であり[60]、余りにも差が大きい。また、クリノが日本と見なすJava叙述は、当時の日本に関する記述（鼠までも食し、また住民の残忍性など[61]）とはとても思えない。九か月の割には具体性に乏しく、都市の名ひとつ挙がっていない。不思議な話である。同じことは中国、明にも言えるが、日本よりははるかに具体的であり、ラムージォがコンティの中国訪問を信じていたのも肯ける。それはイタリアの関心が日本よりも一層強くこの地域に向かっていた事情にも負っている。

一三七三年にフィレンツェ市民権を得た一家に一四八三年に生まれたジョヴァンニ・ダ・エンポリは、コーチン発の書簡（一五一五年）で、コンティ同様にこの国、中国を豊穣な文明国として扱う。また、「われわれ同様」という表現を連発するなかで肌の色が白いと記す[62]。中国本土に入ることを希望したが、一五一七年一〇月広東港でコレラのため三四歳で死去した。彼の書簡内容や広東での出来事は、われわれに容易に、日本との関係が深いアレッサンドロ・ヴァリニャーノ（一五三九―一六〇六年）の見解やザビエルの中国入国の夢を想起させずにはおかない[63]。

コンティが日本に来ていれば、ポルトガル人の初来日一五四二年ないし四三年説より一世紀以上遡ることになるが、ポッジョを読む限り、これはかなり無理だと結論してよかろう。このこととトスカネッリの地図に「日本」が書き込まれているか否かは、また別問題だろう。どちらかといえば、専門は地図学者であるクリノの説は今尚、問題を提起しているのではないだろうか。

コンティの訪れた頃の南アジアの海は基本的にはイスラムの海（mare islamicum）であり、自由な海（mare liberum）として機能した。祖国に帰ったとき、海上にポルトガルの船影を見出すのは困難であった。この状況が六〇年後には一変する。コンティが曖昧に語っていたモルッカ諸島には、ヨーロッパ人として初めて、ボローニャ出身のロドヴィーコ・ダ・ヴァルテーマ（一四七〇年以前―一五一七年）が来島する。一五〇〇年にオリエントに出る時はコンティの旅とそう変わらず、エジプト、シリアを通る。メッカとメディアは巡礼者に扮装しての旅であった。一五〇八年、喜望岬を経て帰りつく時はポルトガル船に乗っていた。三度出航したジョヴァンニ・ダ・エンポリや、外交の任務を帯びたアンドレア・コルサーリも、ポルトガルの航路なしには往来することは不可能であったろう。コルサーリはメディチ家にあてて有名な書簡を認め、そのなかでインド美術に高い評価を与えた。(64) ルネサンス文化の只中にいた教養人がまったく異なる文化に驚き、これを評価しているのである。

これらの島々での活動はニッコロ・デ・コンティ死後、三〇年から五〇年、のちのことである。たとえまだまだ日本は遠かったにせよ、ポッジョ以後の人たちは彼の残した作品のおかげで、豊かなアジア情報を持つことができるようになっていた。やがてヴァルテーマらの情報がこれと相俟って、ポルトガルの強い関心を呼び覚ますことになった。そのようななかで、コンティがわれわれの文化圏に、あるいはその近くまで来ていることを感じ取ることも不可能ではない。研究者ロンゲーナがコンティの報告に基づく註釈で、日本酒や温浴、蒸し風呂に言及しているのは、そのことを強く感じさせる。日本人の風呂好き、清潔好きは、やがて来る宣教師たちに驚きとなるであろう。(65) ポッジョの作品は、イタリア・ルネサンスがヨーロッパだけの領域に留まるものではないことを示している。このルネサンスは単なる古典の復興時代ではない。ギリシア・ローマの古典と現在の体験がひとつになって新世界が開かれ、東西の結びつきがより深化、強化されていく時代でもある。ルネサンスは過去と未来に同時に顔を向けているのである。

この小論を結ぶにあたって、漸く気づいたことがある。商業史の専門家ならすでに多用しているであろう術語を私は使っていなかった。ここまで、コンティが「レヴァント貿易」に従事する「商人」であるとは一言も発しなかった。この括弧内の用語は一切用いていない。しかし考えてみれば、彼の長旅は地理学的探求のためにのみ行われた活動では微塵もなかった。紛れもなく、彼は商業立国ヴェネツィア共和国の一商人であり、商務先のオリエント各地の種々なる産物を見落とすことは決してなかった[66]。日本のことではないが、黄金の島の話も出て来る[67]。黄金の国ジパングの情報も当然のことながら、持ち合わせていたかも知れない。「九か月」留まったその国は倭寇を輩出していたから、ひょっとしたら東アジアで恐れられていたのかもしれない。そのため、残忍性が強調されたのかも分からない。ポッジョの『運命転変論』第四巻、つまり主としてコンティの旅記録となっているこの巻は長大なものではないが、まだまだ検討されるべき余地が残されていると言えよう。

註

（1）G.B. Ramusio, *Navigationi et viaggi*, 3 voll., Venezia, vol. I 1550, vol. II 1559, vol. III 1556. 各巻はその後幾度となく再刊され続けた。現代では一九七〇年アムステルダムでG.B. ParksとR.A. Skeltonの手により、復刊された。

（2）Id., *Navigationi et viaggi*, a cura di M. Milanesi, 6 voll., Torino, 1978-88.

（3）Milano, Alpes 1928-32. これらも再刊されているようだが、全巻か否かは不明。

（4）*Viaggi in Persia, India e Giava di Niccolò de' Conti, Girolamo Adorno e Girolamo da Santo Stefano*, a cura di Mario Longhena, Milano, 1929. 以下、Longhenaとして引用。ロンゲーナ版にはラテン語原文は含まれていないが、イタリア語訳は一五世紀のDomenico da Brisighella訳を利用している。Longhena, pp.67, 117.

（5）岸野久『ザビエルと日本――キリシタン開教期の研究』吉川弘文館、一九九八年、六一頁には、寸言とは言え、例外と称すべき指摘が見られる。しかし、アレッサンドロ・ヴァリニャーノ『東インド巡察記』高橋裕史訳、東洋文庫、平凡社、二〇〇五年、三―七頁（訳者はしがき）、特に六頁で、マルコ・ポーロ以後ヴァリニャーノまで東アジア世界の情報が皆無であるかのように記されているのは誤りであり、誤解を招く。

（6）Longhena, pp.70, 72, 77.

（7）*Navigazioni et viaggi*, I, XI-XXXVI (Introduzione), 特にXXII.

（8）岸野『西欧人の日本発見』吉川弘文館、一九九五年第二刷、第一章でマルコ・ポーロは詳細に検討されている。但し同書四頁で、コンティの旅行記をフィレンツェ生まれのポッジョ・ブラッチョリーニがラテン語訳して、一四九二年に出版したというのは正しくない。つぎの両書ではポーロ導入に関する同一の事実が指摘されている。井沢実「大航海時代の先駆者ポルトガル」、『西アフリカの記録』大航海時代叢書Ⅱ、岩波書店、一九七二（一九六七）年に所収、八四―八六頁。岸野前掲書、五―六頁。

（9）P. Amat di S. Filippo, *Studi biografici e bibliografici sulla storia della geografia in Italia*. Volume I, *Biografia dei viaggiatori italiani colla bibliografia delle loro opera*, seconda edizione, Roma, 1882, pp.206-09.

（10）Longhena, pp. 215-40. ロンゲーナはボローニャ大学図書館保管の原文を一九〇五年に発表したが、ここに再録されている。したがって、岸野、前掲書、五頁、の「この原文（イタリア語）」は失われているというのは理解に苦しむ。ラムージォはポルトガル語からイタリア語に訳し、ミラネージ版ではこれは第二巻に収録されているが、かなり短い。

（11）Poggio Bracciolini, *Historiae de varietate fortunae*, Ristampa anastatica di 1723, Bologna, 1969, pp.123-25, 特に124. Longhena, 71によると、一七二三年版は一四九二年版と殆ど変わらない。なお目下、最新のMerisalo批判版を参照できていない。Poggio Bracciolini, *De varietate fortunae*, Edizione critica con introduzione e commento, a cura di O. Merisalo, Annales Academiae Scientiarum Fennicae(ser. B, t.265), Helsinki, 1993.

（12）Longhena, pp.57-66, 特に59. Poggio Bracciolini, *De l'Inde. Les voyages en Asie de Niccolò de' Conti, De varietate fortunae livre IV*, Texte établi, traduit et commenté par M. Guéret-Laferté, Turnhout, 2004, pp.60,62. このフランス語対訳版は序論も注も充実。以下、Guéret-Lafertéとして引用。マニュスクリプト数としてLonghena, p.57は三一、Guéret-Laferté, p.60は三三を数えている。Guéret-Laferté, *ibid.*, によると、Merisaloは五九という。次の書はマニュスクリプトのひとつを収録している。A. Grossato, *L'India di Niccolò de' Conti. Un manoscritto del libro IV del De varietate fortunae di Francesco Poggio Bracciolini da Terranova (Marc.2560)*, Padova, 1994. これには、イタリア語訳の新訳（pp.17-44。この間には挿絵がある。注はpp.45-48）、手稿のファクシミリ（pp.51-77）、ラテン語原文転写（pp.81-94）が含まれている。マニュスクリプト数は、*Ibid.*, 15も三一で、イタリアに二四、国外のフランス、ドイツ、英国に七、と。グロッサートはヴェネツィアのマルチャーナ図書館にある三本のうち一本を収めた。その番号は表題にある通りである。

（13）Longhena, pp.145-47. Guéret-Laferté, pp.108-12.

（14）Longhena, pp.145-46. Guéret-Laferté, pp.110-11. Grossato, *op.cit.*, p.26. 中国の都市 Cambalestia(Cambaleschia), Nemptai に関して言われている。前者は北京、後者は南京もしくは杭州 Quinsai と目される。

（15）Longhena, p.178. Guéret-Laferté, pp.158-159. Bizenengalia つまり Vijanagara ヴィジャヤナガル（ヒンズー教の地）からヴェネツィア貨幣が発掘されている。Longhena, p.127n. Grossato, *Navigatori e viaggiatori veneti sulla rotta per l'India da Marco Polo ad Angelo Legrenzi*, Firenze, 1994, pp.50,57. コンティが西欧人として初めて記述、訪問というのは多いが、ヴィジャヤナガルもそのひとつ。Guéret-Laferté, pp.39-40,87n.

（16）Longhena, pp.164-65. Guéret-Laferté, pp.138-39.

（17）Longhena, p.179. Guéret-Laferté, pp.158-59.

（18）髪の色については、根占献一『東西ルネサンスの邂逅』東信堂、一九九八年、一六三―六四頁。垂直に文字を書くことに関しては、日本人最初のキリスト教徒アンジロウ（弥次郎）の当意即妙な言が思い起こされればよい。

（19）Longhena, pp.129-30. Guéret-Laferté, pp.90-91. 日本にもネストリウス派が伝来した可能性は、Grossato, *L'India di Niccolò de' Conti*, pp.47n. 116.

（20）カーストを始め、コンティの観察やポッジョの叙述の態度に関しては、Guéret- Laferté, p. 41.

（21）Grossato, *Navigatori e viaggiatori veneti*, p.55.

（22）Grossato, *L'India di Niccolò de' Conti*, p.11. 注一一参照。

（23）*Ibid*, 15. 注四参照。

（24）Sebastiano Crinò, *La scoperta della carta originale dal Paolo Pozzo Toscanelli che servi di guida a Cristoforo Colombo per il viaggio verso il Nuovo Mondo*, Firenze, 1941, pp. 19, 101, 106.

（25）Longhena, p.147. Guéret-Laferté, pp.114-15.

（26）*Come fu scoperta l'America. A proposito della identificazione della carta originale di Paolo dal Pozzo Toscanelli la cui copia servi di Guida a Cristoforo Colombo per il viaggio verso il Nuovo Mondo*, Milano, 1943, pp. 110-15.

（27）永原慶二『下克上の時代』（日本の歴史一〇）、中央公論新社、二〇〇二年改版三刷、一九七―九八頁。*Firenze e la scoperta dell'America. Umanesimo e geografia nel '400 fiorentino.* Catalogo a cura di Sebastiano Gentile, Firenze, 1992, でのクリノ説はともかくとして、セバスティアーノ・ジェンティーレは地理歴史学者クリノ評価に否定的でない。ただ、日本人——端的に言えば私のことだが——と違い、来日か否かに関心が薄いこともありうるから、この問題を重視していない可能性がある。

(28) Geographia が齎されたのは一四世紀末、マニュエル・クリュソロラスによってであった。翻訳はヤコポ・アンジェリ・ダ・スカルペリアによってなされ、教皇アレクサンデル五世に献呈された。

(29) この書に関しては *Firenze e la scoperta dell'America*, pp.165-66. ゲミストス・プレトンはチリアコ・ダンコーナによりフェッラーラとフィレンツェの公会議に誘われて来伊した。その結果、彼の貴重なストラボン訂正が史料として残されることになる、と。これから、トスカネッリとの関係も知られる。翻訳者はグレコリオ・ティフェルナーテとグアリーノ・ヴェロネーゼである。

(30) ニッコロ・ニッコリとの関係、また彼の遺言書とトスカネッリらの名などに関しては、Guéret-Laferté, pp.20-22. ポッジョとニッコリは親友同士で、数多の交信が残っている。

(31) *Firenze e la scoperta dell'America*, pp.115-16. コロンボが精読した書籍のなかには、聖アントニーノ Sant· Antonino の *Summula confessionis* もある。一五世紀フィレンツェで敬愛を受けた聖アントニーノの名はキリシタン版にも登場する。

(32) Crinò, *Come fu scoperta l'America*, pp.20-23.

(33) *Ibid.*, pp.21, 53. ポッジョとの比較は、Guéret-Laferté, p.58n 144.

(34) Crinò, *op.cit.*, pp.59,73.

(35) *Ibid.*, pp.140,141,145.

(36) *Firenze e la scoperta dell'America*, pp.42-44. ジェンティーレはここで、オドリコ・ダ・ポルデノーネの『報告』(*Relatio*) とピピーノのラテン語訳版が一緒になった手稿本を紹介している。マルコ・ポーロ／ルスティケーロ・ダ・ピーサ『世界の記』高田英樹訳、名古屋大学出版会、二〇一三年、xi - xii頁。

(37) Crinò, *op.cit.*, pp.111-12,120,122-24. 海野一隆『地図に見る日本——倭国・ジパング・大日本』大修館書店、一九九九年、五二—五三頁。

(38) Pauline Moffitt Watts, From the Desert to the New World: the Viator, the Venator, and the Age of Discoveries, in *Renaissance Studies in Honor of Craig Hugh Smith*, edited by A. Morrogh et al., Firenze, 1985, 1, pp.519-30: 526-27.

（39） R. Manselli, Cristoforo Colombo, Alessandro VI e i primi missionari francescani, Id., *Da Gioacchino da Fiore a Cristoforo Colombo. Studi sul francescanesimo spirituale, sull'ecclesiologia e sull'escatologismo bassomedievali*, introduzione e cura di P. Vian, Roma, 1997, pp.668-80: 672.

（40） Ronald G. Witt, *In the Footsteps of the Ancients. The Origins of Humanism from Lovato to Bruni*, Leiden/Boston/Köln, 2000, pp.51-52. なお最新の『東方見聞録（世界の記述）』(*Le devisement du monde*) 批判版諸巻が Librairie Droz より出版中である。

（41） ポッジョに関しては、特に次の書を参照した。 E. Walser, *Poggius Florentinus. Leben und Werke*, Hildesheim / New York, 1974 (1914).

（42） Longhena, p.49. Walser, *op.cit.*, pp.219-21. Giuseppe L. Coluccia, *Niccolò V umanista: papa e riformatore. Renovatio politica e morale*, Venezia, 1998, p.276.

（43） Poggio Bracciolini, *Historiae de varietate fortunae*, pp.1-4 に収録。 *Ibid.*, 1 の注として、 Nicolao V. Summo Pontifici, literarum restitutori, cui Poggius a secretis fuit, hanc de *de varietate fortunae* historiam dicavit, ut et Diodori Siculi, et Xenophontis latinam interpretationem.

（44） Poggio Bracciolinim, *Lettere III Epistolarum familiarum libri secundum volumen*, a cura di H. Harth, Firenze, 1987, pp.88-90. Guéret-Laferté, pp.182-87.

（45） Longhena, p.140. Guéret-Laferté, pp.102-03. Grossato, L'India di Niccolò de' Conti, pp.22, 46n. 67 によれば、住民によって Dava（イラワジ川）と呼ばれる大河ガンジス川を一か月遡行すれば、Ava と呼ばれる高貴な都市に至るのだが、この町は国の都（一三六四―一七八三年）だった。一八三九年、地震で壊滅、と。ジローラモ・サント＝ステーファノでは性的逸事は Peygo (Pegù. ペグー) のことであった。 Longhena, p.321.

（46） Longhena, pp.158-59. Guéret-Laferté, pp.130-31.

（47） 時間とともに二巻から四巻へと巻数が増えていったことに関しては、 Walser, *op.cit.*, p.235n.

（48） Guéret-Laferté, p.76n.

（49） 旅の途次、コンティに会ったカスティリャ人ペロ・タフルは「四〇年間」という。 La relazione di Pero Tafur , in Longhena, Appendice A, pp.199-213: p.201

（50）Longhena, p.160. Guéret-Laferté, pp.134-45. Grossato, *L'India di Niccolò de' Conti*, p.34.

（51）Longhena, p.186n.

（52）Longhena, pp.180,192. Guéret-Laferté, pp.160-61,172-73.

（53）Longhena, p.193. Guéret-Laferté, pp.174-75.

（54）Longhena, p.23 にインディアの ultima あるいは intima まで旅する、と。*Ibid.*, p.145n. Guéret-Laferté, p.45n. コンティは中国に行かなかったが、ピウス二世やラムージォは行ったと考えた。ラムージォの場合、明らかに『東方見聞録』に影響されていた。*Ibid.*, pp.58,112n. Walser, *op.cit.*, p.242 では vielleicht を用いて中国訪問の可能性に言及。

（55）Guéret-Laferté, 35, 78n. Grossato, *Navigatori e viaggiatori veneti*, p.49.

（56）Crinò, *op.cit.*, pp.98-100. Cfr. Guéret-Laferté, p.113n. クリノはコンティが知っていたアラビア語にPはなく、またポッジョのラテン語版（一七二三年）に〈Java. Latine *Jabadis* insula, prope Sinarum Regnum〉「ジャワ。ラテン語で〈ジャバディス〉の島、シナ王国の近く」とある註釈を引用している Crinò, *op.cit.*, pp.99,113. Poggio Bracciolini, *Historiae de varietate fortunae*, p.135(b). Cfr. Grossato, *L'India di Niccolò de' Conti*, p.85.

（57）Crinò, *op.cit.*, p.99. Guéret-Laferté, pp.79n,94n. Taprobane は通常はセイロン（スリランカ）のことである。

（58）クリノでは北京を指す。Grossato, *Navigatori e viaggiatori veneti*, p.53n. 97 ではバンコックか Pegù である。ペグーはルビーの産地として名高い。M. Spallanzani, *Giovanni da Empoli. Un mercante fiorentino nell'Asia portoghese*, Firenze, 1999 (1984), p.99.

（59）Crinò, *op.cit.*, p.113.

（60）Longhena, p.145. Guéret-Laferté, pp.110-11.

（61）Longhena, pp.146-49. Guéret-Laferté, pp.112-15.

（62）書簡は Spallanzani, *op.cit.*, pp.229-33: p.231.

（63）根占『東西ルネサンスの邂逅』二一―二二頁。

（64）Guéret-Laferté, pp.31-33. M. Spallanzani, *Mercanti fiorentini nell'Asia portoghese (1500-1525)*, Firenze, 1997, pp.28-32.

（65）酒については Longhena, p. 161n. 2°　蒸し風呂、温浴については Longhena, p.175n. 2°.

（66）W. Heyd, *Histoire du commerce du Levant au Moyen Âge*, Amsterdam, 1959 (1885-86), 2 tomes. レヴァント貿易研究市場の金字

塔であるこの書は、そのフランス語訳版が幾度か再刊されていて手元にある。イタリア語訳版はまだ見ていないが、書誌情報は以下の通りである。Id., *Storia del commercio col Levante nel Medio Evo*, Torino, 1913.

（67） アンダマンの島のことである。食人が住む、と。Longhena, pp.132-33. Guéret-Laferté, pp.94-95.

第三章　イタリア人の訪問者・熟知者と日本

――鹿児島ノート――

はじめに

本書が対象とする時代の大がかりな交通手段といえば船であり、その中継としての鹿児島県が航路上重要であったことは言を俟たない。ところで、その鹿児島は歴史的過去において二つの国があったことが往々にして忘れ去られ、薩摩半島と大隅半島という両半島の地理的区分しかないように思われている。江戸近世もまた、この理解に貢献したのであろう。「薩摩」藩と理解され、それが鹿児島県になる、と。そうではなく、薩摩国と大隅国という別の国であった。大隅国はまた古代において日向国から分かれている。したがって大隅の地域は日向との関係もまた密接であった。

最初に言及する根占（禰寝）にしても、種子島にしても、それは大隅国に属していた。そしてその地域、その島は地名に負う一族が長い間独立して支配を続けてきた。明らかに、現在の鹿児島県は古代、中世において島津氏だけの歴史ではない。島津より古い歴史を持つのが、大隅国では根占氏（禰寝氏。のち本宗は小松氏に名字を改める）であった。同氏の地は南蛮史料にも表れ、日欧交流の草創期にその名を刻している(1)。

本章では、時に日欧交流史上、大切な鹿児島県への私的な旅に言及しながら、これまで先の二つの章で述べてきた海路の先に、この大隅、薩摩の地があったことを確認する作業である。

一　種子島

鹿児島空港で、羽田より乗った大型飛行機を日本エアコミューター（JAC）の小型機に乗り換え、種子島に向かったのは、二〇〇三年九月二六日午後の事であった。天気は、これ以上は望むべくもないくらいの快晴であった。桜島の脇を通過し、大隅半島を左側眼下に見下ろしながら南下して行く。雄川が蛇行する根占町(2)がよく見える。機影が海上を小さく移動する。三五分ほどの旅路であった。時刻は午後三時を廻り、日差しは一段と強かった。タクシーで島北部に位置する西之表市に向かい、海上に馬毛島を見た。今は無人島という。飛行時間より、この乗車時間のほうが長かった。

投宿してすぐに、明日はフェリーで鹿児島市に戻る予定であったので便を予約しようとしたら、種子島―鹿児島間の直行便は取れず、やむをえず屋久島経由にした。このあと直ちにホテルを出、見学できる場所はしておこうと考えた。少し歩いただけで鍛冶技術を活かした鋏や包丁の店がある。宿からは急な坂を登った先に、今回の最重要な目標地があった。あるいは南蛮船を模した鉄砲館（種子島開発総合センター）では、戦国時代の一戦「禰寝戦争」が取り上げられていることを確認し、あるいはその激戦地となる道を挟んで真向かいの丘に位置する、榕城小学校のある赤尾木城跡を踏みしめた。同名の中学校も傍にある。ここで種子島家歴代の墓地に一六世紀の島主の名を探し、また永俊尼（洗礼名カタリナ）の墓石を認めた。近年制作された一四代時堯公の銅像のある場所より、ジェットフォイルの出る西之表港から広がる東シナ海を遠望した。ポルトガル人複数名の乗船が廻航して入港した赤尾木の津は、現在は通常西之表港と呼ばれる(3)。

鉄砲伝来に関わるこの有名な出来事は、禰寝戦争と前後して一五四三年に起きたとされる。同戦争は禰寝氏の名高い文書には現れない。この時の状況とポルトガル人の名や人数に関し、『種子島家譜』、『鉄炮記』とメンデス・ピントの『東洋遍歴記』(*Peregrinação*)(一三三―一三五章)では相違がある。ピントによれば、通訳を務めたのは琉球の女性であった。一説では名を玉城《たまぐすく》という。『種子島家譜』、『鉄炮記』では織部丞が沙上で筆談した。また、モルッカ諸島テルナテ総督アントニオ・ガルバンの『新旧諸発見記』(*Tratados descobrimentos antigos e modernos*)などに基づいて、彼らの来島を一五四二年と見る説も有力である(4)。また、ガルバンも同国人の航海者名と人数を挙げているが、先の文献とは違いが見られる。

高台を下り、フェリーの出る港へ向かった。中途で「ザビエル街道」の案内板が眼に入り、港の帰り、慈遠寺跡の八坂神社を訪ねた。やや歩きすぎたためか、この地はかなり遠くに感じられた。辺りはすっかり暗くなりかけていた。先のポルトガル人たちが滞在した宿坊はこの慈遠寺に属し、また、一五五一年離日するフランシスコ・ザビエルが厄介になったお寺とも伝えられる。島内最古の寺院として、その頃は威容を誇っていたであろう。鹿児島県では至る所で廃仏毀釈の過去の現場に立ち会う。かつての由緒ある寺院は姿を消し、神社名に変わっている。時には学校の運動場などになって今日に至っている。明治期は神道と仏道の対立であったが、一五世紀後半の島内では、後述する鑑真が伝えた律宗と、法華宗(日蓮宗)の仏教内の宗論が激しく展開され、法華宗側が勝利を収めた。律宗寺院として出発した慈遠寺もここに法華寺となったのである。第一一代種子島時氏の頃である。

翌日早朝七時前から、前日見学できなかった種子島氏の菩提寺本源寺やお坊墓地などへ出かけ、懐旧の情に浸った。厳粛な佇まいを示すお寺には、誰一人居なかった。別の一角にある墓地には家々が近在した。さらに鉄砲鍛冶八板金兵衛の女子若狭の墓を目指して歩いたところ、彼の家跡を見出した。その後、つつがなくフェリーに乗船した。時間の限られていた身としては、屋久島経由で鹿児島港に戻るのは直行便より優に一時間以上かかるために、かなりの無駄に思えてならなかった。船の空席も目立っていた。だが、種子島と屋久島の形勢の相違がよく分かり、とても勉強になった。両島は日本本島ではそれぞれ七番目と六番目の大きさの島であり、細長く平らかな感じの種子島に対し、屋久島は地図の上では丸みを帯びているものの、険しい山々が海岸線まで迫っていた。この印象は実に鮮やかで、雪を被る高山が屋久島にあっても確かに不思議ではなくなった。

乗降客が入れ替わる間、私はしきりに二様の事柄を考えていた。ひとつは、この島が禰寝戦争の結果、一時期種子島氏の領有から離れ、口永良部島とともに禰寝氏の支配に帰したことである。両氏の対立には島津貴久が介入し、島津氏庶家新納《にいろ》伊勢守康久を坊津より派遣したことが知られる。『島津貴久記』によれば、出港は天文一一年閏三月六日であり、その夜硫黄島に着き、つぎの日屋久島に着岸した。(5)もうひとつは、シチリアはパレルモ出身のジョヴァンニ・バッティスタ・シドティの来島のことである。一七〇八年秋、彼は種子島に上陸したと航海誌に記しているが、島状内容から今日では屋久島のこととされている。捕囚の身となった彼は、こののち坊津から九州本土に連行されて長崎に行き、やがて江戸で新井白石から尋問を受けることになる。(6)この時、つぎの機会には坊津を訪ねることが固まった。

島からの、この初めての船旅は、飛行機のなかった時代、薩摩・大隅の両半島から形成される鹿児島が海上交通で結ばれていたことを私に実感させずには置かなかった。(7)硫黄島や開聞岳を左手に見ながら、錦江湾に入り、正午過ぎ上陸した。そして調査のため県立鹿児島図書館や黎明館に立ち寄った。特に黎明館では、以前観ることができなかった《爾寝重長公肖像》を眺めることができた。重長《しげたけ》（一五八〇年没）は根占＝小松宗家第一六代目に当たる領主で戦国時代の武将である。先の戦争の、一方の当事者とされるが、私見では年代を考慮すれば、実は彼の父清年こそがそうであろう。(8)

二　坊津

つぎに、翌二〇〇四年には坊津への旅が実現された。夏は猛暑となり、台風は例年になく多く、週を空けずに日本列島は暴風雨に見舞われていた。出発時の重陽の節句は、東京は晴れとなったものの、鹿児島の週末の天候は降雨と出ていた。鹿児島空港バスの夜の車窓には雨粒が付いていた。隣席の人から坊津へはバスで行くほうが便利と教えられた。調べた限りでは、列車か車か迷っていたのである。翌朝九時の鹿児島交通バスで山形屋バスセンターより枕崎に向かった。晴れている。一一時過ぎに到着予定である。以前、遠くの吉利（日吉）や、また別の折、近くの知覧に旅した時の山道が思い起こされた。

鹿児島を始め、九州を旅する際に決まって携える『九州史跡見学』には、「筑前博多の那津《なのつ》、伊勢の安濃津《あのつ》とともに日本三津と言われた坊津は、枕崎からバスですぐです」(9)とあるものの、不安があった。予想した通りにバスの本数は限られていて、タクシー利用の道しかなかった。前年の運転手――鹿児島や宮崎に多い「日高」姓だった――と違い、名を確認できなかった。また、こちらの訛りが乏しかった。行き先を告げたら、坊津はほとんど行ったことがなく、詳しくはないというから、出身を訊ねると、川辺とのこと。これには不思議な感じがした。川辺は今降りたばかりのバスが枕崎に入る前に通った町である。どうも険しい山並みが隣村を隔てているらしい。言葉も違うという。午後二時半過ぎに枕崎駅まで戻るまで、三時間ほど乗車した。その間、昼食を取ることもなく、可能な限り移動した。

坊津はかねがね気に懸かる地であった。それはこの津から遣唐使船が出発したり、琉球への旅路が始まったりするだけの地に留まらず、古来、重要人物がここから上陸したり、あるいはこの地に流されたりしてきた歴史的な町であったからである。(10) 日羅、鑑真らは仏教徒としてこの地に辿りついた。日羅は六世紀の人であり、今は見る影もない、大伽藍の一乗院の始まりはこの僧にあるとされる。坊津の坊はこの寺院に由来すると文献にある。一説によれば、日羅は肥後葦北の国造を父とするが、日本で出生したかどうかは不明らしい。坊津歴史資料センター輝津館のパンフレットでは百済僧とある。日系の高僧なのであろう。暗殺された年が五八三年であるから、日本に仏教が伝来してまだ半世紀も経過していない。この新しさはのちのキリスト教伝播と比較すると示唆深い。ともにそれぞれの時代のなかで、日本の国家建設に向かう途次での世界宗教との出会いであった。

鑑真は、日羅が没してから、およそ一〇〇年後に生を享けた高僧で、改めて説明する必要もなかろう。ただ上陸した地点が秋目浦とされていて、坊浦でないことを知った。坊津には優れた入り江、浦が幾つもあり、特に坊浦には一乗院を始め、近衛屋敷跡など旧跡が多い。輝津館も亦、そうである。秋目浦は町の最も北方であり、坊浦からは遠く、笠沙町や加世田市がかえって近い。したがってこちらの地区の住民は枕崎市とでなく、加世田との市町村合併を望んでいると、運転手はいう。国策により、町村合併が強力に全国津々浦々で推進されている。根占町の広報誌『ねじめ』によると禰寝氏に関わる四町は分裂気味であり、肝付氏に関わる町村のまとまりとは相違が見受けられる。

閑話休題。たったひとりの鑑真記念館員にある意味で意地悪な質問をした。それは、こちらに来るまで、坊津にこれほど数多い、良好な湾があるとは知らなかったので、鑑真が上陸した地点が確定できないのでは、と疑問をぶつけてみた。彼女の説明では、乗った船は琉球、屋久島と立ち寄りつつ、目標に開聞岳と野間岳を左右前方に見ながら秋目浦を目指したとのこと。文献史料（淡海三船『鑑真過海大師東征伝』）では「薩摩国阿多郡秋妻屋浦」と出て来る。したがって間違いないところであろう。

最初に訪れた坊浦の話に戻ると、近衛信輔公の屋敷跡は小さ過ぎて四阿風であり、上ったところにある龍巌寺こそ彼の逗留先ではなかったかと思われた。一五九六年に京に戻るまで二年間のこの地滞在であった[11]。もっとも彼はシドティのように東シナ海側から上陸したのではなく、根占（禰寝）から船で山川に渡り、頴娃、枕崎和田浜（立神）を経て坊津へやって来た。キリスト教司祭が上陸したのは、天神の絵を描くのを好んだ公より百十数年後の当地である。『入唐道』（坊津町教育委員会、平成二〇〇一年《ママ》改定）に、「宝永五年（一七〇八年）八月二八日屋久島で捕まったローマ人宣教師シドッチを一時幽閉した所」（一五頁）という記事が見られる。松田毅一によれば、彼がマニラを出帆したのは、同年八月二二日であり、薩南諸島の一つを望見したのは、一〇月九日火曜日の八時頃と細かい[12]。四年間のマニラ滞在であった。ここで日本語を勉強することができた。輝津館の係りの女性も記念館の女性もともに、シドティの話は知らなかった。先の記事を続けると、「一一月九日長崎に送り正徳四年（一七一四年）一〇月江戸（東京）小石川のキリシタン牢で没す」とある。そして二〇一六年春、文京区はキリシタン屋敷跡で発見されていた人骨はシドティの可能性が高いと発表した。

枕崎駅前に戻る途中、開聞岳が麗姿を見せていた。お昼近くには見えなかったのが、今は眺望できる。あの時、運転手は残念がっていた。それは客に済まないという風であった。好感の彼は私と同年輩であった。私はこれで、大隅半島からも何度か遠望しているので、両半島および空からも海上からも眺めたことになる。帰りのバス運転手の名は今給黎とあり、いかにも鹿児島に居ると感じ入った。また乗ってすぐに、鹿篭《かご》（鹿籠）というバス停があった。この地名は中世史料に頻出する。枕崎などは出てこないが、旧い時代にはこの辺りの代表的な地名だったのではなかろうか。バスは順調に進んだ。向かう時のように、乗降客もないのに時間調整と称して各駅停車をしなかったから、早く鹿児島市内に戻ったように思われた。西鹿児島駅は九州新幹線の始発・終点地となって駅名を鹿児島中央駅と変え、駅前広場は大きく変貌していることを知った。大モニュメント《若き薩摩の群像》の位置がこの煽りを受けて、一方に片寄り過ぎた嫌いが出て来ていないだろうか。今回の主目的はこうして終わった。

三　鹿児島人昨今

翌日は例によって図書館で調査する前に、市立美術館に入ることにした。それは今回の旅に出る前に初めて、この美術館に室町後期の等坡作《釈迦三尊像》（紙本墨画淡彩・三幅対）があることを知ったからである。インターネットの力である。残念ながらこの絵は見られず、往々著名な日本画展示に見られるように、期間限定でしか公開されないことが分かった。雪舟等楊の弟子、秋月等観に列なる画家だが、作品が少なく、『所蔵作品抄』の作家略歴・掲載目録によれば、本館蔵のその作品は現在彼の自作として確認されている唯一のものとある。木村探元の口述筆記『三暁庵主談話』を引いて、「等坡和尚ハ小根占園林寺住持ニテ秋月ノ弟子トナリ畫ヲカヽレ候」とあり、県下最古の曹洞宗寺院園林寺の住僧録には等坡はなく、『古画備考』には彼が日向出身の可能性があると続けている。(13)

日向と大隅の地の縁は非常に深いので、かえって彼と根占（旧小根占）の関係は信憑性を帯びる。飫肥の連歌師隈江真存と禰寝氏第一三代尊重（一五四七年没）の親交はよく知られている。[14] 拙著で、根占の山本八幡に等坡の作と覚しき麒麟の像があることを記したことがあったので、あとで同館に電子メールで質問した所、この絵のことは未確認と返信があった。[15] 先述の《禰寝重長公肖像》の作者は不明であるものの、間違いなく禰寝氏の支配地には優れた画僧が存在したのであり、等楊、等観の流れを汲んでいる等坡が活動していた。雪舟はボッティチェッリと同時代人であり、秋月は一五二〇年に没している。この没年はラッファエッロと同年である。等観の子に等硯、等坡の門人に等薩がいて書画の人として名を残している。

ふと考え込んでしまったことがある。重長と伝えられる肖像画が尊重である可能性はないのだろうか。重長の曽祖父は拙著で詳述したように傑出した文化人でもあり、雪舟や秋月と同時代の武将であったからである。重長の同時代人である武田信玄のより周知の肖像画も、近年の研究では彼ではないらしい。一六世紀南大隅の文化状況解明のためには、等坡や等薩の生がより具体性を帯びねばならないだろう。それに種子島には同時期、堺の画工珠幸がいたことも付け加えておこう。

《釈迦三尊像》の代わりと言ってはなんだが、《天保年間鹿児島城下絵図》の大作が広げられていた。これをここで見ることができるとは予想だにしていなかった。おかげで、ガラス越しに小松（禰寝氏改め）家の屋形を確認できた。後で分かったことだが、てっきり所蔵されていると信じていた、県立図書館のほうは写しということであった。[16] 今日、屋敷跡に近いところに小松帯刀清廉の銅像が立ち、昔を偲ぶよすがとなっている。だいぶん前に訪れたことがある、彼の別邸があった原良の地も地図上に確認できた。若き薩摩藩家老として辣腕を振った小松帯刀は、外国の知識を貪欲に吸収しようとした日記手帳を遺し、また留学生派遣に理解を示した、開明的な人物として知られる。今回、その写しを見ることができた。明治早々に亡くなるが、当時重責を担っていた小松は「浦上キリシタン処分問題」の解決などに尽力している。[17] 先の『九州史跡見学』にはつぎのようにある。「小松帯刀は大久保利通や西郷隆盛などとともに幕末薩摩藩の軍事・政治を担い、長州・土佐と盟約を結び、徳川慶喜に大政奉還を進言してその実現をみています。三六歳の若さで病死します。その事績は大久保や西郷の陰に隠されていてよいものではありません[18]」。

今回の調査旅行から得たもの、考えたことは何であろうか。研究対象がイタリアとルネサンスである以上、何かにつけて、この地、この時代に惹き付けて考究するのは、習い、性となっている。幸いに見ることができた《上野東照宮図》の画家曽山幸彦の師が、アキッレ・サン＝ジョヴァンニ――工部美術学校の画学教師として、後進の育成に尽力(明治一三―一六年(一八八〇―八三))――だったことは今回の旅で再確認できた。《若き薩摩の群像》の留学生たちは英国滞在中に、イタリア系の高名な画家・詩人ロセッティとその兄弟を中心とする、所謂ロセッティ＝サークルと因縁浅からぬ関係があった。[19]

その薩摩藩留学生でイタリアと関係が深かった人物は、根占出身の中村博愛であろう。調査する余裕が見出せず、二次文献を紐解くくらいが関の山である。彼に関する纏まった専門論文はないようだ。『幕末・明治期における日伊交流』資料編の索引では、「中村書記官、中村代理大使、中村博愛」と別項目立てとなっている。これでは別人のような印象を与えまいか。彼の上司に同じ薩摩藩出身の西郷従道がいた。同資料編駐イタリア特命全権公使・大使には、明治一一年四月一八日の項に「特命全権公使ヲ以テ駐劄未赴任、一一年五月二四日罷、参議文部卿ニ任」とある。そしてすぐつぎの六月一〇日の項に「外務二等書記官、臨時代理大使」と中村博愛の記事がある。[20] 近年、西郷一家の写真を撮影したフェリーチェ・ベアトのことが新聞に出、話題となった。ヴェネツィア生まれのベアトの歴史的写真は、近年とみに注目されつつある。中村と曽山、また中村と小松の接点は興味惹かれるところだが、曽山も小松も早世しているので、深いつながりは家老帯刀と家臣従道のようには見出せないのかもしれない。小松家にはのちに西郷従道の子孫が養子に入った。

それらは一九世紀後半という、比較的近い時代に属している。研究対象とする時代、ルネサンスにも、また日本がいわゆる鎖国の状況にあった一七、八世紀にも興趣の尽きぬ東西の文化交流があった。等坡のような画家の活動は画業のありかたを、そして地図の迫力は新たにヨーロッパと日本の出会いに思いを馳せるに十分であった。絵と地図はともにきわめて直接的、具体的であり、強力な磁場を生じさせ、これを見る者をそのなかに巻き込み、鮮烈な印象を刻み込む。シドティを取り調べた際に白石が参照した世界地図が想起されよう。そしてこの地図と、シドティと同郷で明朝期に活躍したマッテーオ・リッチの地図、《坤輿万国全図》との関係は如何。また、シドティがもたらした、同時代のイタリア人画家カルロ・ドルチ（工房）の油絵《聖母像（親指の聖母）》（東京国立博物館蔵）は、ザビエルが持参した宗教画が島津貴久とその母の関心を惹いたように、最高の知識人のひとりだった、儒学者白石の心を捉えた。西洋画はそれほどまでに魅力的であった。いわんや信者においてをや、であろう。(21)

四　ジョヴァンニ・ニコラオ・ダ・ノーラ

キリシタン時代には、ジョヴァンニ・ニコラオ（ニッコロ、ニコーラ）・ダ（ディ）・ノーラの活動が注目される。(22) ノーラはナポリ近郊の町であり、初代ローマ皇帝アウグストゥスが亡くなった地として知られる。パドヴァ大学生ポンポニオ・デ・アルジェリオ（一五三一―五六年）、元ドミニコ会士ジョルダーノ・ブルーノ（一五四八一六〇〇年）は同郷の先輩に当たるが、ニコラオの生き方は彼らと完全に違うことになる。なぜならひとりはプロテスタントとして、もうひとりは異端者として、ローマのナヴォーナ広場とカンポ・ディ・フィオーリでそれぞれ生きながら処刑されるからである。[23] カトリック教徒は、日本でそうであったように殉教者となるとともに、別の型の殉教者を作ったのである。彼らに対し、同郷の後輩ニコーラ・マストリッリ（一五七〇―一六五三年）は、ペルーで活躍こそすれ、同じくイエズス会士となった。ノーラはいずれにせよ、小さな町ではない。ジェノヴァの名門家に一五六四年に生まれたカルロ・スピノラは一五八四年、ここの修練院（noviziato）にいたことが知られている。スピノラに関しては、後述するダニエッロ・バルトリの『イエズス会の歴史』（*Istoria della Compagnia di Gesù*）に詳細な描写がある。ニコラオのように来日したイエズス会士に関する史料が乏しい場合、四囲の状況を考慮して置くことは肝要なことであろう。

そのニコラオは一五八二年、リッチとともにマカオに来た。翌年来日し、志岐（天草）、有馬、長崎で絵画と銅版画制作法を教えた。一六〇三年の長崎コレジョのカタログによれば、四三歳とある。[24] 画学舎の長として活躍し、一六二六年マカオで死去した。彼の弟子のなかから、リッチのいた中国で活躍する者も現れる。日本生まれのジャコモ・ニーヴァ（倪一誠）は特に有名で、父は中国人、母は日本人であった。またマヌエル・ペレイラ（游文輝）も忘れ難い。リッチの有名な肖像画は彼の手になる。それは、リッチ死去（一六一〇年）後四年目に、フランス人イエズス会士ニコラ・トリゴーによってローマにもたらされた。[25] ニコラオとリッチの関係は浅くはないが、絵画制作と地図製作は互いに無縁な技術ではなかったろう。《天保年間鹿児島城下絵図》はそのことを教えていよう。ニーヴァは絵画の面だけでなく、地図作成でも活躍していたことが分かっている。[26]

等披たちと同様、ニコラオの絵とされているものを同定することは、諸般の事情により困難を伴う作業であろう。ただ、同時代のティントレット作品などのように、彼らの個人的な作を強く求める必要はないのではなかろうか。流派、工房という言い方は彼らの身分にはむしろ似つかわしい。画僧にあっては、集団のなかで繰り返される主題にこそ価値があり、等坡流とかニコラオ風という言い回しを否定的に見るには当たらない。誰それの影響を受けたと覚しき作品とか、誰それに影響を及ぼしたようであるとかいうような表現は彼らにあっては意義深いことであろう。研究者トゥッチが言うように、「ニコラオ派は日本で起こった発展のためだけでなく、中国で継続したその反響の故にも重要である」(27)。

また、ニコラオは教会行事に欠かせない、オルガンと楽器の製作にも従事したことが知られている(28)。これに関しては、独特な研究者だったエドガー・ツィルゼルの評言を用いて、彼のことを「高級職人」(superior artisan)と呼んだことがある。ニコラオにはたとえばレオナルド・ダ・ヴィンチと似通った面があったであろう(29)。製作は同時にある程度の演奏可能――調音、調律は必須であろう――をも意味していたろう。明らかなことは、ニコラオの生地に近いナポリが伝統的にオルガン製作の盛んな地域であったということである。ジュゼッペ・チェーチの研究は、具体的に技術者の名前と完成品が納められた聖堂の名を教えてくれる。それらの聖堂は南イタリアに広がっている。また有力貴族も依頼したことが分かる(30)。伝統的に家族・一族間で修得される技術であるとすれば、ニコラオの家も何か関わりがあったのかもしれない。

モルマンノ（Mormanno）と呼ばれたジョヴァンニ・ドナディオは一五世紀の終わりから次世紀にかけて、高い名声を得た技術者であり、建築の分野でも活躍した。その弟子のなかにドメニコ会士トンマーゾ・デ・アンジェロや、デ・ニコーラ兄弟のジョヴァン・マッティアとジョヴァン・フランチェスコがいた。一五二六年ドナディオの娘と結婚した、ナポリ人ジョヴァン・フランチェスコ・ディ・パルマは建築家、オルガン製作者そして画家だった。彼も亦、モルマンノという愛称を持っていた(31)。ナポリにおけるオルガン製作は主として一六世紀後半、ディ・パルマ一族による仕事であった(32)。

目下のところ、ナポリ王国における、このような楽器製造の環境や同名人物（デ・）ニコーラの存在と、私たちのニコラオとの関係は不明である。オルガンが据えられた地名にノーラは出て来ない。旅行家に関する、アマート・ディ・サン＝フィリッポの古典的研究にはニッコロ・ノラーノ（Nicolò Nolano）、ジョヴァン・フランチェスコ・ニコーラ（Giovan Francesco Nicola）の名を見出すが、別人である。前者は一四世紀に蒙古に派遣されたフランチェスコ会士であり、後者は典礼問題時の厳修会のフランチェスコ会士である(33)。

五　大航海時代のイタリア人

これまで扱ってきたテーマは、東西交渉史とかキリシタン史とかに分類されるものであろう。特に後者のほうに属するのであろう。私には、キリシタン史の分野は他の外国史研究に比べて特段の研究成果を挙げているように思われる。フーベルト・チースリク師の厳しい批判が存在することは知っているが(34)、所謂「キリシタンの世紀」、「キリスト教の時代」は日本史の問題でもあり、一方的に他国にある史料とその史料を利する外国研究者に結局は依存している場合とは明らかに違い、私たちの問題でもあるが故にその成果は独創性に富んでいる。

ただし、この分野は主としてイベリア半島のポルトガルとスペインとのつながりで考察され、イタリアおよびイタリア人の存在が軽視されてはいないだろうか。往々にして「南蛮国」のなかにイタリアが欠けていることがあり、一驚する。幕末の『通航一覧』には同国が挙がっているのに、かつて幸田成友は度々、足利末期から徳川初期までの一世紀間に日本人が接した西欧人は、ポルトガル・スペイン・オランダ・英国の四カ国人とした。[35] その後もイタリア半島やシチリア島出身者の帰属意識問題はあまり俎上に載せられていない。イタリアが統一国家でなく、むしろ一部はスペインの支配下にあったという事情もあろうが、ポルトガルにはなんら占領されてはいなかった。イタリア意識（italianità）は存在していたし、その間のローマ教皇はすべてイタリア出身者であった。[36]

東西往来の頻繁さ、人や物の移動の大規模さ故に所謂「地理上の発見」時代はまた大航海時代とも表されるこの時代に、イタリア半島出身者は大いに活躍した。ポルトガルではカ・ダ・モスト（カダモスト、カダ・モスト）、スペインではコロンボ、フランスではヴェッラッザーノ、英国ではカボート父子の名が浮かぶ。彼らに加えて、最初の世界周航を成し遂げたひとりで、その意義ある記録（*Relazione del primo viaggio intorno al globo terraqueo*, 1525）を書いたアントニオ・ピガフェッタがいる。そこでは「ジパング」（Zipangu [Cipangu]）も言及されている。アメリゴ・ヴェスプッチにはもはや贅言を要しないだろう。先の第一、第二章でいくらか述べる機会があった。

他方、この時代はルネサンスと呼ばれる文化変動の、画期的な時代でもあり、イタリアの影響がヨーロッパ全土に及び、探検者と同様に活躍する同国人にも事欠かなかった。にもかかわらず、イベリア半島とイタリア文化との関係に注目する論考は多くない。船はリスボン港から出て日本に向かったにしても、彼らの精神的・思想的「港湾」はどうなのだろうか。イタリア系イエズス会宣教師の活動及び教皇庁とイエズス会本部のあるローマの存在の大きさには、より真っ当で正当な歴史的評価が下されるべきであろう。アレッサンドロ・ヴァリニャーノをはじめ、イタリアで教育を受けた人は少なくなく、ルネサンス・ヒューマニズムとの関連は当然視野のなかに入れなければならない。[37] しかも、このヒューマニズムは古典的教養を積むだけの教育ではなく、社会的実践とも関わる、生きた教育の謂いである。

また修道会士はイタリア系でなくともよい。イタリア的環境が注視されるべきである。ザビエルはボローニャ大学で学んだ父と違い、長期間学んだ先はスコラ学の牙城パリ大学であったけれども、当時のパリとイタリア・ルネサンスの関連は緊密であった。それにロヨラ、ザビエルとその仲間がパリからヴェネツィア（一五三六―三八年）に移り、ここを拠点にイタリアで意義ある活動、説教や慈善の仕事を長く展開していたことも考慮に値しよう。イエズスのコンパニーアの軍隊的規律だけが強調されるが、このような扶助会的側面――それはヴェネツィアを始め北イタリアでかなり練成された――は決して蔑ろにされてはならない。その点、チースリクはさすがにコンパニーアのイタリア的起源から説き始め、[38] キリシタン時代の信徒たちの団体、「組」に言及することを怠らない。

しばらく同時代のヴェネツィア共和国に留まってみよう。プロテスタントの影響色濃い、ベネデット（ベネディクト）会士ベネデット・ダ・マントヴァ（ベネデット・フォンタニーニ）の『キリストの恩恵』（*Il beneficio di Cristo*）が一五四三年に、またルネサンスを代表するヒューマニスト、スペイン人ビベスの『貧窮者支援』（*De subventione pauperum*）と英国人モアの『ユートピア』（*Utopia*）のイタリア語翻訳がそれぞれ、一五四五年、四八年に出版された地として、近隣遠方を問わず人的・物的、双方の流動激しい、この都市の意義と役割を考えないわけに行かない。この町には、日本に最初に言及したヨーロッパ知識人のひとり、ギョーム・ポステルが来、また天正遣欧使節の肖像画を依頼された、生粋のヴェネツィア人画家ティントレットが彩管を揮い、教会芸術にも新局面が現れる。ここでは社会とヘルメス主義的・新プラトン主義的、理想主義的・福音主義的思想が限りなく交錯していた。[39] 作家のアントン・フランチェスコ・ドーニ、科学者のフランチェスコ・ジョルジョ、建築家のパッラーディオらもこの列に加わる。ヴァリニャーノが学んだのはヴェネツィア共和国に属するパドヴァ大学においてであった。

私たちはこの時代、大航海時代の英雄たちとともに旅をしたり、また記録を残したりした人が誰かに余り関心を示さない。その時代を切り開いた人としてエンリケ航海王子は名高いが、彼に仕え、記録（*El libro de la prima navigazione per oceano alle terre de' Nigri de la Bassa Etiopia*）を残したヴェネツィア出身のカ・ダ・モストは忘却されている。もしかしたら、ポルトガル人と思われているかもしれない。北伊アローナ生まれでコロンボなどの航海の貴重な記録（*De orbe novo decades octo*）を認めた、スペイン宮廷の要人ピエトロ・マルティーレ・ダンギエーラの名も逸することはできないが、まったく異なった方面の別人ピエトロ・マルティーレ・ヴェルミリの名と紛らわしい。彼らに較べれば、トレヴィーゾ生まれで、ヴェネツィア共和国で公職の身にあったジョヴァンニ・バッティスタ・ラムージョは見当が付く人が大勢いるだろう。彼の『航海と旅路』（*Delle navigationi et viaggi*）全三巻（一五五〇―五九年）は、それまでに行われた旅と新たな時代の大航海を記録するもっとも重要な文献であり、日本のことも含まれる。うち二巻は地元の著名な出版業者トンマーゾ・ジュンティにより名を出さずに公刊され、残りの一巻――真ん中のアジアの巻だが――は著者の死後、名を冠して世に出た。その後多くの版が現れるが、近年でも全六巻で出版されている。[40]

六　訪日しなかった日本通のイエズス会士

似たことは、宗教の分野でも起きていないだろうか。日本に来たイエズス会士は割と知られ、分けてもザビエルの名は遍く浸透している。彼の困難に満ちた宣教活動は信徒、非信徒を越えて感動を与えるし、日本の印象を述べた言葉はいつまでも記憶されて行くだろう。これに対し、来日しなかったものの、仲間の修道会士の報告――それは在欧のヴェネツィア大使の仕事を想起させる――などを元にアジアや日本での彼らの活動を記録し、格段の東方世界情報を西欧世界に広めた著作家たちは多く無名のままになっている。彼らもまた、実は近代における日本と世界の関係を考えるうえでとても重要なのである。(41)

一五三三年ベルガモ生まれのジョヴァンニ・ピエトロ・マッフェイは、そのなかで最右翼であろう。上述した大航海に関する記録や「再認されたインディア（インド等のアジア）」（India recognita）の情報に、マッフェイは心躍ろかせていたに違いない。彼は日本が発見された同時代を生き、ルイス・フロイス著『日本史』の完成に期待し、メンデス・ピントに面談したひとりとなった。(42)ピントとは、ザビエル以前のきわめて早い時期に、日本にやってきたポルトガル人のひとりであり、奇想天外な『東洋遍歴記』の作者（既出）のことである。種子島に漂着した船にいたひとりなのか、実際には何度日本に来たのか、その叙述から問題になる。

またピントはザビエルと親しく、ヨーロッパ在住のイエズス会士が「東洋の使徒」を知る、もしくは調査するうえで重要な情報を握っていた男であった。ただポステルと同じく一旦はイエズス会士となったが、また離れた、あるいは適切には会から追放された、問題ある人物でもあった。一五五八年に母国に帰り、八三年に亡くなるが、死の前年、マッフェイらからポルトガルでの聞き取り調査に応じている。イタリア人のマッフェイのほうは八四年にローマに戻り、一六〇三年にティヴォリで死去した。そのような事情もあり、ピントの言は信用されず、一五八八年に公刊された、マッフェイの傑作『インディア（アジア）史全一六巻』（*Historiarum Indicarum libri XVI*）には反映されていない。(43)『東洋遍歴記』の初版が出るのは一六一四年のことだが、マッフェイが会った時にはその原稿は出来上がっていて、写本は出回っていたと目される。

シュールハンマーの考証によれば、同じイエズス会士オラツィオ・トルセッリーニ（一五四四―九九年）の『フランシスコ・ザビエル伝』（*De vita Francisci Xaverii*）の第二版（一五九六年、ローマ。初版は一五九四年、ローマ）にはその確証があるという。[44] 脱会者の、あるいはユダヤ系の会士の問題、ロヨラの方針とトレント公会議の影響問題など、歴史的に検討すべき諸点は多いが、ここでは立ち入らない。ローマ出身のトルセッリーニは二二年間ローマ学院（Collegium romanum）で教鞭を取り、生地で亡くなった。そのラテン語による伝記の一俗語訳に、フィレンツェ市民（cittadino）、ロドヴィーコ・セルグリエルミによるトスカーナ語訳がある。フェルディナンド・ゴンザーガあての、セルグリエルミの献辞の日付けは一六〇五年二月二三日である。[45] トルセッリーニの著書はラテン語・俗語を問わず、日本の図書館や関連施設には収録されているようであり、私が初めてこの著作を見たのは南蛮文化館（大阪）においてであった。

他に、マッフェイに似た立場のイエズス会士に、一五三三（一五三二）年マントヴァ生まれのアントニオ・ポッセヴィーノ、そして時代は下るものの、一六〇八年フェッラーラ生まれのダニエッロ・バルトリなどが数えられよう。ポーランド、ロシアで活躍したポッセヴィーノは晩年をパドヴァで過ごしたが、その『蔵書精選』（*Bibliotheca selecta*）は初版が一五九三年、ローマで出た。初期の貴重な日本情報が含まれている本書は今日、稀覯本に属している。

これに対し、種々の版があるバルトリの『イエズス会の歴史』は、一七世紀の文学作品として著名である。全体では二七巻から構成され、日本だけに限れば、五巻からなり、一六六〇年に初版が出た。近年の縮刷版の裏表紙にはつぎのような宣伝文句が載っている。「マルコ・ポーロより三世紀後に、日本について書くのがダニエッロ・バルトリである。彼は決して日本を訪れず、仲間の宣教師の書簡や報告書を介して、またメルカトルの地図――その上で彼らの旅路を追っている――から日本を知った[46]」とある。本文中に富士山の詳細な記述があり、目を引く[47]。邦語世界では、バルトリの名の広がりはチースリクに負っているのではなかろうか。管見の限り、師は特にペトロ岐部カスイに言及する場合には、必ず『イエズス会の歴史』から引用している[48]。

ところで、マッフェイ、ポッセヴィーノ、バルトリと違ってインドまでは来ていたものの、日出る国に来なかった最重要人物にニコラオ・ランチロットがいる。ザビエルがインドを離れて訪日する前に、一五四八年、ランチロットはゴアで日本の情報を薩摩の弥次郎(アンジロウ)らから集めることに成功した。そしてこの情報は直ちにヨーロッパまで伝わり(翌四九年)、大きな影響を及ぼすことになる。ポステルであれ、ラムージォであれ、あるいはマッフェイらであれ、それは彼らの日本に関する知識の根底を形成する。日本に向かうザビエルも頼りにした、生きた情報であった[49]。

ランチロットは一五一五年と二〇年の間にウルビーノに生まれたらしく、亡くなったのは、一五五八年四月七日、クイロン(Quilon, Coulan)であった。この間、彼は創設期初期のイエズス会士のひとりとなり、一五四二年からはポルトガルのコインブラで学び、四四年には司祭となった。一五四五年三月二五日もしくは二九日にインドに向けて出港し、九月二日にはゴアに上陸する[50]。彼に関してはまだまだ不詳の点が多いが、マッフェイ同様に、ルネサンス・ヒューマニストのひとりと見なして構わないであろう[51]。

旧きインドで、ルネサンス文化の有力な町の出身者が南日本の人たちと出会い、多方面に亙る知識を得ようとしている姿は、まさに大航海とイタリア・ルネサンスの新たな時代を象徴している。インドは日本・ヨーロッパ間の重要な経由地であり、この地に滞在した者、立ち寄った者に関しては洋の東西を問わず、各時代状況のなかで厳密な歴史的把握がなされなければならないだろう。ヨーロッパで学ぶ最初の留学生として、ザビエルに期待された鹿児島生まれの日本人ベルナルドは、この文脈のなかで真っ先に注目されよう。インドを経由した時、そこにはこのランチロットがいたのである。(52)

おわりに

以上、雑駁ではあるが、小論の前半で日欧交流史中の、あるいは東アジアにおける「鹿児島」の意義の一端を明らかにしようとした。そして時代は一六、七世紀のルネサンスや近代初期に限定されず、一九世紀の時代にも言及した。これは私の一次史料の知悉が主に禰寝＝小松氏の一族に関わっているためである。

小論の後半ではイタリア人のイエズス会宣教師に注目してみた。彼らのなかには来日した者もあれば、そうでない者もいるが、東西、日欧交流史に小さからぬ貢献をした。いわゆるキリシタン史はスペイン、ポルトガルを中心に見がちであるが、イタリアを座視することはできない。特に文化や思想の面からはイタリア・ルネサンスのヒューマニズムが重視されるべきであろう。大物のイエズス会宣教師も少なくなかった。さらに同修道会のみに限らず、ローマ・カトリック教会のルネサンス時代に注目すれば、(53)軽々に扱えない新たな歴史がイタリアにはあることだろう。

註

(1) 岩生成一『鎖国』(日本の歴史一四)、中央公論新社、二〇一二年改版二刷、四九頁。

（2）町村合併により町名としては消えたが、『和名類聚抄』にすでに現れる「ねじめ」はさすがに抹消することはできなかった。本論では合併以前の町名にすべて従う。

（3）Olof G. Lidin, *Tanegashima. The Arrival of Europe in Japan*, Nordic Institute of Asian Studies Monograph Series, No. 90, Copenhagen, 2002, 57 の写真 に二九代現宗主が時堯銅像とともに写っている。「禰寝戦争」に関しては、*Ibid.*,ch.,3. 永俊を始め、鹿児島に関わるキリスト教関係者については、パチェコ・ディエゴ『鹿児島のキリシタン』春苑堂書店、一九七五年。

（4）Lidin, *op.cit.*, pp.18-35. 根占献一『東西ルネサンスの邂逅――南蛮と禰寝氏の歴史的世界を求めて』東信堂、一九九八年、一二〇頁。所荘吉「鉄砲伝来をめぐって――その正しい理解のために」、『鉄砲伝来前後――種子島をめぐる技術と文化』、種子島開発総合センター編、有斐閣、一九八七年、四五―七三頁、特に六二―六三頁では、難船による来島を一五四二年、鉄砲伝来を一五四三年とし、『鉄炮記』には天文一二年、一五四三年に台風で漂着したとは書かれていないという。『鉄炮記』原文と読み下し文は、清水紘一『織豊政権とキリシタン――日欧交渉の起源と展開』岩田書院、二〇〇一年、八一―八八頁に収録されている。同書は、注目すべきことに第一部第一章で禰寝戦争との関連でこの問題を追究し、来島が四二、四三年とあったが、最初の年にすでに鉄砲が伝わったと主張している。また禰寝氏庶流池端弥次郎重尚にも検討が加えられている（同書、五六―五八頁）が、弥次郎重尚を詳述した、つぎの研究書は挙がっていない。岸野久『ザビエルと日本』吉川弘文館、一九九八年、二三七―五四頁。根占前掲書、九三―九七頁参照。

（5）清水前掲書、四四―四六頁。根占前掲書、七〇頁。康久の身近な人たちのなかからキリシタンが出たことに関しては、同書、一〇一、一七七頁。

（6）カロリーナ・カパッソ「宣教師シドッティの研究」、『神戸女学院大学論集』通巻第一四四号、二〇〇二年、一一〇―四三頁。教えられることの多いこの論文をコピーし、送ってくれたのは故高橋友子神戸女学院大学教授であった。カパッソは説得力を以ってシドッティがイエズス会に属していないことを明らかにしている。日本ではしばしば私を含めて同会宣教師としてきた。根占前掲書、二〇八頁。最近ではマテオ・リッチ『天主実義』柴田篤訳、東洋文庫、二〇〇四年、三三五頁の訳者解説。

（7）図書館では先ず、川崎大十『「さつま」の姓氏』（高城書房、二〇〇〇年）の一部をコピーした。私がかつて書いた論文に基づき、恥ずかしながら、家の系図として出ていることを偶然知ったからである。「根占権之丞清長のこと――衆中交替期の一私人についての素描」、『鹿児島中世史研究会素描』第四四号、一九八六年、二〇―二六頁。

（8）根占『東西ルネサンスの邂逅』、六七―六八頁。清水、前掲書は、戦争時の禰寝側の領主重長が指揮を取るには幼すぎることを露疑っていない。橋本雄「「鉄炮伝来」と禰寝侵攻一件」、『日本歴史』二〇一六年七月号、六九―七七頁、では清水の伝来年解釈に史料上から疑義を出している。だが、その史料に現れる重長の名には一切注目が及んでいない。史料全体がそもそもその作成時の状況や意図、真の戦闘関係者など、洗い直しが必要なのではないか。なお、リディンはShigenagaと表記している――日本人の研究者も「しげなが」と読んでいる場合が少なくない――が、管見の限り一次史料に時には「重武」と充てられているので、Shigetakeとすべきであろう。

（9）川添昭二『九州史跡見学』岩波ジュニア新書、一九八九年、一八三―八四頁。優れた中世史家の手になるこの書は、単なるジュニア向け（「です、ます」調）ではない。

（10）坊津に関わる禅僧の道元や栄西、キリスト教宣教師のザビエルらについては、『鹿児島県姓氏家系大辞典』角川書店、一九九四年、一六二一―六三頁。ただし、根占前掲書、八二、一七七頁と比較参照のこと。一六三〇年、ローマから帰国したペトロ岐部については、H・チースリク監修・五野井隆史著『ペトロ岐部カスイ』大分県教育委員会、一九九七年、二二七―二九頁。小論の初めのほうで記した鉄砲との関係でいえば、明の鄭舜功『日本一鑑』には平戸、豊後（府内）、和泉（堺）とともに坊津が鉄砲製造地として出ている。

（11）根占前掲書、一八九―九一頁。信輔は禰寝重長弟の女子との間に一子を儲けた。私はここで『西藩野史』から引用したが、『薩藩旧記雑録』も挙げて置くべきだったろう。近世の近衛氏に関わる細密な大著に、橋本政宣『近世公家社会の研究』吉川弘文館、二〇〇二年、がある。特に信輔については同書、第二部第五章。

（12）『南蛮巡礼』中央公論社、一九八一年、九四頁。

（13）『鹿児島市立美術館所蔵作品抄』一九九五年、一五一頁。

（14）根占前掲書、五五―五八頁。

（15）同上、七四頁。鹿児島市立美術館学芸係奥美由貴氏からの二〇〇四年九月一六日電子メール。

（16）同上。

（17）清水紘一「長崎裁判所の浦上教徒処分案をめぐって」、『近代日本の形成と宗教問題』中央大学人文科学研究所編、中央大学出版部、一九九三年改訂版、四九―八七頁。同署は清水論文を始め、重厚な論考が並んでいる。小松の限界を指摘するのは家近良樹『浦上キリシタン流配事件』吉川弘文館、一九九八年、二九―三〇頁。しかし、H・チースリク監修・太田淑子編『日本史小百科キリシタン』東京堂出版、一九九九年、二九九頁、根占献一「小松帯刀とその時代――特に「外国交際」の観点から」、『学習院女子大学紀要』、第一一号、二〇〇九年、七一―九一頁、などを参照のこと。

（18） 川添前掲書、一七八―七九頁。ここでは一部漢字表記を用いた。根占「小松帯刀とカヴール――一八六〇年代の日伊関係」、『日伊文化研究』、第二六号、一九八八年、四三―五四頁。

（19） 犬塚孝明「近代西欧文明と鹿児島――英学移入から留学生派遣まで」、『薩摩と西欧文明――ザビエルそして洋学、留学生』ザビエル渡来四五〇周年記念シンポジウム委員会（鹿児島純心女子大学）編、南方新社、二〇〇〇年、四七―八一頁、特に七〇頁で、つぎの論文が指摘されている。谷田博幸「ロセッティと薩摩藩留学生と――W・M・ロセッティ宛のG・P・ボイス未刊書翰一通をめぐって」、早稲田大学美術史学会『美術史研究』第二七冊、一九八九年。また包括的な専門研究、河上真理『工部美術学校の研究――イタリア王国の美術外交と日本』中央公論美術出版、二〇一一年、が現れた。

（20） 根占『東西ルネサンスの邂逅』、九七頁。日伊協会編『幕末・明治期における日伊交流』日本放送協会、一九八四年、八三、一二五頁。石井元章『ヴェネツィアと日本――美術をめぐる交流』ブリュッケ、一九九九年、四八頁。また注三一参照。

（21） 『来日四五〇周年 大ザビエル展 図録』東武美術館・朝日新聞社、一九九九年、図録番号一七三。根占、同上、一〇〇―〇一頁。『長崎のコレジョ』純心女子短期大学・長崎地方文化史研究所編、一九八五年、九一頁。

（22） シュールハンマーは、ニコラオは一五六〇年ナポリ生まれと記している。G. Schurhammer, Die Jesuitenmissionare des 16. und 17. Jahrhunderts und ihr Einfluss auf die Japanische Malerei, in id.,*Gesammelte Studien*. II *Orientalia*, Rom/Lisboa, 1963, p.771. この論文の初出は一九三三年。*Fonti ricciane*, edite e commentate da Pasquale M.D' Elia, 1942, I, *Storia dell'introduzione del Cristianesimo in Cina*, p.231 n. 3ではデリーアはサレルノ近郊ノーラ生まれとして、典拠を挙げている。また大冊、D'Elia, *Il mappa mondo cinese del P. Matteo Ricci S. J.*, commentato, tradotto e annotato, Vaticano, 1938, pp.223-24, n. 358ではナポリ近郊ノーラとしている。なおこの画僧に関わる論考に、児島由枝「日本二十六聖人記念館の《雪のサンタ・マリア》とシチリアの聖母像」、『イタリア学会誌』六五号、二〇一五年、一六七―八八頁、がある。

（23） E. Rodocanachi, *La Réforme en Italie*, Paris, 1921, II, pp.111-12,549. ブルーノは *Ibid.*, pp.434-437. F.C.Church, *The Italian Reformers 1534-1564*, New York, 1932, pp. 221-22. 近年の研究ではS. Caponetto, *La riforma protestante nell'Italia del Cinquecento*,

Torino, 1992.

(24) 片岡千鶴子『八良尾のセミナリョ』キリシタン文化研究会（上智大学）、一九七〇年再版、六一—六六頁。『長崎のコレジョ』、一一三頁。

(25) G. Tucci, *Italia e Oriente*, Milano, 1949, pp.151-55. イエズス会宣教師のもたらした宗教画の影響や彼らの美術活動を扱う、最も基本的な論文は Schurhammer, *op.cit.*, pp.769-79.

(26) D'Elia, *Il mappamondo cinese*, p.224.

(27) Tucci, *op.cit.*, p.155.

(28) Schurhammer, *op.cit.*, p.772.

(29) 根占前掲書、一〇二頁。ツィルゼルの名は出していないけれども。岡本良知「初期洋画の育成——耶蘇会の画学舎」、同『キリシタンの時代——その文化と貿易』高瀬弘一郎編、八木書店、一九八八年、五六—七三頁所収、特に七〇頁に「ジョワンニ・ニッコロは、ルネッサンスのイタリア芸術家の多芸多能な特徴を具へてゐた」云々。論文初出は一九五二年。

(30) G. Ceci, Maestri oraganari a Napoli dal XV al XVIII secolo, in *Scritti storici, Nozze Cortese-De Cicco*, Napoli, 1931, pp.1-10.

(31) *Ibid.*, pp.4-6.

(32) *Ibid.*, pp.7-8.

(33) Amato di San Filippo, *Studi biografici e bibliografici sulla storia della geografia in Italia. I Biografia dei viaggiatori italiani colla bibliografia delle loro opere*, Roma, 1882, pp.104, 458. 私の引用は復刻版からであるが、書物の成立には第三回までの「万国地理会議」が貢献している。ヴェネツィアで開かれたこの会議に関しては、石井、前掲書、四七—四八頁参照。ローマ駐在の臨時代理公使、中村博愛はこの会議に関わる。

(34) チースリク『キリシタン史考』聖母の騎士社、二〇〇二年、第四刷、一二一—一七、二〇二—〇五頁。つぎの文と比較参照のこと。高瀬弘一郎「キリシタンと統一権力」、『キリシタン時代の文化と諸相』八木書店、二〇〇一年、三—三六頁所収、特に三〇頁に「表向きの顔だけを見てキリシタンを語ることは出来ない。イベリア両国の国家事業の一翼を担う形で布教が行なわれた教会活動の現実、それにイエズス会特有の体質も加わって政治や貿易に余りにも深入りしすぎたこと、さらには日本布教方針の面での破綻と挫折等を考えれば、キリシタン教会がわが国で排斥されたのは当然の成行きと言えないであろうか」、と。論文初出は一九七五年。高瀬の批判的眼差しはつぎの書でも顕著である。同『キリシタンの世紀――ザビエル渡日から「鎖国」まで』岩波書店、一九九三年。著者の史観については、清水『織豊政権とキリシタン』、序章、特に九―一四頁参照。

(35) 根占前掲書、二二頁。

(36) 高瀬「大航海時代とキリシタン――宣教師の祖国意識を中心に」、同『キリシタン時代の研究』岩波書店、一九七七年、三九―七四頁所収、特に四一頁では、日本イエズス会のパードレたちはポルトガル、スペインとならんでイタリア出身者がその大部分を占め、しかも幹部パードレでは西伊が優位に立つとある。同「キリシタン宣教師の軍事計画」七五―一七一頁では、布教保護権（padroado）と武力征服事業が関連していたとの観点――筆者の持論である――から、葡西の日本占領あるいはシナ征服への関心が縷述されているものの、これらの長大な論文を以ってしても、祖国は葡西ではありえなかったイタリア系宣教師の「祖国意識」や「版図拡大理由」は殆ど不明である。同、前掲論文「大航海時代とキリシタン」、六九―七〇頁では、布教保護権の見直しと布教聖省（Sacra congregatio de propaganda fide）の有力人物が指摘されていて興味深い。「十七世紀に入ると、従来海外布教を布教保護権の制度によってイベリア両国に委ねてきたことに対する反省から、教皇庁自身が布教活動の主導権を握ろうという傾向が強まり、そのために一六二二年海外布教を管轄する布教聖省が設置される。この布教聖省の初代書記官となり、二七年間その地位にあったイタリア人の（フランチェスコ・）インゴリは、布教保護権による教会活動の欠陥として、アジア原住民の司祭叙品が疎かにされてきたこと等を指摘している」、と。

(37) 尾原悟「日本で活躍したイタリア人――ヴァリニャーノの教育・出版活動を中心に」、『国際シンポジウム　日伊文化交流の五〇〇年　報告書』ピエロ・コッラディーニ編、二〇〇三年、ローマ、二二五―四〇頁所収、特に二三二―三三頁。報告書には邦文とともに伊文（当該論文ならpp.47-64,54-56）も含まれている。

(38) チースリク『キリシタンの心』聖母の騎士社、一九九九年、第二刷、一五九、二三八頁。特にフィレンツェの始まりが指摘されている。ただ人名に誤植が見られる。

(39) 本書第一章参照。Kenichi Nejime, Gli scambi culturali fra il Rinascimento italiano e[d] il Giappone, in *Bulletin of Gakushuin Women's College*, 6 (2004), pp.17-23. F. Gandolfo, *Il dolce tempo. Misitica, ermetismo, e sogno nel Cinquecento*, Roma, 1978.

(40) Ramusio, *Navigazioni et viaggi*, 6 voll, a cura di M. Milanesi, Torino, 1978-1983.

(41) つぎの論文には重要な指摘がある。高祖敏明「江戸時代の日本に与えたイタリア人宣教師の影響――イエズス会士ジュリオ・アレニの場合」、『日伊文化交流の五〇〇年』二四一―五四頁（伊文pp.65-81）所収、特に二五四頁（伊文p.81）の結び。

（42）G. Le Gentil, *Fernão Mendes Pinto. Un précurseur de l'exotisme au XVIe siècle*, Paris, 1947, p.28.

（43）『インディア（アジア）史』の初版は本文で述べている通りだが、ここではつぎの書に拠った。Maffei, *Opera omnia latine scripta nunc primum in unum corpus collecta. Accedit Maffeji vita Petro Antonio Serassio auctore*, Bergomi, Petrus Lancellottus, 1747, 2 voll. この第一巻に『インディア（アジア）史』が含まれる。

（44）Schurhammer, Fernão Mendes Pinto und seine *Peregrinaçam*, in id.,*Gesammelte Studien*. II *Orientalia*, pp. 23-103: 54-56. この論文の初出は一九二六年。『東洋遍歴記』三（東洋文庫、一九八七年初版第二刷）の訳者岡村多希子は解説で、『ザビエル伝』初版刊行年の一五九四年を挙げている。同上、三〇一頁。そして註一八（三二三頁）で、ロドリゲス『日本教会史』（岩波書店、一九七〇年）の該当頁を参照とある。該当箇所を見ると、こちらの訳者たちは一五九六年を挙げていることが分かる。

（45）*I Giunti tipografi editori di Firenze 1571-1625. Annali inediti con un'appendice sui bibliografi dei Giunti*, a cura di L.Silvestro Camerini, Firenze, 1979, 141, 203.

（46）D. Bartoli, *Giappone. Istoria della Compagnia di Gesù*, a cura di N. Majellaro, Milano, 1985 の裏表紙。*Ibid*., pp.23-40 (introduzione), 特にp.27は関連箇所。学習院女子大学図書館には、Id., *Dell'istoria della Compagnia di Gesù, L'Asia*, Brescia, 1830, 14 voll が収蔵されている。

（47）Bartoli, *Giappone*, pp.169-70.

（48）『世界を歩いたキリシタン』、春秋社、一九七一年。『キリシタン時代の邦人司祭』、キリシタン文化研究会、一九八一年。『続　キリストの証し人』、聖母の騎士社、一九九七年。

（49）根占前掲書、八〇頁。A. Aurati, *Nicolao Lancilotto. Un gesuita urbinate del secolo XVI in India benemerito della cultura*, Urbino, 1974, pp.33-34. 岸野久『西欧人の日本発見――ザビエル来日前　日本情報の研究』吉川弘文館、一九九五年第二刷には、ランチロット関係の緻密な論文が多く収録されている。のみならず、著者の別の書同様、大部な複写資料（写真）が添えられていて貴重である。ただ、残念ながら一点として翻刻されてはいない。なぜ複写資料（写真）だけがあり、翻刻がなされていないのか、その意図が分からない。本文のどこにも詳細な注にも写真版が活字化されたものを見出すことができないのである。これでは研究書の体裁に反しており、活用された史料、発見された史料が別の人によって検討されえず、また共有されえないことになる。便利な世になったとはいえ、一次史料、原資料を見るのは容易でなく、また読解も容易いことでないだけに惜しまれる。ところで、第一日本情報第二稿〔本文イタリア語〕には複写資料がなく、第一日本情報第三稿〔本文イタリア語〕には複写資料があるものの、すでにアウラーティには手稿本が転写、翻刻されている。岸野、同上、一二六、一四二頁。Aurati, *op.cit.*, pp.51-64.

（50） Aurati, *op.cit.*, pp.19-21,28.

（51） *Ibid.*, p. 17 n.5. この注でアウラーティは、つぎの名著を挙げている。Tacchi Venturi, *Storia della Compagnia di Gesù*, vol.II, parte II, pag.328.

（52） ベルナルドに関してはMaffei, *op.cit.*, I, p.405. 古典的論文はD`Elia, Bernardo, il primo giapponese venuto a Roma (1555), in *La Civilà cattolica*, vol.CII (1951), part III, pp.277-87, pp.527-35. 根占『東西ルネサンスの邂逅』、九七―一〇〇頁。またインドに関しては本書第二章がいくらか情報を与えるだろう。

（53） 註三六に引用した高瀬弘一郎の言は示唆を与えるだろう。

第四章　ザビエルと時代の課題

――ルネサンスの霊魂不滅論――

はじめに

イエズス会士フランシスコ・ザビエルの来日以後、キリスト教宣教師の彼らと当時の日本列島に住む人たちの間で大きな議論となったのは、霊魂不死、不滅をめぐる問題であった。日本は神仏習合状態にあったが、多くの住人は仏教徒であった。仏教の宗派によっては厭離穢土、欣求浄土の浄土思想を説くにしても、霊魂自体は重要視されない。他方で、宋代の禅宗の影響を受けた知識人も禅僧を含めて少なくなく、また禅に惹かれる侍たちもいた。禅宗は特に死後を不問に付す。神道界にも風雲児吉田兼倶（一四三五―一五一一年）が現れて、新たな発展を推進した(1)。兼倶の生きた時代はまさに西欧でいえば、イタリア・ルネサンス文化がピークを迎えていた。

霊魂不滅を唱えたのは、この地に来た宣教師たちであった。彼らから見れば、日本での宗教はいかなる形であれ、肉体の死後、霊魂の存続を認めておらず、この世ですべてが終わり、完結する。キリスト教のいう最後の審判などは死して個としての人が無となった以上、意味をなさない。ヨーロッパ世界では肉体を伴う復活が当然視されていたが、ここアジアではその復活が等しく彼らの間で重視されたようには思われない。それよりも身体とは分離した霊魂の不滅がザビエルたちによって強調されたし、強調されなければならなかった。

なぜか。キリスト教教義上、初めて霊魂の不滅が信仰箇条となったからである。それは一五一二年から始まった第五ラテラノ公会議で決定された。日本にキリスト教が伝わるのはこのあとである。そして来日した宣教師たちはこれを信じようとしない住民に対し、その不滅、不死を説くことになる。本章ではその経緯を具体的にみていくことにするが、まずは来日前のザビエルの知的環境の一端に迫ろう。

一　滞仏・滞伊一五年

一五〇六年生まれのザビエルは二〇歳前にスペインからフランスに赴き、パリ大学生として当地で長い研鑽を続ける。それは、一五二五年から三六年までの一〇年以上に及ぶ。一五三四年には、イエズス会の礎石となる誓いが、最初のパリ司教聖ドニに捧げられた礼拝堂で交わされた。モンマルトル中腹に位置するこの場所には、今日でも目立たぬ建物があり、史跡のプレートがなければ、見過ごしそうである。彼が学んだ聖バラバラ（バルブ）学寮は、市内ラテラン地区の賑やかな一角に、そしてモンマルトルは、今はその山頂に上がれば、華やかな観光地になる。それだけに、小聖堂とその界隈は、これらと好対照をなす雰囲気が漂っている。

一五三六年末にパリからイタリアへ出発する。インドに渡るべく一五四〇年春先にイベリア半島に移動するまで、ヴェネツィア、ローマなどイタリア半島の主要都市で、使徒的奉仕と教育・学習の活動に明け暮れる生活に変わる。それまではパリ中心であったから、相当な移動ぶりが際立つ。当時、イタリアは地域ごとに独立していたので、半島内のいくつかの国家を往来していたことになる。ただ政治的には分裂していても、画期的な文化運動を指導し、アルプス北側の世界に強大な影響を及ぼしつつあったのが、ここイタリアであった。

ザビエルがフランスとイタリアにいた時期、フランス国王にはフランソワ一世が、ローマ教皇にはクレメンス七世、そしてパウルス三世がいた。イタリア文化へのフランスの関心は、一五世紀末のシャルル八世と、これに続くルイ一二世の治世中に、そして彼らの遠征時により、本格化、大規模化していた。両国王の跡を襲ったフランソワも、同様にイタリア遠征を敢行するなか、両人に劣らず、煌めくルネサンス文化にすっかり心酔し、母国にあらゆる分野のイタリア人を招きいれ、多方面にわたる近代化を図ることになる。

両教皇のうち、クレメンスはメディチ家出身者としてはふたり目のローマ教皇であるが、ファルネーゼ家のパウルスもフィレンツェの同家と縁が深く、同邸で若いころ重要な教育を受けた。いわゆるメディチ教皇時代が、一五一三年に即位した、クレメンスの従兄弟レオ一〇世の代から、まだ継続しているとも見られよう。パウルスは一五四〇年にイエズス会の公認を行う。(2) レオ一〇世の前の教皇ユリウス二世から始まった第五ラテラノ公会議は教皇がすぐに代わってレオとなり、一五一三年、霊魂不滅を信仰箇条とした。これについてはまた後述する。

一五四一年春、インドに向けてリスボン港を出たとき、ザビエルは三五歳であった。この年齢は、ルネサンスの先駆者のひとりに数えられるダンテとは大いに異なっていた。その『神曲』地獄篇の冒頭はあまりに有名である。「私は人生の道半ばに正道を踏み外し、覚醒したときは暗き森にいた」と、詠いはじめた「人生の道半ば」とは三五歳のことであった。ザビエルはしかし大海原への船路にあたり、信念固く迷妄を抱かず、港湾と一体化したテージョ川河口に心地よい潮風を感じていたはずである。それに、彼の年齢は決して生涯の半ばとならなかった。

一年後にゴアに上陸する。日本をふくむアジアでの行動は、以後一五五二年までの一〇年間となる。この間の日本での二年あまりを短い時間だったという人がいる。私はこれが短期だったとは思わない。この二年間、彼はヨーロッパで学んだことを土台に、日本に住む知識人と論争を行うつもりであった。それは、彼がこの国に大学を探し、高等機関に学んだ仏僧たちを議論の対象に求めたことによく示されている。そして論議の中心となるのは、神・仏の本質と霊魂の不滅であった。それはヨーロッパ的論題の展開であり、ザビエルが培われた西欧での教育の賜物であった。ナバラ王国出身者はこの王国以外の地、フランスとイタリアで過ごした、二〇歳前から人生の道半ばまでの一五年間に、まさにヨーロッパ人として形成され、日本に来て論争を挑み、説教を行ったのである。

二 ジャック・ルフェーヴル・デタープル

フランス時代、ザビエルのような誇り高い好学の士に、代表的な学者として誰が意識されただろうか。数多くの英哲たちがパリに蝟集していたにしても、アリストテレス哲学と聖書解釈において、イタリアの古典研究の水準にまでフランスの人文主義を高めた最重要人物は、まぎれもなくジャック・ルフェーヴル・デタープルであったろう。異教、キリスト教の文献を問わず、原典に立ち返った読解とその総合的釈義が求められる時代になって久しかった。アリストテレスはアリストテレス自身の言葉で理解されなければならなくなっていた。このような方法をイタリアに学び、母国に移植したデタープルの生年は定かでないが、一般的には一四六〇年頃と見られている。時には一四五〇年頃とされてきた。ザビエルが離仏する一五三六年に長い生涯を終える。死去した先は、フランソワ一世の王姉マルグリット・ダングレームの治めるナヴァール王国ネラックであった。

ルフェーヴルが憧れの地イタリアを最初に訪問したのは、没年よりおよそ半世紀前のことであった。これ以後も二度訪ねる。ここには、古代ローマ以来の豊穣な歴史と革新的なルネサンス文化が存在した。エルモラオ・バルバロやピーコ・デッラ・ミランドラ、マルシリオ・フィチーノの謦咳に接する機会が持てた。彼らは一四九〇年代に相次いで死去することになる。また、彼らよりも一、二世代前の人物で、ドイツ生まれながらイタリアで活躍した枢機卿、ニコラウス・クザーヌスの思想には惹かれ始めた。ルフェーヴルが編纂したクザーヌス全集（一五一四年）は名高く、一九六二年にも再版されている。イタリア人とドイツ人から学んだ新プラトン主義と神秘主義は、ルフェーヴル思想の核心を形成する。

こうして、スコラ的論理学に依拠し続ける神学の牙城、パリ大学のソルボンヌ学寮とルフェーヴルとの間には、積年の対立が繰り広げられる。そのような彼を陰に陽に弁護したのは、高等法院（パルルマン）の権力とともに同学寮の権威を削ぎ、政治の集権化を推進し、ルネサンス文化の導入に努めていたフランス王権であった。

ところで、現代におけるザビエル伝の決定版、全四巻（英語版。ドイツ語版では第二巻が二分冊）の大著を物したゲオルク・シュールハンマーは、「カッシア街道上で」[3]と題した興味深い箇所で、イタリアに入ったザビエルとその一行を描くなか、フェッラーラのエステ宮廷に話頭を転じる。君主エルコレ・デステの妻は、ルイ十二世の女子ルネ・ド・フランスであった。師はさりげなく、彼女を「ルフェーヴルの弟子」と評する。嫁ぎ先の宮廷には、ベルナルディーノ・オキーノからジャン・カルヴァンまで反ローマ教会の急先鋒が多数集まる。ルネは宗教改革者たちが信頼するプロテスタントであり、エルコレの懊悩は深かった。師によると、夫はヴィットリア・コロンナをフェッラーラに招いて、妻をカトリックの心持に引き戻そうとした。

だが、叶わず、ヴィットリアは十か月足らずでこの町をあとにする。一五三八年二月のことである。ザビエルがやってきたイタリア半島には、教皇庁を反キリストの巣窟と切り捨てながら、マルティン・ルターの信仰義認説を高く掲げる聖書中心主義者が少なからず現れていた。ヴィットリアも実は、このドイツの元修道士から間接的な影響を受けたひとりであった。研究書によっては、シュールハンマーのようには彼女のフェッラーラ滞在の意図を説明していない。彼女は、ミケランジェロが愛を覚え、心を寄せることのできた女性としても名高く、彼の詩と素描が残っている。(4)

ルフェーヴルと彼ら、アルプス以北・以南の福音主義者との関係や、彼自身の持した態度はいかなるものであったろうか。彼は時に、同時代人で同年に死去するロッテルダムのエラスムスに比定される。あるいは、時に、カトリックの儀式に従いつつもプロテスタント信仰を隠したニコデモ主義者と、また時に、肝心な発言を控える、沈黙（ἡσυχία）の人と称される。ニコデモ主義は著名なイタリアの歴史家デリオ・カンティモーリが使い、現在、精力的に活躍中のカルロ・ギンズブルグが適用した概念で、『ヨハネ福音書』第三章に初めて登場するユダヤ人名に由来する。ニコデモは人目を避けるかのように、夜イエスに会い、彼に惹かれながらも、新たな教えについて、いくつか問い質すのを控えることができない。他方、沈黙主義（hésuchisme）はフランスの研究者V・L・ソニエが用いた。(5)黙した口から、後世の研究者はその世界観に応じてルフェーヴルの声を絞り出すべきなのだろうか。

三　新思想の展開と日本

ルフェーヴルはエラスムスのような冷笑な人でもなければ、ローマ教会を愚弄する著述を書いたわけでもない。また、聖パウロ書簡注釈でルターに影響を与えたにしても、彼のように教会を離れたわけではない。ルフェーヴルには教会は信仰の母であり、真理の主であったし、聖イレナエウスの言にあるように、教会のあるところ、そこに真理がある、と見なしていた。このような彼を、ザビエルら、あの聖堂に集った若者たち――イグナチオ・デ・ロヨラはひとり若くはなかった――がどのように判断していたかは推測するしかないが、時代の変化のなかでルフェーヴルとザビエルらのつながりを捉えることは有意義なことであろう。

大学でアリストテレス哲学を修め、キリスト教神学を究めようとしていた、若いザビエル。ルフェーヴルはこれらの領域に切り込み、変革をもたらしていた。パリ大学学士デタープルは聖書の仏訳にも業績を挙げたが、神学を修めた博士でもなければ、ソルボンヌの教師でもなかった。専門神学者からはそれゆえ批判され、非難を浴びた。聖俗を問わぬ印刷出版を利して、新たな翻訳と解釈を盛り込んだ書を次々に世に問うていた、まさにルネサンスの司祭であった。そのような聖職者がいるパリに遊学した、新世代の若者がザビエルであった。そして学士ザビエルもまた、神学課程に進みはしたが、博士の学位を取ることはなかった。スコラ神学の伝統を墨守し、護持するだけでは納得できない者がここでは学び始めていた。

イタリアからのルネサンスの風が吹き始め、神学や哲学に影響を与え、カトリック信仰にも新局面が現れる。日本に来たザビエルが事々に霊魂不滅を力説するのも、第五ラテラノ公会議（一五一二年―一七年）中の第八期（一五一三年一二月一九日）に、それが信仰箇条となっていたことが大きかった。これは、アカデミーの中心人物フィチーノが広めた、プラトン哲学の隆盛に負っているのであろう。この期を主宰したローマ教皇はレオ一〇世であり、彼はフィレンツェでフィチーノの弟子であった。ルフェーヴルもまた、霊魂不滅論のスンマ、『プラトン神学』（*Theologia platonica*）を書いたこのイタリアの司祭から影響を受けた。

また、後述する山口で仏教徒と論争を展開した際に、ザビエルが大日を「第一質料」（materia prima）と規定したのは、まさに彼がヨーロッパの人であり、長年のアリストテレス学徒、また教師であることを思えば、不思議な点はなにもない。この論争については後述するが、こうして大日はキリスト教の神ではないと認識された。彼の仏理《ほとけ》解は、『日本史』(*Historia de Japam*)の著者ルイス・フロイスの言による跡付けに過ぎないとの指摘があるが、アリストテレスに精通した司祭に、そのような視点をフロイスが与えるのはまったく妥当なレトリックの範囲にある、との判断も可能であろう(6)。

さらに、ルフェーヴルのパリにいたザビエルを思えば、彼なら実際にはこの「第一」を不要としたのではないか、と憶測することも許されよう。なぜなら、ルフェーヴルは、クザーヌスの『神の直視』(*De visione Dei*)を校訂した時に行ったように、アリストテレスの厳密な用語に立ち返って、スコラ的な「第一」を取り去ったからである(7)。大日もまた、神から眺めれば単なる質料に過ぎないのだから、いかなる形相をも含まぬ純粋な質料の意で「第一」を付加するのは、いかにもスコラらしい煩瑣性の名残といえよう。かえって、のちの世代に属し、パリで学んだことがないフロイスのほうに、このような古めかしい用語法が残っていたのかもしれない(8)。

四　霊魂不滅論

ひとは交わりをとおして東西の思想・文化の違いにも直面する。ザビエルはこれを熾烈に体験する。インドにおけるよりも日本においていっそう深刻にこの問題に悩まされる。一般庶民を含めて日本人の読み書きの能力や教養の高さには感心している。「理性的」国民であるから、キリスト教が理解されるものと期待していたふしがある。しかしキリスト教の伝統とはまったく無縁な、歴史と慣習が東アジア世界にはあった。圧倒的に多くの人が伝統的宗教に依存しようとする。キリスト教信仰を知らない先祖の人に救済の道がないことがわかると、祖先信仰を大事にする人たちは動揺する。

ザビエルはキリスト教への手がかりを与えるものを必至に探している。島津氏の家紋は十字架にも見えてくる。かつて誰かがキリスト教のなんらかの教えを、たとえそれが異端的であろうとも、日本に伝達していなかったか。ネストリウス派のキリスト教、景教を、中国に学んだ空海、真言宗の祖弘法大師は知らなかったであろうか。

ロドリーゲスの『日本教会史』を参照すると、ザビエル書簡では簡潔すぎてわかりにくい消息が明瞭になる。インドから中国にかけて、聖界・俗界を問わず、ヨーロッパのキリスト教徒たちは必至にキリスト教の痕跡を探索する。一五三二年にはポルトガル王の命を受けて、インド東海岸のメリアポールで聖トマ（サン・トメー、聖トマス）の遺骸調査が行われている。インドのブラーマ教徒（バラモン教徒）やジンノゾフィスタ、そして中国人や日本人、と言ったあとに、ロドリーゲスは書いている。「われらの主は、この使徒（聖トマ）に対して、かれが復活のあとに疑いを抱いた信仰を確かめるために、その手を御自身の脇腹にあてるように望まれたが（『ヨハネ福音書』第二十章二七参照）、それと同じように、……主または使徒に対して、かれの宣教と教義とによって、この地の果てに、かくもはるかなこのキリスト教国を創設し、その信仰を確立するように望まれたかと思われる。その結果、今日見られるごとく、この東方に使徒の聖遺物が現存することになったのである。」(9)

ヴェネツィアのマルコ・ポーロの報告も、中国にキリスト教徒がいることを教えていた。したがって、一六二〇年代初期の大秦景教流行中国碑の発見がどんなに宣教師を感激させたか、わかるというものである。また、中国の歴史書が述べている「シナ西方の強力な国王」が、アジアの「プレステア・ジョアン王」と同一視される。司祭にして王なる、いわゆる「プレスター・ジョンの伝説」である。ロドリーゲスはこの君主については、ルネサンス・フィレンツェ期の大司教聖アントニーノなどが述べているところと紹介する[10]。そして日本というわけである。小西行長が肥後の領主であった頃、聖トマの十字架らしきものが八代で発見された。ポルトガル人やパードレが来る前に、そこにいたキリスト教徒によって作られたと、ロドリーゲスはいう。またかれは疑いつつも、例によって島津の家紋に言及せずにはいられない[11]。ザビエルの言動のある側面は、聖トマやプレスター・ジョンの言い伝えのなかで理解されなければならない。そしてこのような視点は宣教師の職にあるものに限らないものがあり、モンテーニュのような合理主義者もまた、その『エセー』の中に「われわれの十字架がいろいろな形で尊ばれ[12]」ていると述べている。

だが、いかに痕跡、形跡があろうとも、キリスト教の創造神、また三位一体説、化肉論への理解は遠いかなたにあった。術語の壁は大きく、訳語も難しい問題を生み出した。既述のとおり、アンジロウはローマ・カトリックの神（デウス）を「大日」と訳した。このために、真言宗の僧侶が喜んだという話は有名である。フロイスの『日本史』はこの間の消息を具体的に描いている。「この宗派について知りえたところによれば、かれらの大日なるものは、われらヨーロッパの哲学者たちのもとで第一質料《マテリアプリマ》と称するものと同じものである。だが……仏僧らはわれらの説くことを聞くと、デウスの属性がかれらの大日に非常に類似しているように思われ、かれらは司祭（ザビエル）に対し、言葉のうえでは……互いに異なっているものの、伴天連が認める教義の内容と自分たちのそれはひとつであり、同じものだ、と語った。……それから数日を経てメストレ・フランシスコ（・ザビエル）師は、仏僧たちのあいだにおけるこうした満足と喜びようについて、また大日そのものについて、あらためて詳しく熟考するところがあり、……かれらに向かい、至聖なる三位一体の第二のペルソナが肉体を持ち、人となり、人類を救済するために十字架上で死に給うたことを信じたり、説いたりするかどうかと質問した[13]。」僧侶たちにはこの話は夢物語としか考えられず、なかには笑う者もいた。そこでザビエルはフェルナンデス修道士に、大日如来は神でないから拝んでならないと街頭で言わせることにした。

ザビエルは、教義の異なる九つの宗派、真言宗・天台宗・浄土宗・融通念仏宗・浄土真宗（一向宗）・時宗・法華宗・臨済禅宗・曹洞禅宗があるが、これらはいずれも世界と霊魂の創造を説いてはいないと見る。[14] ザビエルはそもそもアジアに来る以前ポルトガル王と意見を交わした際に、インドの人たちといえども、わたしたち同様に主にならってかたどられ、主の大いなる愛によってあがなわれた被造物であることを確認し合っていた。[15] これは『創世記』やパウロ書簡などのもっとも重要な教えである。日本人にもキリスト教のこの真理は該当しよう。

にもかかわらず、人間霊魂の本性に対する理解は進まず、対立だけが浮び上がる。前述のように、霊魂不滅の教義は一五一二年からのローマ・ラテラノ公会議で教会のドグマと化していた。親しい間柄となった、曹洞宗禅僧忍室文勝とのあいだで霊魂不滅論を戦わすが、議論は噛み合わない。[16] 肉体とともに滅びるのか、それとも霊魂だけは不滅なのか、僧侶たちは定見がないと判断される。それでも忍室にザビエルらは大きな印象を与える。幸田成友は書いている――「白刃一閃して身首所を異にした時、何が残るかといふ問に対し、肉体とともに霊魂も亡ぶと答へるのが禅家最初の問答である位故、ザビ《マ》エ《マ》ーの口にする霊魂不滅説は特に忍室をして頭を悩ましめたに相違ない。[17]」福昌寺は島津氏の菩提寺であり、忍室はその十五代住持の高僧として名高かった。[18] 同寺は彼の代の天文十五年（一五四六年）、後奈良天皇の勅願寺となっていた。

僧侶たちの定見のなさについて言うと、ヴァリニャーノが一五八三年にコチンで著わした『日本巡察記（日本諸事要録）』に、つぎのような一文があり、霊魂をめぐって仏教批判が展開されている。長いが、厭わず引用しておきたい。「釈迦は賢明であったので、みずから企図するところをもっともよく達成するために、その教義を種々に解釈できるように説いた。（すなわち）その教説によると、われらの霊魂や来世の問題に関しては、一方では、救済されたり罰せられたりする霊魂が存在し、人間が各自の行為によって称賛され、あるいは苦難を科せられる来世が存在するようにも思われるし、他方では、一切のものは現世限りで消滅し、人間には来世がなくかれの述べている人間の悲喜哀歓はこの世だけで終了するようにも思われる。かれが語るところによると、霊魂は阿弥陀そのものにほかならず、あるいはその実体から生じたものであり、霊は一肉体から他の肉体へと移転しながら、あまたの地獄や苦難を経て、ついには「悟り」に……達し、万物はその根元である阿弥陀から生じ、万物は阿弥陀そのものにほかならず、終末にはこれに還元することを理解し、この時に人間は法悦と極楽を得るに至ると言うのである。……最後に釈迦はかれ自身について、かれも阿弥陀と同一物に帰したと言っている。[19]」

さらに章の末尾で述べる。「……かれら（仏僧）は、阿弥陀や釈迦が、ひとびとに対していかに大いなる慈愛を示したかを強調し、（人間の）救済は容易なことであるとし、いかに罪を犯そうとも、阿弥陀や釈迦の名を唱え、その功徳を確信しさえすれば、その罪はことごとく浄められる。したがってその他の贖罪（行為）等はならする必要がない。それに阿弥陀や釈迦が人間のために行った贖罪を侮辱することになると説いている。」ヴァリニャーノはここで当然のように、教会の善行を否定した宗教改革者マルティン・ルターの説を思い起こしている。「外面では霊魂の救済があることを民衆に説きながら、仏僧たちの大部分はその胸中で、来世はなく、万物はこの世限りで終わるものと決め、そう信じている。[20]」

ザビエルに戻ると、かれは日本に来る前、アジア宗教との対決をとおしてインドのバラモン僧とも類似の議論を交わしている。そこでは、人間の霊魂が理性のない動物と同じく肉体とともに滅び去るのか否か、かれらが訊ねたとある。これに対しザビエルは、完全に霊魂不滅を相手に納得させえたと喜んでいる。霊魂不滅はルネサンスにおいて活発な議論が行われた、きわめて現実的な論題であり、キリスト教的な救済倫理や人間の尊厳性とも深く関連していた。ザビエルは、粗野なバラモン僧たちを説得するためにスコラの精妙な方法は用いず、神がかれらの理解力に適した説明法を示してくれたと述べている。[21] これと同一の方法が忍室には通じなかったのであろうか。ルネサンス思想の見地からみると、バラモン僧の別の問いはたいへん理解しやすい。人間が死ぬ時、霊魂がどこから出ていくのかという疑問は、霊魂不滅がもっとも議論された町のひとつフィレンツェでも、ある著作家が発した質問であった。[22] 時に、それを強力に主張したマルシリオ・フィチーノは揶揄の対象になったりした。また、夢のなかで遠方の友人や知己に会う体験を引きながら、インド僧は、霊魂が肉体を離れて実際にかれらのもとに行っているのか、と訊いている。この夢の議論はしばしば、肉体と無関係に霊魂が活動する事例として引かれ、霊魂不滅を支持する論拠となるものであった。ザビエルもまた、このような体験をしているキリスト者として、余裕をもってバラモン僧の質問を受けとめているようだ。

輪廻思想を信じる日本の仏教徒には、キリスト教的霊魂不滅論はけして理解できないであろう。転生を主張する宗教と、身体もまた常に霊魂同様に同一を強調する宗教との間の溝は深い。後年、ロドリーゲスは『日本教会史』のなかで、弥次郎（アンジロウ）の苦悩は輪廻を説く宗教、釈迦の宗派では解決されないほど深かったという。「学者（仏僧を指す）たちは、粗野で無知な民衆に対して、表面では極楽や地獄があるとか、霊魂がいろいろなものに移り住むとか言っているが、かれら学者たちは、心のなかでそれらのことをすべて虚偽の、空想的なものので、単に民衆を安心させ、かれらを悪に走らせないための手段としてだけ考えているのであって、神の摂理や霊魂の不滅、したがってまた善と悪の報いも、まったくこの世に存在しないとしているのである。[23]」これは先刻のヴァリニャーノと同一の見解である。

イエスの受難は、ザビエルによると日本人に感動を与えずにはおかなかったが、啓示宗教的側面にはかれらはとてもついていけなかった。ザビエルもまた、これを神理解に至るもっとも困難な障害と考えている。そこでザビエルは自然法的思考を導入してくる。教示されなくとも、人間なら誰の心にも神の十誡が了解されているというものである。(24)「ナッウラ（自然）の法」の考え方に関しては、海老沢有道の「武士道と切支丹との倫理思想的交渉」で指摘されているが、これは人間の性善説に立つ議論であろう。おそらくザビエルは暗黙のうちに神による人間の創造を前提にし、そこから人間の本来的善を導いているのであろう。ザビエルは明らかに行動の人であったが、かれの書き残した書簡からは、時代ならではの思想問題が浮上し、興味が尽きない。(25)

霊魂不滅については、フロイスの『日本史』のなかに、トーレス師とフェルナンデス修道士の両人が、山口で仏教徒と交わした議論（ザビエルあて書簡）が収録されていて、異なる角度からの発言として聞くことができる。なおトーレスはザビエルに呼ばれて、一五五一年九月一〇日に平戸からこの地にやってきていた。(26)キリスト教徒は釈迦がなぜ八千回も生まれたのかなどと質問をし、相手の非合理性をついたと語る。ところが陶晴賢の反乱が起こり、宗論どころではなくなったのだが、フェルナンデスはザビエルに霊魂をめぐる議論があったことを報告する。それによると、日本人に対し、世界が神の意志と言葉から、そして霊魂が神の意志から創造され、われわれの肉体のように材料を必要としなかったこと、霊魂は色も形もないこと、つまり物質的でないこと、善人の霊魂は肉体の死後、浄化を必要としなければ神を見ることができるが、善人といえども、その霊魂が現世で肉体に固定されているかぎり、神を見ることはできないことなどが主張された。

そのほか、悪や悪魔、自由意志の問題などが論じられ、当時の日本人もわれわれ同様、同じ疑問を持っていたことがわかる。またキリスト教徒側はその論理に従って、死者の霊魂が戻ってくる盂蘭盆の慣習を否定し、かれらを誤謬から救おうと試みている。また別の日本人が、デウスが宇宙を創造した当初からこの国に来て、教えが広まるようにどうしてしなかったのか、と質問を投げた。これに対しては、先のザビエルの自然法的思考を使って、デウスの十誡は人間である限り、山中で育ってもその知性に刻まれており、人々は真理をわきまえていると答えている。(27)

五　ロレンソと日乗の宗論

フロイスの『日本史』にはザビエルの頃だけでなく、フロイス自身の頃にあった、霊魂が不滅か否かの、決定的論題が含まれていて、注目される。まず、織田信長との関連でかれが述べている見解が注目される。それは信長の性格を論じた名高い箇所に現れる。「かれはよき理性と明晰な判断力を有し、神および仏のいっさいの礼拝、尊崇、ならびにあらゆる異教的占卜や迷信的慣習の軽蔑者であった。形だけは当初法華宗に属しているような態度を示したが、顕位に就いてのちは尊大にすべての偶像を見下げ、若干の点、禅宗の見解に従い、霊魂の不滅、来世の賞罰などはないと見なした。(28)」フロイスは別の箇所でも、禅宗が来世と霊魂の不滅を否定すると書いている。私が特に注目したいのは、引用文末尾の「霊魂の不滅、来世の賞罰などはないと見なした」という表現である。なぜなら一般的に、現世の善行悪行と来世の賞罰が唯一神により連結されて、霊魂の不滅が要求されるのであり、信長はその関連性を明確に断ち切ったと読めるからである。

これに対し、ヴァリニャーノはその『日本巡察記』で日本人の諸宗教の誤謬を指摘し、「人間の霊魂に賞罰を与える唯一の神の存在を示し、その霊魂が不滅であると証明する(29)」ことを、イエズス会宣教師の重要な課題のひとつとしたのである。そしてフロイスは『ヨーロッパ文化と日本文化（日欧文化比較）』で次のように書く。「われわれは来世の栄光と劫罰、霊魂の不滅を信じている。禅宗の坊主らはこれをすべて否定し、生まれることと死ぬこと以外はなにもないとしている。」[30]それ故、キリスト教の教義を師から弟子に伝える『どちりな きりしたん（カサナテンセ版）』（慶長五年、一六〇〇年、長崎）に、次のようにあるのは当然であったろう。「にんげんはしきしん（色身）ばかりにあらず、はつる事なきアニマ（魂）をもつなり。此アニマはしきしんにいのちをあたへ、たとひしきしんはつちはいになるといふとも此アニマはをはる事なし。ただぜんあくにしたがつて後生のくらくにあづかるもの也。」[31]当時の日本人が霊魂死滅を不可避なものと見なしていたことについては、ヨーロッパの俗人が残した同時代の記録からも窺われる。先述のカルレッティは、一五九八年に長崎からマカオに向かう船――船長は日本女性を母に持つ、ポルトガル国籍の人――で勃発した争いを語る際に、霊魂不滅を信ぜず、ましてや肉体についてはいささかも顧みることなく切腹する日本人の存在を報告している。[32]これは、身体と霊魂の結合を説くキリスト教徒の心身論とは相容れない思想である。カルレッティと同時代人のモンテーニュは『エセー』で書いている。「というのはかれら（キリスト教徒）は、神の裁きがこの肉体と精神の融合と連関を嘉《よみ》し、肉体にも永遠の報いを可能にしたもうことを知っているし、また、神が霊肉をそなえた一体としての人間の行動を見守り、人間が全体として、功罪に応じてあるいは罰を受け、あるいは報いを受けることを望みたもうことを知っているからである。[33]」

われわれは議論の過程で、一六世紀初期のヨーロッパにおいて現世での善行悪行に応じた、来世での報いと罰を否定するピエトロ・ポンポナッツィ（一四六二―一五二五年）の理論を想起したくなる。かれはパドヴァなど北イタリアの諸大学で教えたことのある、第一線のアリストテレス派哲学者で、善をなすには報酬を必要とせず、もしもそれを期待して行うのであれば、それはもはや善に値しなくなるのであった。もっともポンポナッツィは、信長のように宗教に敵対的な態度を取らずに、アリストテレス哲学に基づけば、霊魂の不滅は成り立たないと考えたのである。ポンポナッツィはまた奇蹟などの超自然現象に懐疑的で、パドヴァ学派の経験的傾向を如実に示している。

ヴァリニャーノは、そのパドヴァ大学の出身である。かれがザビエルの奇蹟などを盲目的に受けいれたりしないのは、パドヴァ・アリストテレス主義の影響のためかもしれない。ここで私は、次のような事実のために、北イタリアにおけるアリストテレス主義の合理的側面をことさら強調したくはない。ポンポナッツィの優れた弟子の一人に、スペイン出身で、神聖ローマ帝国の皇帝カール五世と全盛期スペインの国王フェリーペ二世関連の歴史叙述を著わした、フワン・ヒネス・デ・セプルベダがいた。このセプルベダが新大陸のインディオ擁護で知られる、同国の聖職者ラス・カサスと激論を戦わすことになるのは、前者が依拠した、アリストテレス思想に基づく先天的奴隷説の故であったからである。[34]

さて、信長を前にしての非常に有名な霊魂の問題と言えば、永禄一二年（一五六九年）、日乗上人と日本人のロレンソ修道士とのあいだで戦わされた議論をおいてしかないであろう。この議論は、これまで述べてきた問題にすべて関わっており、たいへん重要である。

元琵琶法師ロレンソは大永六年（一五二六年）肥前白石に生まれ、山口でザビエルから洗礼を受けていた。「かれ（ロレンソ）が日本語の天才で大いなる才能を有し、しかも経験豊かで、デウスの事並びに日本の宗教を理解する点で誰も及ばなかったとは、一五五九年一一月一日付け豊後発の書簡で、（バルタザル・）ガゴの激賞するところである」と、土井忠生は書いている。[35] ザビエルの命を受けてインドから来日（一五五二年）したガゴは、フェルナンデスと行動をともにしながら府内布教の基礎固めをした人物であった。その府内に滞在して、ガゴらとともに宗教専門用語に心を砕いたのが、一五五六年視察のために来日した管区長メルティオル・ヌネスであった。ヌネスはこの時、ザビエルの『公教要理』に代わる大部な書（『二十五箇条』）をポルトガル語で著わしたが、この邦訳はロレンソの手になった。

一方、朝山日乗は信長の側近であり、キリスト教徒に敵愾心を抱いていた。古典となる時代史をいくつも物した田中義成はそのひとつでつぎのように日乗を紹介している。「（皇居）造営奉行たりし日乗は、もと出雲の人にして、朝山郷を領し、世々佐々木氏の幕下たり。俗姓は朝山氏を称し、国を出でて入京し、仏門に入りて日乗と号す。……日乗は、後奈良天皇の御信用きわめて厚く、しばしば皇室の御用を務め、その名のごときも実に天皇の賜いしところなり。[36]」このような日乗にロレンソは論戦を挑んだのである。

京都におけるキリスト教布教活動は、寺社勢力が強いことがあってなかなか信徒が増えなかったが、そのなかにあって信長は、宣教師に寛大な態度を崩さなかった。その信長がフロイスとロレンソに、日本の神や仏を尊宗する気があるかどうかと訊ねたところ、かれらは、神や仏は自分たちと同じ人間で妻子があり、死すべき者で死から解放されえないから、人類の救済は不可能である、と答えている。かれらから「日本のデモステネス（古代ギリシャの雄弁家）」と言われたり、「日本の反キリスト、肉体に宿った悪魔」とも酷評されたりしている日乗は信長に、かれらが自分に向かってその説を展開するよう命令してほしいと頼む。そこで信長はこれを良いことと考え、ロレンソに教えを説くように命じた。このとき三百人くらいが部屋にいた。[37] このなかには後に豊臣姓を名乗る秀吉もいた。

ロレンソ修道士が、日本の八宗、九宗のどれに日乗が属しているのかと訊くと、僧はどれも信奉していないし、知りもしないと答えた。修道士はかれが比叡山で修業したことを知っていたので、なにをそこで師の心海から学んだのかと訊ねたところ、もう忘れたと気のない返事。修道士は仏性についてなにか伺ったことがあるはずと問い詰めながら、キリスト教でいうところの神や霊魂を問題にしていく。神は色や形を有さず四元素（四大。土・水・火・空気のこと）とは無関係であり、無限の実体と本質からなる。これを肉眼で見ることはできない。それではロレンソの言葉を直接引用しよう。

「そのことを貴僧は、ひとつの譬喩《たとえ》によって容易におわかりになりましょう。すなわち遠い異国からもたらされた、立派で高価な品物においては、それらの品を見るだけで、それらを制作した芸術家が、鋭い才知と立派な理解力の持ち主であることが十分判ります。それと同じく、貴僧が日月星辰の構造や美しさに眼を注ぐならば、そしてこのいとも広大な地球上を見渡し、そして私どもに提示されている、かくも卓越した被造物の多様な様相を見られるならば、貴僧はただちに、その主であり御作者が、無限の知恵と最高に優れた本性を備えた方であり、私たちすべての者の理解力や能力、また私たちの知力の限られた観念を超越する方であることをお認めになるでありましょう。(38)」神が芸術家になぞらえられるのはルネサンスの文献には珍しいことではなく、創造神がつくる被造世界が完璧であることの、いわば常套句である。

ロレンソは続ける。人間はこの被造世界にあって神（デウス）から恩寵を受けているから、神の礼賛を怠ってはならないし、神の仕事を理解し、愛しうる存在であるから、神に仕える義務があるのである。ここで信長が口をはさみ、分別のない者は神を讃えなくともよいであろうと訊く。ロレンソはあらゆる人が神を讃えなくてはならないのだし、理性を授けられなかったのは、悪用を避けるための御配慮からであると答えて、信長を感心させている。苛立つ日乗は、肉眼で見えないものが存在するという思考についていけず、ましてやそれを拝もうとする神経を疑う。信長がこの神が善を賞し、悪を罰するのかと訊ねたので、ロレンソは現世においては一時的に、来世では永遠的にそうすると述べたところ、人が死んだ後に何かが残り、それが賞なり罰なりを受けるとでもいうのかと、僧は大笑いする。

フロイスはここで、かれらの議論におけるロレンソの弁舌を讃え、さすがにイエズス会士になって二十年の年輪を重ねてきたものだと記し、あとはフロイス自身が論を展開する。理性的霊魂が肉体とはまったく無関係な実体であり、肉体の衰えに影響されず、むしろ年齢が増えるにつれ、英知は輝きを増す。理性的霊魂は肉体が無感覚になり、使用されない器のようになれば、ますます自由に活動をなしうるのである。死が訪れても霊魂は破壊されることはないと、古代や中世、ルネサンスのヨーロッパ的霊魂論に基づいて不滅を主張する。そこにはアリストテレスの理論とプラトンの理論の折衷が見られて興味深い。そしてこの霊魂を創造したのは、全能の神であると結ぶ。見事に、ギリシャ哲学の伝統と聖書的・キリスト教的伝統が融合されている。

日乗上人はそれは妄想に過ぎず、死において四大から分離した生命があるなら、見せてもらいたいというと、フロイスは論拠で示したと答えている。これに僧は激昂して信長の刀がある部屋に駆込み、刀を鞘から抜き出して言い放つ。「しからば予は汝の弟子ロレンソをこの刀で殺してやろう。その時、人間にあると汝が申す霊魂を見せよ。」これに対し、信長や側近の者たち——そのひとり、和田惟政はキリスト教徒ではなかったものの、宣教師の活動に理解を示し、支援を怠らなかった——が止めにかかり、かれをはがいじめにした。信長はいう。「日乗、貴様のなせるは悪行なり。仏僧がなすべきは武器をとることにあらず、根拠を挙げて教法を弁護することではないか。」われわれは僧の暴挙に一歩も下がらなかったと、フロイスは証言する。居合せた大勢の人は、キリスト教徒から見れば異教徒であるが、口々に僧の負けを認め合ったと記されている。

これには後日談がある。一七、八年後の天正一四年（一五八六年）三月一六日、ガスパル・コエリュ――この時日本副管区長の要職にあった――、フロイス、ロレンソ、ニッコロ（ニコラオ）らが大阪城に秀吉を訪ねた際に、秀吉はこの時のことを思い出し、急に立ち上がってロレンソの頭に手を加え、この老人が当時の様子を知っている、なぜ黙っているのかと述べたと、フロイス書簡（一五八六年一〇月一七日付、インド管区長ヴァリニャーノあて）にある。よほど朝山日乗が激昂していて、印象が鮮明であったのであろう。雄弁家ロレンソはこの六年後、長崎で死去した。フロイスは大著の一章を同志ロレンソの逝去に捧げている(39)。

おわりに

以上、わが国における「霊魂論」を取りあげてみた。この問題はキリスト教と神道、仏教、そして儒教との出会いを考えるうえで、重要な視点となるものである。類似した事例は、ロレンソ、フロイス対日乗との宗論の翌年一五七〇年、アルメイダが日田の秋月氏の館訪問時の体験をしたためたイエズス会報告書簡に見られる。「その邸はその国の重臣たちでいっぱいでした。かれらはみな禅宗に属していて、霊魂はただちに肉体とともに滅びるとか、来世においては善に対する報い、悪に対する懲罰などはないと信じていますので、わたしたちはかれらのことで七日間非常に苦労しましたが、かれらは霊魂が不滅であることを認めようとはしませんでした。かれらはいろいろ比較したり、自分たちの宗教の原理や信条に基づく理由を挙げて、自分たちの宗教が誤っていないことを証拠立てようとしました。そこでわたしは、かれらがあまりにも頑固なのを見て、この国では収穫が得られないのではないかと何度も心配したほどでした。しかるにわれらの主デウス様はもっとも真理を認識するだけの能力があった人々二十名に光明を授けることを嘉し給いました[40]」。

この書簡を挙げる前に、海老沢は論文「武士道と切支丹との倫理思想的交渉」のなかでつぎのように書いている。長いが厭わず引用したい。「最高の考道としての救霊が、来世観的に把握される根底である霊魂不滅と業報は、仏教も説くところであるが、厭離穢土・欣求浄土が狂態に堕している時、また大多数の武士の宗門であった禅宗思想はことに創造神を認めず、霊魂不滅においても否定的であったので、生死を超克する自力的魅力の一面、一般的にはむしろ生命を賭する者にとって、死後の問題に解決を与えられるのには相当不満を覚えたに違いない。これは倫理的霊魂不滅思想によらなければ解決されなかったであろう。キリシタンがアニマの不滅を論証し、善行による霊魂のパライゾで受ける不退の快楽を説いたことは、当然倫理的にそれが把握されるようになったに違いない。禅者がキリシタンにもっとも多く転向したひとつの理由はこうしたところにもあったであろう。そしてまたキリシタンが不滅を力説したことは、武士の名を惜しむ欲求の成就ともなり、祖先崇拝の基礎づけともなっていることは注目すべきであろう[41]。」

ここでは推論に推論が重ねられているだけでなく、アルメイダの書簡からはこの推論自体が導きだされえないために、立論に無理があると感じられる。霊魂不滅の問題はなにも武士身分だけに関わるのでなく、異なった宗教間の考え方の相違、歴史的背景の違いに基づいているのであり、身分を越えた問題であった。

永禄八年頃加賀に生まれ、慶長一一、一二年の頃に棄教した元イエズス会士イルマン、不干斉ハビアン（一五六五年頃―一六二一年）の『妙貞問答』およびこれに相反する『破提宇子』は、文化の出会いの深刻さを証していよう。最近、ハビアンへの関心が高まり、著者それぞれの視点から彼に迫ろうとしている。僧侶たる釈徹宗もカトリック信徒たる梶田叡一も自らの現代ハビアン像を語り、どの程度、歴史的に彼を捉えきっているのか、疑義が残る[42]。

またかれらが期せずして挙げる先行書はイザヤ・ベンダサン『日本教徒』である。(43)確かに、『日本教徒』は、『ハビアン抄 キリシタン版平家物語』からハビアン思想を読み解こうとする点で、ユニークであろう。(44)キリシタン史の専門家として井手勝美の業績も忘れてはいけないであろう。井手はトインビーの文明史観からの影響を示しつつ、日本（宗教）文化とキリスト教文明の出会いを検討する。ハビアンの信仰問題もそのなかで捉えられるであろう。(45)私自身はこのハビアンがルネサンス時代のヒューマニストであったという観点から国際学会で発表したり、紀要に書いたりしているが、(46)まだ研究の道半ばの状態にすぎない。ただかれがあの時代を知るための格好の人物であることはまちがいないであろう。

註

（1）村山修一『安土桃山時代の公家と京都――西洞院時慶の日記にみる世相』塙書房、八〇―一一二頁（附篇 吉田兼倶と唯一宗源神道の成立）。「キリシタンの世紀」における神道との思想交流については、小山悳子「キリシタン宗門と吉田神道の接点――「天道」という語をめぐって」、『キリシタン研究』第二〇輯、一九八〇年、二二五―五七頁。なお古典的叙述は、村岡典嗣『神道史』日本思想史研究第一巻、創文社、一九七四年、六五―七二頁。

（2）『イエズス会会憲 付会憲補足規定』イエズス会日本管区編訳、南窓社、二〇一一年。

（3）Georg Schurhammer, *Franz Xaver : sein Leben und seine Zeit*, Freiburg, 1955-1971, 3 Bde : 1. Bd. Europa, 1506-1541. Georg Schurhammer, *Francis Xavier : his Life, his Times* , translated by M. Joseph Costello, Rome: Jesuit Historical Institute, 1973-82, 4 vols.: v. 1. Europe, 1506-1541 この第一巻、第三書第六章。

（4）根占献一「コロンナ、ミケランジェロ、ポントルモ――時代と向き合う芸術家たち」、『学習院女子大学紀要』第一三号（二〇一一年）、一三一―四五頁。根占「ルネサンス文化と改革期のローマ――一五・一六世紀イタリアの教会と世界」、『中近世ヨーロッパの宗教と政治――キリスト教世界の統一性と多元性』甚野尚志、踊共二編、ミネルヴァ書房、二〇一四年、一三二―五七頁、所収。

（5）Guy Bedouelle, *Lefèvre d'Étaples et l'intelligence des Écritures*, Genève, 1978, 126-132.

（6）Schurhammer, *Das kirchliche Sprachproblem in der japanischen Jesuitenmission des 16. und 17. Jahrhunderts*, Tokyo, 1928, pp.27-33. 小堀桂一郎『日本に於ける理性の傳統』中央公論新社、二〇〇七年、二一七―一九頁。

（7）G. Santinello, 'Materia prima' e Lefèvre d'Étaples, in Id., *Studi sull'umanesimo europeo. Cusano e Petrarca. Lefèvre, Erasmo, Colet, Moro*, Padova, 1969, 43-73.

（8）岸野久「仏キ論争――初期キリシタン宣教師の仏教理解と論破」（『ザビエルと日本――キリシタン開教期の研究』吉川弘文館、一九九八年、第一一章）で「マテリア・プリマ」、第一質料をめぐる問題は、私のヨーロッパ文化理解とは距離がある。二〇〇〇年七月立教大学で開催されたシンポジウムで、岸野氏がこのテーマで発表もされたので質問もさせていただいた。宣教師たちの仏教理解の進行具合を史料に即して明らかにされようとしているが、次の点はいかがであろうか。私見では、ルイス・フロイス『日本史』の記述自体がすでにヨーロッパ的レトリックの産物であるから、日本人との質疑応答、対話――時には登場人物の演説、説教を含めて――が創作されていることは当然である。フロイスにはしかし今日の創作意識はなく、現場を最適切な臨場感に浸らせたかったのであろう。また、「マテリア・プリマ」がザビエルのような知識人にとり自家薬籠中の術語であることを勘案するなら、ザビエルが論争に際し、これを用いたか否かは別にして、フロイスを始め、ほかの人たちがこの用語をザビエルに言わせるのは、レトリック上はなんら問題はないであろう。したがって、『日本史』の「大日」をめぐる論争記述には「作為やら脚色」やらが見られるから、「このままの形では史実としては認め」難く、「フロイスの記述を考慮外に置く」という判断は理解に苦しむ。ヨーロッパ側は自分たちの専門用語で仏を理解し、それを歴史記述としてレトリックの枠に収めたのである。さらには、この時代の宣教師書簡にしてもレトリックからの検討が必要であろう。書簡作成もレトリックの範疇にあったからである。「マテリア・プリマ」問題のもう一つの視点は、ザビエル以下の宣教師の、アリストテレス哲学に基づくスコラ神学との関連である。すべての宣教師が、この用語使用に見られるごとく判で押したように同一の思想傾向を持っていたわけではなかろう。なかには、たとえば（新）プラトン主義者に、あるいはプラトン、プロティノスなどに影響された人もいたであろう。そうなると、自ずから神・仏解釈も違ってこよう。「大日」を、言葉こそ違え、デウス（神）と同一とザビエルが当初見なしていたなら、彼の思考法は、本書第一章で述べたポステルやピーコなどと類似していることになる。

（9）ジョアン・ロドリーゲス『日本教会史』多数訳、大航海時代叢書七、岩波書店、一九七〇年、二二七頁。

（10）ロドリーゲス、同書、二五一頁。
（11）ロドリーゲス、同書、二五九頁。
（12）モンテーニュ『エセー』（三）、原二郎訳、岩波書店、一九七四年、二六三―六四頁（II,12）。
（13）P. Luis Frois, S. J., *Historia de Japam.* Edicao anotada por Jose Wicki, S. J., 1976, pp.40-41.『完訳フロイス日本史』6　大友宗麟篇I、中央公論新社、二〇〇〇年、五二―五三頁。
（14）『聖フランシスコ・ザビエル全書簡』河野純徳訳、一九九四年、三、一八七―八八頁（書簡第九六）。
（15）『聖フランシスコ・ザビエル全書簡』一、九三頁（書簡第一一）。
（16）Frois, *Historia de Japam*, I, 26-27.『完訳フロイス日本史』6　三八―四〇頁。
（17）幸田成友「鹿児島の耶蘇教徒」、『幸田成友著作集』中央公論社、一九七一年、第三巻、三六六―七四頁、特に三六八頁。根占献一『東西ルネサンスの邂逅――南蛮と禰寝氏の歴史的世界を求めて』東信堂、一九九八年、一〇七頁、に引用。本章の（四）「霊魂不滅論」以下は同書の叙述に負い、ここでは必要な注を施した。かれこれ二十年ほど前の小著だが、若い世代に読みつがれていることを知る機会も増えている。
（18）意見の対立はあったとはいえ、キリスト教宣教師と禅僧の友愛としても語られるのであるが、他にも目立つ一例がある。オルファネール『日本キリシタン教会史　一六〇二―一六二〇年』井手勝美訳、ホセ・デルガド・ガルシア註、雄松堂書店、七七―七八頁、参照。
（19）ヴァリニャーノ『日本巡察記（日本諸事要録）』東洋文庫二二九、松田毅一ほか訳、平凡社、一九七三年、二八―二九頁（第三章）。
（20）ヴァリニャーノ、同書、三一頁。
（21）『聖フランシスコ・ザビエル全書簡』一、一九一―九二頁（書簡第二〇）。
（22）Raymond Marcel, *Marsile Ficin (1433-1499)*, Paris, 1958, p.430.
（23）ロドリーゲス『日本教会史』二九七頁。
（24）『聖フランシスコ・ザビエル全書簡』三、一八七―八八頁（書簡第九六）。
（25）根占『東西ルネサンスの邂逅』一一一頁。

（26） 布教地としての山口の重要性とその史的変遷に関しては、Ernest Satow, Vicissitudes of the Church at Yamaguchi from 1550 to 1586, [Yokohama, s. n., 1879], pp.131-156, Reprint from *The Transactions of the Asiatic Society of Japan*. Johannes Laures, St. Francis Xavier at Yamaguchi, in *Contemporary Japan: A Review of Japanese Affairs*, July-Dec., 1948, The Foreign Affairs Association of Japan, 1949, pp.264-81.

（27） Frois, *Historia de Japam*, I, pp.51-57.『完訳フロイス日本史』6、六八—八一頁。*Die Disputationen des P. Cosme de Torres S.J. mit den Buddhisten in Yamaguchi im Jahre 1551* : nach den Briefen des P. Torres und dem Protokoll seines Dolmetschers Br. Juan Fernandez S.J. / von Georg Schurhammer, Tokyo,: Deutsche Gesellschaft für Natur- u. Völkerkunde Ostasiens, 1929. これには重要な邦訳がある。シュールハンマー『山口の討論——一五五一年、イエズス会士コスメ・デ・トレスと仏教徒との』シュワーデ校閲、神尾庄司訳、新生社、一九六四年。

（28） Frois, *Historia de Japam*, II, p.240.『完訳フロイス日本史』２ 織田信長篇Ⅱ、一〇一頁。

（29） ヴァリニャーノ『日本巡察記』七四頁（第一一章）。

（30） フロイス『日欧文化比較』岡田章雄訳注、岩波書店、一九九九年、七五頁。

（31）『長崎版どちりなきりしたん』海老沢有道校注、岩波書店、二〇〇〇（一九五〇）年、一六頁。

（32） *My Voyage around the World by Francesco Carletti, a 16th Century Floretine Merchant*, translated from the Italian by Herbert Weinstock, New York, 1964, pp.136,138. なおカルレッティは日本を出たあと、同郷（フィレンツェ）のオラツィオ・ネレッティにマカオで再会している。カルレッティは父親のアントニオを喪ったばかりだったが、ネレッティはフィリッポ・サッセッティを喪って一〇年が経過していた。サッセッティについては第一章を参照。*Ibid*., pp.142-43.

（33） モンテーニュ『エセー』（四）、七四頁（II,17）。

（34） ルイス・ハンケ『アリストテレスとアメリカ・インディアン』岩波書店、一九七四年。

（35） 根占『東西ルネサンスの邂逅』一一四—一一五頁。

（36） 田中義成『織田時代史』講談社学術文庫、一九八〇年、五五頁。

（37） Frois, *Historia de Japam*, II, pp.282-91.『完訳フロイス日本史』２ 一六二—七七頁、に「日乗と司祭の宗論」として訳出されている。

（38）Frois, *Historia de Japam*, II, pp.284-85.『完訳フロイス日本史』2　同上、一六六頁。
（39）根占『東西ルネサンスの邂逅』一一八頁。
（40）Frois, *Historia de Japam*, II, p.338.『完訳フロイス日本史』7　大友宗麟篇Ⅱ、七二頁。
（41）根占『東西ルネサンスの邂逅』一一九頁。
（42）『不干斎ハビアン――神も仏も棄てた宗教者』新潮社、二〇一一年四刷。『不干斎ハビアンの思想』創元社、二〇一四年。
（43）イザヤ・ベンダサン『日本教徒』山本七平訳編、文藝春秋、一九九七年。『日本教徒』は最初、雑誌『野生時代』（一九七四年）に連載され、のちに角川書店から単行本で出た。これが一九七六年である。
（44）坂元正義『日本キリシタンの聖と俗――背教者ファビアンとその時代』名著刊行会、一九八一年、第二章で、山本七平（イザヤ・ベンダサン）までの研究を明らかにしている。Oskar Mayer, *Zur Genesis neuzeitlicher Religionskritik in Japan. Fukansai Fabian, Japanismus und japanisches Christentum*, Frankfurt a. M., 1985, も山本七平（イザヤ・ベンダサン）からの影響が大きい本といえるだろう。
（45）井手勝美『キリシタン思想史研究序説――日本人のキリスト教受容』ぺりかん社、一九九五年。
（46）第一章参照。

第五章　パドヴァ大学の伝統と霊魂不滅の問題
――一六世紀世界における宗教と哲学思想――

はじめに

前章において、キリスト教が日本に伝わるや、霊魂不滅、不死をめぐる議論が起こったことを明らかにした。この議論の元は当然不滅説を伝えたヨーロッパ側にあった。本章ではこの議論の始まりとなり、また中心となったイタリアの事情とその経緯を考察する。そのために、第一に一五世紀後期のイタリアの知的状況を、第二に一六世紀初めのラテラノ公会議の内容を、第三にいわゆる宗教改革以後のヨーロッパの一文献を、最後の第四に一六世紀末の日本での一文献を、この霊魂不滅の問題との関連でそれぞれ検討し、それが世界的問題であったことを確認したい。

一　ピエトロ・バロッツィとマルシリオ・フィチーノ

一四八九年五月四日、パドヴァの司教[1]ピエトロ・バロッツィ（一四四一―一五〇七年）は、この地の審問官マルティヌス（マルティーノ）・デ・レンディナラと協力して、パドヴァ大学の哲学教員とその学生に向けて、「知性単一説を論ずる者たちに反対する布告」（*Edictum contra disputantes de unitate intellectus*）を出すことで、知性単一論者たちに警告を発した。同論者たちは哲学上、個々人の霊魂不滅を否定する傾向があった。布告によると、その説は徳への超自然的報いと悪徳のもたらす苦しみを除去し、人々に最大の悪事さえ難なく行っても良いと思わせるものであった。それゆえ、司教と審問官は知性単一に関する公開討論を禁じるとした。いかなる者も公に「賢いが邪悪なアヴェロエスの解釈によれば、アリストテレスの理論」と称することで、その立場を論じてはならないだろう、と結んだ(2)。

パドヴァは自由を掲げるヴェネツィア共和国の大学町として知られていた。著名な大学人としてニコレット・ヴェルニア、アゴスティーノ・ニーフォらを輩出し、西欧世界におけるアリストテレス哲学研究の一大中心地であった(3)。

先の布告は、大学で不定期に行われる公開討論の場で知性単一と霊魂不死を論ずることを禁じたものであり、通常の講義を行う者にこれを禁止するとしたわけではなかった。実は、バロッツィは公開論争だけでなく、こちらの授業形態にも不満を持っていた。同共和国元老院あて書簡（一五〇四年二月二三日付け）から、「スコトゥスの道に従う神学の授業（lectura. スコティスト派の神学講座）」では、「世界の永遠性、知性単一説、無からは無が生じることについて」（de eternitate mundi, de unitate intellectus, et de hoc quod de nihilo nihil fiat）が当然のように主張されているとして、現実を嘆いていることが読み取れる(4)。

ドミニコ派が一四四一年にパドヴァ大学教養部にトマス・アクィナスの講座を得たのに続いて、フランチェスコ派は一四七一年にドゥンス・スコトゥスの講座を獲得した。先の禁令布告の協力者マルティヌスはフランチェスコ派であった。バロッツィはパドヴァのスコトゥス派神学者たちに惹かれていた反面、先の書簡では彼らの思想的傾向を批判的に見ている。フランチェスコ派の間でスコトゥスは一四世紀半ば以降に神学の第一位の博士として、これ以前に権威を有していた聖ボナヴェントゥーラとともに受容された(5)。

ところで、ラテンのアヴェロエス主義者たちが主張したように、霊魂不死に寄せる自分の信念を主張する際、哲学が個人の不死を拒み、証明することができないと述べることは異端ではなかった。哲学が霊魂不死を証明できることをスコトゥスは疑い、ウイリアム・オブ・オッカムは否定した。ドミニコ派修道会総長でもあり、枢機卿（一五一七年）ともなるトンマーゾ・デ・ヴィオ（カイエタヌス）（一四六八―一五三四年）は、アリストテレスの『霊魂論』注釈（一五〇九年）で、アリストテレスのこのプシュケーの学に従うなら、霊魂は死すべきものと結論づけた。アリストテレス『霊魂論』第三巻第四、五章はその曖昧な表現ゆえに、古代からルネサンスまで数々の学者、注釈者を悩ましてきた箇所であった(6)。

バロッツィの死後作成されたその蔵書目録からは、彼がボナヴェントゥーラのような、より古い世代のフランチェスコ派の神学者たちや、トマスを好んでいたように映ずる。彼らは期せずして、スコトゥスに反して、霊魂不死は証明可能とした。蔵書で注目されるのは、マルシリオ・フィチーノ（一四三三―九九年）の数々の著書であり、プラトンやプロティノスの訳書である(7)。プラトン主義の伝統では、根本的に霊魂は不滅であった。

私はことあるごとに、ルネサンス・プラトニズムをヒューマニズムから区別しながら、イタリア・ルネサンスの文化や思想を考えてきた。フィチーノに代表されるプラトン主義運動は、ヒューマニズム運動の継続の一面もあるが、他方で異なった内容の文化段階を示している。この哲学文化は明らかに文学文化とは質を違えている。フィチーノ以前のヒューマニストたちは、反アヴェロエスの言説活動は取らなかった。例外はペトラルカくらいであろうが、その影響は彼の詩作と比較すれば、小さい。アヴェロエス説を格別の批判の的にしたのは、まさにバロッツィが愛読したと覚しきフィチーノであった。その主著『プラトン神学――霊魂不滅論』（*Theologia Platonica de immortalitate animorum*, 一四八二年）にはアヴェロエス批判を展開する巻が含まれている。この一〇年後、一四九二年に刊行されたプロティノス翻訳序文では、フィチーノは明確に、パドヴァ大学に偏向する、同時代のアリストテレス主義者を非難した。(8) 彼らが皆、個人の霊魂不滅を否定するアヴェロエス主義者か、アプロディシアスのアレクサンドロスに従う者たちだったからであった。

二　第五ラテラノ公会議

このような文化的・思想的転換が次世紀初めのラテラノ公会議に結実するのであろう。一六世紀の一〇年代の同公会議の教書（constitutio）には、「信徒たちによって常に峻拒されてきた、特に理性的霊魂（anima rationalis）の本性、それが死すべきものである、あるいはすべての人間にそれが唯一であるという、きわめて有害な誤り、毒麦を主の耕地に蒔く者があり、（そのなかの）ある者は哲学者気取りで、この命題は哲学に従えば、真理であると見なしている。(9)」、と。ここには、イスラムの哲学者アヴェロエスや知性単一論者の説と所謂二重真理説が示唆されている。

続けて、ラテラノ教書は、ヴィエンヌの普遍公会議と、その時のローマ教皇クレメンス五世の名を挙げながら言う。「同会議で宣言された規定（canon）では、知性的霊魂（anima intellectiva）は、まことにそれ自身でおよび本質的に（vere per se et essentialiter）人間の身体の形相として存在するだけでなく、不滅である。さらに、数多の数の身体にそれがひとつずつ（singulariter）注入されて、それは多数化され、またそうされるべきなのである。これが明確に福音から確定されるのは、主が〈かれらは霊魂を殺すことはできない〉〔マタイオス（マテオ）一〇章二八節〕、また別のところでこの世で自らの霊魂（anima）を憎む者は永遠の生（vita）ではこれを保つ〔ヨハンネス（ヨハネ）一二章二五節。共同訳では〈この世で自分の命を顧みない人は、それを保って永遠の生命に至る〉〕と言われるときである。また、永遠の褒賞、そして永遠の罰を生の価値に応じて判断すると、主が約束されるときなのである〔マタイオス二五章四六節〕。そうでなければ、化肉とキリスト教の他の奥義がわれわれにはなんのためにもならず、復活は期待されえないこととなり、かつ、聖人と義人は（使徒〔大文字で表され、パウロを指す〕に従って）、〈あらゆる人間のうちこれ以上の惨めな者〉〔コリントの信徒への手紙Ⅰ、一五章一九節〕はいないということになるだろう。」[10]、と。

先のヴィエンヌの公会議の「霊魂は肉体の形相である」[11]という規定と同様、聖書的・キリスト教的伝統には見出し難い「霊魂自体の不死」は、ルネサンス期に高まったこの可否をめぐる議論と無関係ではないだろう。つまり、フィチーノの『プラトン神学』に見られるような、その強調の風潮と大いに関連があるであろう。ルネサンス哲学思想の優れた研究者のひとり、ジョヴァンニ・ディ・ナポリ師はその大著『ルネサンスにおける霊魂不滅』で、このプラトン主義の隆盛と、今見た一五一三年の教皇レオ一〇世の教書「アポストリキ・レギミニス」（Apostolici regiminis）を関連づけた。[12] 霊魂不滅説のルネサンス的強化がローマ教会に影響を及ぼして、一六紀初めに霊魂不滅が信仰箇条になったことは、この時代のプラトン主義復興の反映と言えるであろう。霊魂不滅論のスンマというべき『プラトン神学』中の第一五巻は、「不敬虔な」アヴェロエスに対する反駁となっている。フィチーノはトマス同様に、信仰の理性的解釈は可能であり、また時代的にそれが求められていると考えていた。興味深いことに、教令には、先述のトンマーゾ・デ・ヴィオとベルガモ司教ニッコロ・リッポマーノが、哲学は神学的立場に拘束されてはならないという理由から反対票を投じた。

三　ピエトロ・ポンポナッツィとイタリアの大学

引用には名指しされていないものの、パドヴァなど、北イタリアの諸大学で教えたアリストテレス主義者、マントヴァ出身のピエトロ・ポンポナッツィ（一四六二―一五二五年）と彼の思想が批判され、否定されていると見ることができる。この教令発布以前の一六世紀初頭から、ポンポナッツィは大学で霊魂の不滅がアリストテレス哲学に基づく理性的方法では断言できない、と講義していた。そして一五一六年には『霊魂不滅論』（*De immortalitate animae*）(13)を世に出した。これはもちろん教皇教書に賛成して執筆したわけでなく、公刊後、多くの批判書が印刷に付された。それは題名からして間違っている、あるいは彼は霊魂の可死を説いている、という者もあれば、また彼をその不敬虔ゆえに異端審問にかけるべきだと主張する者も現れた。これにはポンポナッツィも別の二書をもって応えた。

このポンポナッツィの学的活動を知るには、先ずアルプス以北の大学、特にパリ大学とは異なる当地の大学の実態を知っておかねばならない。ここでは、学芸学部（教養部）が目的の異なる神学部に抗して、哲学の権利を主張する必要はなかった。パドヴァを始め、ボローニャ、マントヴァ、フェッラーラ――彼が教えた諸大学であった――などは、法律と学芸・医学だけの学部で、独立した神学部は存在していなかった(14)。このため哲学は宗教、キリスト教のことを顧慮することなく、純粋に理性に基づく哲学的議論が可能であった。霊魂不滅の問題も、アリストテレス思想を究めることで、彼は信仰から切り離された同哲学の霊魂観を語ることができた。そして、イタリアのそれらの大学の場合、教養部は医学部と関連していたために、アリストテレスの霊魂が自然主義的に語られることが多かった。

このような大学の伝統はイタリアでは長く残り、一七世紀まで辿ることができる。チェーザレ・クレモニーニ（一五五〇―一六三一年）はその代表格である。彼は、ローマ・カトリック教会の権力とラテラノ教書の権威、それに旭日の勢いのイエズス会に屈せず、神学と異なる哲学の領域を守り、アリストテレスに基づく合理的思考の立場を擁護した。これがイタリア、特にパドヴァ大学の伝統であり、大学関係者も彼を支持した。またヴェネツィア共和国も彼に高い評価を与え、事あれば彼を擁護した。(15) その教書も、霊魂の死滅性、あるいは単一性、世界の永遠性などの誤った考えを、大学やその他で公に講義する（omnibus et singulis in universitatibus studiorum generalium, et alibi publice legentibus）哲学者がいれば、それに反論し、できるだけ説得力ある論拠でキリスト教の真理を教えるよう、同じく哲学者に求めているのであって、(16) 教授してはならないとは言っていない。

ポンポナッツィ思想はその根本にアリストテレス哲学を有するものの、生前の見返りとしての、死後の、ゲーテの言う「正と善」をキリスト教的な考え方から求めていない点で、ストア派の影響の大きい、人文主義的な、まさにルネサンス的な思惟であった。(17) 果たして、彼が大学人として中立的・科学的立場で霊魂が不死か否かを論じたのか、そしてそれが立場の曖昧さゆえにいわゆる「中立的犯罪」（crimen neutralitatis）となるのかどうか、探究を進めなくてはならない。研究者マルティン・L・パインはその力作『ピエトロ・ポンポナッツィ――ルネサンスの急進的哲学者』で、その副題が訴えているように、ポンポナッツィが取った立場は霊魂の滅亡、必滅であったと解釈している。(18)

四　異端者パレアリオとイエズス会士ゴメスにおける霊魂不滅論

この最後の節で、本章冒頭に述べた、第三、第四に言うところの東西の文献を紹介したい。一文献は霊魂が不滅か可滅かの問題が西欧の地域的特色をよく示し、他の文献はこの地域を越える、かなりの普遍性に至る経緯を明らかにする。

先ず、ヨーロッパの一文献とは、一五七〇年に異端として処刑されるアオニオ・パレアリオ（一五〇三―七〇年）作、リヨンで出た『霊魂不滅論』（*De animorum immortalitate libri III*, 1536）である。[19] これは、ポンポナッツィのように霊魂不死を疑っているのでなく、むしろこれを肯定的に捉え、ルクレティウスの『事物の本性（自然論）』（*De rerum natura libri VI*）に反論を加えている。パレアリオの論調は面白いことに、ここではローマ・カトリック教会の立場と異なっていない。ルクレティウスの描く世界には自然論的、原子論的因果関係が貫流し、神の摂理、奇蹟などが入る余地はない。ローマ教会から見ると、キリスト教的世界観と相容れず、認め難い著作の筆頭に位するのが『事物の本性』であった。

キリスト教世界の異端も時代とともに様々であろう。パレアリオは宗教改革以後の世界のなかで、新約聖書の聖パウロのキリスト観に非常に惹かれた人物であった。ローマ・カトリックの体制に沿わず、その権威を受け容れなかったことが、異端とされた理由である。このことは新旧の優れた研究書が教えている。[20] 彼の晩年にはトレント公会議が閉会を迎え、カトリック教会の姿勢はより鮮明になった。

このことは以下に述べる人物に於いても同様で、この公会議から大きな影響を受けた。同公会議の開始以前の一六世紀前半と、断続的に一八年間行われ、終結したあとの同世紀後半では、ヨーロッパは歴然たる変貌を遂げる。その人物とはペドロ・ゴメス（一五三五―一六〇〇年）のことで、『イエズス会日本コレジョの講義要綱Ⅰ』に含まれる彼の著作（編述）[21]が、次に紹介したい文献である。ゴメスは、既に見た一五一三年の教皇教書「アポストリキ・レギミニス」（Apostolici regiminis）の公布以後の高位聖職者（イエズス会日本準［副］管区長）として、日本で霊魂不死をキリスト教の観点から理解してもらう必要性を痛感していた。この教書に関わる公会議の名も講義要綱には見られる。

こうして、霊魂不滅というプラトン的伝統に多くを負う、キリスト教的・ヨーロッパ的主題は、わが国の宗教思想世界にも挑むように登場したのである。フランシスコ・ザビエル来日（一五四九年）以来、イエズス会士たちはゴメスを含めて、肉体とともに霊魂が必滅するとして専ら現世の生のみを重んじる仏教教義に強い異論を唱えてやまなかった。それは、まさにラテラノ教書にある「永遠の褒賞、そして永遠の罰を生の価値に応じて判断すると、主が約束される」ことを反故にする思考法であったからである。ところが、哲学者ポンポナッツィは先にも触れたように、現世での賞罰に応じた「あの世」での神の報償と刑罰に価値を置かない視点を打ち出していた。

おわりに

東西の地域差から生じた文化・習俗の相違のままに世界が一体化するなか、ヨーロッパ側の主張と問題点は、以上見てきた、ルネサンスでの前史を知ることで明瞭となった。霊魂不滅の問題は不滅を信仰の領域で考えるか、それとも大学の「自由」の中で哲学的に議論するかという立場がありえた。

「キリシタンの世紀」の日本で、先ず「東洋の使徒」ザビエルはこの地での大学人との議論を楽しみにしていた。ザビエルの頭の中には僧侶たちが多くいる都だけでなく、遠く坂東の足利学校も訪ねたいところとして入っていた。(22) ザビエルの父はボローニャ大学で学んだ知識人であったものの、息子はパリで長い学徒生活を過ごした。そこはイタリアの大学の知的伝統とは異なっていた。

このために、彼の場合には「パリ方式」からその学識の形成を見なくてはならないだろう。それは北ヨーロッパの中世大学の伝統に遡及するとともに、ルネサンス以降は、新スコラ学として新たな段階を画するアリストテレス哲学に基づくトマス・アクィナス神学の展開である。(23) イエズス会がトマスに全幅の信頼を寄せたところで、トマスはドミニコ修道会を超えた権威を有することになった。

他方で、イエズス会士ザビエルから始まった、主として宣教師との出会いから、当時の日本列島に住む人たちが何を学び、どのように彼らに反応、対応したかを知りたくもなる。(24) 宣教師も同会に限らず、フランチェスコ（フランシスコ）会もドミニコ会もアゴスティーノ会も日本にやって来る。彼らに対して、果たしてポンポナッツィのような世界観を披瀝する者がいなかったかどうか、あるいは、そもそも東洋にも類似の思想がなかったかどうかは、大いに考察に値しよう。東洋にもまた、西洋に劣らぬ長い思想的伝統があったからである。

本書が扱う「キリシタンの世紀」、そしてそれはルネサンスの時代に相当するのだが、この世紀、この時代を越えるのであれば、『夢の代』の作者山片蟠桃がいる時代がある。蟠桃の生は、ヨーロッパ思想史上は、ルネサンス合理主義をさらに発展させたフランス啓蒙主義の時代と重なる。そして、その長大な作品で彼は霊魂不死を完全否定し、鬼神の非在、無神を強調した。一方で、鬼神の存在、死後の世界を追求した平田篤胤が同時代にいる。国学者でありながら、心の師である本居宣長とは異なるスタンスを取っている。思想史、精神史の世界ではいわゆる「鎖国」はなく、哲学的、宗教的思想は長い伝統ある社会では継続していく。イタリア・ルネサンス思想がフランスに伝播して自由思想として発展し[25]、啓蒙思想の普遍性に至ることと類似して、キリシタンの世紀は一世紀では終わらないのである[26]。

註

（1）歴代の司教には著名な者が多く、たとえばピエトロ・バルボはのちのローマ教皇パウルス二世である。バロッツィの前にはヤコポ・ゼーノ、ピエトロ・フォスカリがいた。P. Ragnisco, *Nicoletto Vernia. Studi storici sulla filosofia padovana nella seconda metà del secolo decimoquinto*, Estr. dal Tomo II, Ser. VII degli Atti del R. Istituto veneto di scienze, lettere ed arti, Venezia, 1891, p.264 (24). ゼーノとフォスカリは書籍を愛する文化人であった。

（2）P. Ragnisco, *Documenti inediti e rari intorno alla vita ed agli scritti di Nicoletto Vernia e di Elia del Medigo*, Padova, 1891, pp.8-9. Id., *Nicoletto Vernia*, p.638(48).

（3）E.P. Mahoney, *Two Aristotelians of the Italian Renaissance. Nicoletto Vernia and Agostino Nifo*, Variorum, Aldershot, 2000.

（4）P. Gios, *L'attività pastorale del vescovo Pietro Barozzi a Padova (1487-1507)*, Padova, 1977, p.383. P. F. Grendler, Intellectual Freedom in Italian Universities: The Controversy over the Immortality of the Soul, in *Le contrôle des idées a la Renaissance*, édité par J.M. De Bujanda, Genève, 1996, pp.31-48, 特にp.34.

（5）J. Monfasani, Aristotelians, Platonists, and the Missing Ockhamists: Philosophical Liberty in Pre-Reformation Italy, in *Renaissance Quarterly*, XLVI, 2(1993), pp.247-76, 特にpp.257-58.

（6）根占献一「『プラトン神学』と霊魂不滅の伝統」、同編『イタリア・ルネサンスの霊魂論』三元社、二〇一三（一九九五）年、一八—五九頁所収、特に三三—三六頁。

（7）Monfasani, *op.cit.*, pp.267-68.

（8）Marsilii Ficini *Opera omnia*, Torino, 1962(Basiliae, 1576), II, p.1537. P.O. Kristeller, *Die Philosophie des Marsilio Ficino*,

Frankfurt am Main, 1972, p.331.

（9） *Decrees of the Ecumenical Councils*, Original Text Compilers: Giuseppe Alberigo and Others, English Editor: Norman P. Tanner,S. J., Georgetown, 1990, I, p.605. 公会議に関わる論述は以下の小論でも触れている。根占献一「イタリア・ルネサンスにおけるプラトン哲学とキリスト教神学」、『新プラトン主義研究』新プラトン主義協会、第七号、二〇〇七年、三一―三八頁。本書に補論Ⅱとして収める。

（10） *Decrees of the Ecumenical Councils*, p.605.

（11） *Ibid*., p.361

（12） Giovanni di Napoli, *L'immortalità dell'anima nel Rinascimento*, Torino, 1963.

（13） Petrus Pomponatius, *Tractatus de immortalitate animae*, a cura di Gianfranco Morra, Bologna, 1954. Pietro Pomponazzi, *Trattato sull'immortalitàdell'anima*, a cura di V.Perrone Compagni, Firenze, 1999.

（14） P. O. Kristeller, *Die italienischen Universitäten der Renaissance*, Köln, pp.18-19. Cfr. Antonino Poppi, *Statuti dell'«universitas theologorum» dello studio di Padova (1385-1784)*, Treviso, 2004.

（15） L. Mabilleau, *Étude historique sur la philosophie de la Renaissance en Italie(Cesare Cremonini)*, Elibron Classics, 2006(1881), 17-61. Grendler, *op.cit*., pp.42-45.

（16） *Decrees of the Ecumenical Councils*, I, p.606.

（17） ゲーテの言に関しては、根占献一「ゲーテとイタリア・ルネサンス――特に不死性を巡って」、『ルネサンス精神への旅』創文社、二〇〇九年、一四五―六五、特に一五七―五八頁。P.O. Kristeller, *Aristotelismo e sincretismo nel pensiero di Pietro Pomponazzi*, Padova, 1983, pp.10-11.

（18） Martin L. Pine, *Pietro Pomponazzi: Radical Philosopher of the Renaissance*, Padova, 1986.

（19） 参照できたのは次の版に含まれているものである。Aonii Palearii Verulani *Opera*, Ienae, 1728, pp.631-702. 現代の校訂版は、*Aonii Palearii Verulani De animorum immortalitate libri III*. Introduction and Text, by D. Sacré, Brussel, 1992.

（20） G. Morpurgo, *Un umanista martire. Aonio Paleario e la riforma teorica italiana nel secolo XVI*, Città di Castello, 1912. S. Caponetto, *Aonio Paleario e la riforma protestante in Toscana*, Torino, 1979.

（21）「アニマノ上ニ付テ」「アリストテレスのアニマについて三巻と自然学小品の講義要綱」、尾原悟編、キリシタン研究、第三四輯、教文館、一九九七年。根占「イタリア・ルネサンスにおけるプラトン哲学とキリスト教神学」三三頁。

（22）川瀬一馬『増補新訂足利学校』吉川弘文館、二〇一五年新装版、一四六、一九〇、二〇九、二九八、三〇五、三一九頁。

（23）桑原直己「ペドロ・ゴメスによる『霊魂論』の位置——anima 論の展開とキリシタン時代における日本布教の文脈の中で」、『倫理学』第三一号（二〇一五年）、筑波大学倫理学研究会、一—一九頁。

（24）自然科学への関心の高さについては、平岡隆二『南蛮系宇宙論の原典的研究』花書院、二〇一三年。

（25）J. -Roger Charbonnel, *La pensée italienne au XVIe siècle et le courant libertine*, Paris, 1919.

（26）海老沢有道『南蛮学統の研究——近代日本文化の系譜』創文社、一九七八年増補版。またキリスト教禁令後の日本思想史の発展については、和辻哲郎『日本倫理思想史　下』和辻哲郎全集、第十三巻、岩波書店、一九七七年第二刷、一一八頁以下。

第六章　ローマ・ルネサンスと世界

——ヨーロッパ域を超えるヒューマニストと航海者たち——

一　ルネサンス以後のローマの理解と解釈

本章に出るエジディオ・ダ・ヴィテルボをローマ・ルネサンスとの関連性で捉える試みは、相次ぐ研究発表のなかから生まれた。(1) それは二〇一一年度のことであった。この年はまた、長年続けてきたルネサンス研究会でも新たな出会いがあった。同会において、会の伝統となっている思想的研究の論題以外に、イタリア史の枠を超えた発表が一本、キリシタンの歴史とその文化に関わる発表が二本あって注目された。(2) このため従来の研究者とは異なる方々が集まって活況を呈し、イタリア・ルネサンスのヨーロッパ性を越える広がりを見せた。参加者のなかには特に日欧交渉や東西間の文化交流の歴史を考察するうえで貢献の著しい研究者も交じっていた。(3)

さらに同年のイタリア学会、そしてある展示がルネサンス期のローマに関して一考の機会を与えてくれた。それは、前者が原田亜希子「教会国家形成期における首都ローマの行政活動——一六世紀都市評議会議事録を用いて」（第五九回大会。一〇月二二日、同志社大学）による研究発表であり、後者がサントリー美術館（東京）開催の《南蛮美術館の光と影——泰西王侯騎馬図屏風の謎》である。

原田発表はイタリア他都市のコムーネ研究に較べて知られることの少ないローマ市行政を明らかにしようとす

る試みで、行政面や経済・生活面での聖俗の交流をも明らかにし、ローマの独自性が垣間見られたように思われる。中世以降のローマ研究はわが国では殆ど為されて来ず、また宗教改革以後のローマはさらに北方の宗教史観に災いされて、美術分野のバロック研究を例外にすれば、文書史料に基づく歴史研究を避ける傾向があったように思われる。邦訳が大作として次々に出版されているとは言え、目下、邦訳に至っていないジャン・ドリュモーの初期作品はローマに関する経済的、社会的研究が中心であり[4]、その重要性が漸く今回の原田報告で認識され始めたように映ずる。

ところで、二〇一一年はイタリア建国一五〇周年にあたり、イタリア本国ではそれを記念する催事が行われた。トリノの世俗国家がローマの教会国家を打倒していく時代でもあった。教会国家形成期におけるローマからこの一九世紀、リソルジメント期のローマの間には何世紀かの時間差がある。だが、単に教皇領国家は乗り越えられるべき旧弊な組織だったのだろうかという疑問がなくはない。中世において教会と帝国の間で繰り広げられた歴史はイタリア史の特徴をなす。聖ペテロの後継者としてローマ教会の頭（かしら）、キリストの代理人たる教皇にもまた、その「大きさ」から言って歴史的役割が存続するであろう。ローマ教皇庁にはルネサンス・バロック期以降から始まってリソルジメント期でもイタリア「統一」に果たした役割と機能があったのではなかろうか[5]。しかもパオロ・プローディが言うように、教会国家が強力な中央集権国家体制を敷いた点で、世俗国家の範型となったということもありえよう[6]。

イタリアのリソルジメントを考えるとき、私は日本の明治維新のことを考えざるを得ない。それは全く単純な理由からであって、日本列島に生を享けたイタリア研究者だからである。明治維新に関しては常に小松帯刀（清廉）を中心に見てきた[7]。なぜなら、私には小松に関わる一次文献、二次文献に親しみがあり、身近だからである。

そしてこの幕末に新生国家イタリア王国も外交団を派遣してきた。二〇一一年は幕末・明治の日本とイタリア王国との外交関係の再考を促してくれ、少なからず勉強になった。そして二〇一六年は日伊国交一五〇周年の年である。同時代の両国は首都が移転する点でも興味深い共通性がある。特にイタリアは目まぐるしく、トリノから始まってフィレンツェを経てローマに落ち着く。この間はわずか一〇年である。

いつの時代であれ、歴史解釈では断絶史観と連続史観が問題にならないことはない。幕末から明治にかけての連続史観を取るのであれば、徳川幕府の果たした一定の役割も見えて来よう。この史観のなかに天皇と教皇の問題もあるのではなかろうか。イタリア王国は徳川政権と天皇制を自らの同時代の政治運動の経験に照らして、天皇の存在を教皇と解釈する傾向にあったが、極東では天皇は明らかにポジティヴな歴史的実勢になりつつあった。

二　ルネサンス文化と絵画資料

ここで本書の課題から少し詳しく記さなくてはならない展覧会のほうに移ろう。先ず展示題目に見られる《泰西王侯騎馬図屛風》(四曲一双二点。サントリー美術館蔵及び神戸市立博物館蔵)の典拠に関わる、私なりの思いつきである。これは、読了するのにかなりの労力を要するアリオスト『狂えるオルランド』(*Orlando furioso*)とタッソ『エルサレム解放』(*Gerusalemme liberata*)の邦訳書が現れたおかげである。[8]

かねがねヨーロッパ古典絵画の目録解説には出典がこの両著述、特にアリオストの先の書とある場合が多々あり、この文学作品が数多くの絵画作品に影響を与えたことは分かっていた。このため『狂えるオルランド』を読みながら、思い浮かぶ《泰西王侯騎馬図屛風》にヒントを与えているのではないか、特にイスラム教徒などの武

《泰西王侯騎馬図屏風》（サントリー美術館蔵）

人が描かれている点などは、アリオストとともにタッソの大作が詳細に異教徒を描写しているだけに納得できた気がしたものである。

　イタリアの文学作品からの屏風解読は日本では行われていないのか、目録解説などでは一切取り上げられていない。アジアやアフリカの王も描かれているのだから、「泰西」――「泰西」とは日本から見て単なる方角上の「西」を指さないだろうから、この画題は不適切ではあるまいか――だけでは言い尽くせない人物が登場し、より広範な歴史的物語が想定されるべきでなかろうか。

　次に《ポルトガル国インド副王信書》（本文ポルトガル語。羊皮紙着色。天正一五［一五八七］年、京都市・妙法院(9)）を問題にしたい。目録解説では信書の「内容は日本でのキリスト布教に便宜をはかるよう依頼したもので、天正一九年（一五九一）閏正月八日、イエズス会のヴァリニャーノが天正遣欧使節の少年たちとともに秀吉を謁見した際に奉呈された。」さらに同解説によれば、その「上部にはローマの七つの丘とその名前を配し、左端にはローマの略号である「ＳＰＱＲ」の文字、右端にはローマ建国の伝説にまつわるロム《マ》ロ《マ》スとレムスの姿、中央には勝利の女神像を持った女神がローマ市の象徴として描かれる」(10)とある。

《泰西王侯騎馬図屏風》（神戸市立博物館蔵）

特に七丘は名称がラテン語で記してあり、左からクィリナリス、カウェリウス、パラティヌス、右からウィミナリス、エスクィウス《ママ》、アウェンティヌス、これらの中央、勝利の女神像を持った女神がいる丘はタルペイウスとなっている。タルペイウスはカピトリウム（カピトリーノ、カンピドーリオ）の丘を構成する崖を指す場合にタルペイア（女祭司の名）の岩のように用いられ、ここではカピトリウムの別称と考えられる。場所の名称としてはこちらが一般的であり、一六世紀に大きく変貌し、近代ローマの象徴的丘として登場するカピトリウムという呼称が何故用いられていないか、今後の検討課題としておくものの、ポルトガル国インド副王信書にローマが現れる点がやはり注目される。これは天正遣欧使節がローマ訪問を果たしたことと無縁ではなかろうし、他方でポルトガルの、カトリック・ヨーロッパのローマ意識の反映でもあるだろう。

カピトリウムで天正遣欧使節の一行にローマ市民権が付与されたことは知られている。[11] 彼らは時のローマ教皇グレゴリウス一三世、[12] 次いでシクストゥス五世に謁見を許されただけでなく、ローマ元老院、世俗の市政府からも迎えられた。このような式典は彼らに限らず、これ以前から「外国」人に行われてきた。一三四一年のペトラルカの場合が高名で、ある意味でその後の範例となった。(13) また、「日本人」以後も行われていく。ローマは「共通の祖国」(patria communis) であり、「聖俗両権国家」(civitas sacerdotatis et regia) であり、その中で七丘のひとつカピトリウムは「世界の首都」(caput mundi) となる。(14)

三　ポルトガルの海外躍進とエジディオ・ダ・ヴィテルボ

ローマでのルネサンス「開始」とその絶頂において、ポルトガルは深く関与していた。ルネサンス教皇として真っ先に挙げられるニコラウス五世は、一四五二年、フリードリヒ三世の神聖ローマ皇帝戴冠を執り行った。これはローマで行われた最後の皇帝戴冠式となった。この時、皇帝と、ポルトガル王アフォンソ五世の妹レオノーラとの結婚式典も同時に当地で行われた。その様子は著名なカッソオーネの図に残されている。(15) アフォンソ五世は「アフリカ王」と綽名されたほどアフリカ海岸探検に熱心で、教皇もこれを高く評価していた。なお成婚に尽力した人物は、フリードリヒ三世の秘書官アエネアス・シルウィウス・ピッコローミニで、のちにローマ教皇ピウス二世となった。ニコラウスとピウスはルネサンス文化の発展に大きく寄与した人文主義的教皇としてよく知られている。(16)

ポルトガルの探検は一五世紀末になるとアフリカ南端を廻ってついにインド洋に出、最後はまさに東の果て、極東の日本まで一五四〇年代には到達することになる。マヌエル一世（在位一四九五—一五二一。生年は一四六九年）がポルトガル国王として統治した四半世紀間は、そのような過程の高い頂きに達している。この段階ではラテン的キリスト教世界は決定的に分裂しておらず修復を模索する動きもあった。前世紀半ば過ぎのニコラウス五世在位の時にトルコに奪われた大地は、知られざる大陸とこれまで到達できなかった地にキリスト教が伝播することで十分に補填でき、ピウス二世がトルコ征服を目指した十字軍の夢は必ずや別の形で実現されているのではないかと、考える者が一六世紀に現れても不思議はない。

この意味で今、キリスト教世界は「黄金時代」を迎えつつあるとの認識を示した神学者がローマにいた。その名は枢機卿エジディオ・ダ・ヴィテルボ（一五六九―一五三二年）で、エジディオの説教演説がこの認識と関わる。彼は名説教で知られる雄弁家であり、アゴスティーノ隠修士会会長に就いていた。同会のマルティン・ルターの上長に当たり、ルターがローマを訪問した際、サンタゴスティーノ（聖アウグスティヌス）聖堂で両人は出会った（一五一〇年冬）と目される。(17) またこれと前後して、エジディオはローマ教皇ユリウス二世批判の急先鋒デシデリウス・エラスムスにも会っていた。

この三年ばかり前に遡る一五〇六年に、エジディオはキリスト教世界で軍人気質のユリウス二世に頼まれて、教皇領国家鎮定後コンスタンティノポリスとエルサレムの解放が行われることになると、枢機卿たちを前に演説をしていた。翌年、ユリウス二世は、ポルトガル国から派遣されたロレンソ・デ・アルメイダによるセイロン（タプロバーナ）島上陸並びにザモリン征服（一五〇六年三月一八日）、また別の同国艦隊によるマダガスカル島発見（同一五〇六年）を三大出来事として報告する同教皇宛マヌエル一世の書簡（一五〇七年九月二五日）に基づき、ローマで祝典を催すことになった。祝いのひとつがサン・ピエトロ大聖堂でエジディオが行った演説であった。(18) それは一二月二一日のことで、使徒聖トマスの祝日に当たっていた。この聖トマスはインドで布教活動に従事したとされていたので、まさに相応しい日であった。この演説を口頭で終わらせずに書き著わすようにとの教皇の期待に応えて、それは『小冊子』（*libellus*）となった。エジディオは序を成す書簡とともにこの写しをポルトガル王へ送っている。

ところで、一二月のこのサン・ピエトロ大聖堂での祝典に先駆けて、教皇からは別の要望もエジディオにはなされていた。ローマにおけるアゴスティーノ隠修士会の拠点、サンタゴスティーノ聖堂でローマ市民のためにポルトガル王書簡を読みあげるように依頼があったからである。これはローマ市民とローマ教会、つまりローマの世俗社会と宗教世界の深い繋がりを物語っており、特にローマには聖職者だけでなく一般市民も居住しているということであり、忘れがちであるが、ローマもまた都市国家なのである。

さて、肝心の大本山での説教演説の前半では黄金時代、黄金の生の本質をめぐる哲学的、神学的議論が展開されるなかで、プラトンの名と著作などが多用される。時代を四区分（ルシファー、アダム、ヤヌス、キリスト）し、旧約聖書の預言とウェルギリウスのシビュラの託宣[19]を結合して、キリストの誕生による黄金時代到来を最後の時代に見る。演説後半では教皇ユリウス二世下でのポルトガル王マヌエル一世の事績が扱われる。否むしろ、彼らの手柄が同一文脈で扱われる様子が終わりのほうに見られる。教皇と対峙するイタリア都市国家、バリオーニ家のペルージャとベンティヴォリオ家のボローニャが、マヌエル一世下に帰したアジアの島タプロバーナとともに語られているからである[20]。エジディオはユリウス二世宛書簡で現教皇を同名の古代ローマのユリウス・カエサルと比較しているが[21]、その占領地域の広さの点では昔の英雄を凌ぐし、キリスト教の仁慈（pietas christiana）は軍神マルスに勝る[22]。トルコへの十字軍実施の呼び掛けも忘れられていず、アジアの新たな地域からもたらされる香料などに対する期待が吐露される[23]。

説教演説のテーマ（Themata sermonum de tempore）は後半に明らかになり、「海沿いの国々よ。遠いところのもろもろの民よ、耳を傾けよ。主はわたしを生まれ出た時から召し、母の胎内を出た時からわが名を語り告げられた」という『イザヤ書』（第四九章一）から取られた。[24]「地理上の発見」先に呼びかけるに相応しい引用であろう。『小冊子』が実際の説教演説をさらに敷衍拡大している可能性があり得るし、当然のことながら、これを受け取るポルトガル王を意識していることであろう。また演説自体はなにもラテン語だけで行われたのではなく、俗語でも繰り返して行われた。そのためかなり時間が長くなったことが分かっている。先のサンタゴスティーノ聖堂でのポルトガル王のラテン語書簡も、ローマ市民を前にして俗語で丁寧に説明されたことは間違いない。

エジディオで注目されるのはエトルリアへの深い関心である。ヴァティカン近くのジャニコロの丘はさらに遡ってエトルスキ時代と関連づけられる。この丘陵名はヤヌス（ジャーノ）神に通う。これは広くオリエント、東方の神話と呼ばれるべきもので、言語学的興味を呼び覚ます。それはやがてエジディオの精神的弟子ギョーム・ポステルらが共有する関心事ともなろう。[25]このような西方人の心の趣はヨーロッパ世界の拡大があってこそ確実なものとなったのであり、言語領域に限らず、広く学術問題ともなり、また東方世界の文物探究あるいは流入となって現れるであろう。[26]

エジディオの説教はこれに留まらないものの、本章ではこの演説の主題と関わる、他の彼の著述[27]を取り上げておきたい。ユリウス二世が開始し、レオ一〇世が引き継いだ第五ラテラノ公会議（一五一二―一七年）中に書かれた『二〇の歴史』（*Historia XX saeculorum per totidem psalmos digesta*）では、エジディオはキリストの受肉以前と以後で歴史を各一〇の時代に分け、新たなローマ教会の歴史がこの受肉とともに始まったという。だが、旧約の『ダニエル書』とヘシオドスに見られるように過去に黄金時代があり、キリスト教の歴史では初期の時代がこれに該当するが、教皇シルウェステルの時代にコンスタンティヌス大帝のもとで教会が豊かになって衰退が始まった。だが、最後の二〇番目、つまり受肉から、キリスト教会開始からは第一〇番目の時代に黄金時代が再

《ポルトガル国インド副王信書》
（天正 15［1587］年，京都市妙法院）

来しようとしている。それがレオ一〇世の時代である。一五三〇年に教皇クレメンス七世の要望から執筆され、神聖ローマ帝国皇帝カール五世に捧げられた『シェキナー』（*Scechina*）では、ポルトガルとスペインの新大陸発見は信仰の拡大（pietatis amplificatio）の一部であり、このことはローマ教会の第一〇番目の時代に史的頂点に達する。三充溢として時代の充実（plenitudo temporis）、人類の充満（plenitudo gentium）、そして教義の充足（plenitudo doctrinae）の黄金期を迎えるとした。
これら両作品には、ユダヤ・カバラ主義による第一〇セフィロートの意義とヨアキム主義の終末観とが混淆され、エジディオの主要関心がどこにあったかを如実に示している。[28]

四　ジョヴァンニ・ダ・エンポリの琉球

ヨーロッパのイデオロギーを謳い上げる者もいれば、そのイデオロギーを支える実践を行う者もいる。実践者は教会や修道院の関係者ばかりではない。ポルトガルの探検――スペインの探検も同様――に少なからず「イタリア」の俗人が関わっていることは見逃すことのできない事実であろう。[29]そのような「イタリア」人の中にヨーロッパ人として、バンダ諸島、モルッカ（マルク）諸島に関わる最初期の記述を残すことになるルドヴィーコ・ダ・ヴァルテーマがいる。その記録は一五一〇年ローマで印刷に付され、出版された。[30] イタリアが当時一国を成していないだけに、この点は見落とされがちであるが、歴史的資料はこれを許してはいない。[31] もっともルドヴィーコ・ダ・ヴァルテーマ自身に関しては「本貫地」は必ずしもイタリアのボローニャに限定され得ないようである。学術・教育の分野であれ、労働・信心の分野であれ、独伊間を含めてヨーロッパで広く人々の移動があったことを思えば、出身地問題は柔軟に考えるべきなのかも知れない。[32]

さて、先述したように、ポルトガルの進出はインド洋からさらに東南アジアへ伸びてゆく。一五一一年八月にマレー半島のマラッカ陥落はインド総督アフォンソ・デ・アルブケルケによって行われた。[33] トメ・ピレスの『東方諸国記』（*Suma oriental*）はこの直後に書かれ、同時代の東アジア情報をふんだんに伝える記録として貴重であり、幸いに邦訳が出て久しいし、また新たな読みも加わった。[34]

もちろん記録を残したのは、ひとりピレスだけではない。このアルブケルケ――またこの総督だけに限らないが――との関係では、フィレンツェ商人兼旅行家ジョヴァンニ・ダ・エンポリ（一四八三―一五一七年。死亡地カントン〔広東〕近郊）の名も逸するわけには行かないだろう。[35] トメ・ピレスの債権者としてのジョヴァンニの史料も残されているが、[36] 三度――一五〇三―〇四年から始まって、一五一五―一七年――に及ぶ東アジア、特に東南アジアの旅記録のうち二回目（一五一〇―一四）のマラッカに関わる父リオナルド宛の書簡には、その冒頭に時のフィレンツェ共和国の最高権力者であったピエロ・ソデリーニの名が出てくる。[37] フィレンツェに帰国した際、この共和国主席、つまり終身としては初の正義の旗手となったソデリーニからヴェッキョ宮殿に招かれたことがあった。[38] 一五〇六年のことである。イベリア半島のポルトガルやスペインで銀行業や貿易業、あるいは船舶輸送や船乗り業に従事するイタリア半島とその島嶼の出身者は少なくなかったものの、遠くアジアまで航海に出た者は必ずしも大勢いたわけではなく、彼らの齎した遠国情報は物珍しく、この上なく貴重なものであったろう。

私たちはここで余りにも有名な出来事、ミケランジェロは《ダヴィデ》を一五〇四年に完成してこれをヴェッキョ宮殿前に置くように強く主張したから、ジョヴァンニ・ダ・エンポリもこれを見たはずだと、あるいは長いミラノ滞在を切り上げてフィレンツェに戻っていたレオナルドは《モナ・リザ》制作に余念がなく、ラッファエッロもこの頃フィレンツェに居て、レオナルドのこの作品に大いに学ぶところがあったから、市内の通りでこの二人の画家と探検家がすれ違ったのではないかと言わなければならないのだろうか。即ち、ルネサンス視覚芸術が盛期を迎えていた、と触れなければならないのだろうか。フィレンツェ・ルネサンスの華やかな文化活動に眼を奪われることなく、またそれこそがルネサンスの意義だと狭義に見なすのではなく、別の動向もあり、その活動は次第々々に大きなうねりとなって行くことに敢えて注目したい。

ジョヴァンニ・ダ・エンポリが書き留めた詳細な記録には琉球が現れる。日本と東南アジア、東アジア間にあって中継貿易で栄えていた、あの琉球王国である。ジャワ、ティモール、モルッカ諸島の産品——ジョヴァンニはそれらを父のもとに送るという——に言及した後、ちょうどイタリアの北にフランドル、ドイツ、ブラバンドがある——ジョヴァンニは北ヨーロッパに商用で行ったことがあった——ように、足を踏み入れてはいないが、北に行くと、シナ人の大地（土地）であり、シナ人、琉球人、ゴーリ人（ghori）と呼ばれている、(39)と記す。

琉球人、ゴーリ人もシナ人の住む大地に含まれるように読める一方で、このゴーリ人が琉球人を指すとの見方がある。(40)これに対して大隅国禰寝《ねじめ》佐多の郡《こ(こ)おり》——Goreとも綴る。複数形でGoriか——の可能性は全くないのであろうか。(41)文脈上、ゴーリは琉球人とは読み難いからである。この方面の研究での第一人者マルコ・スパッラン

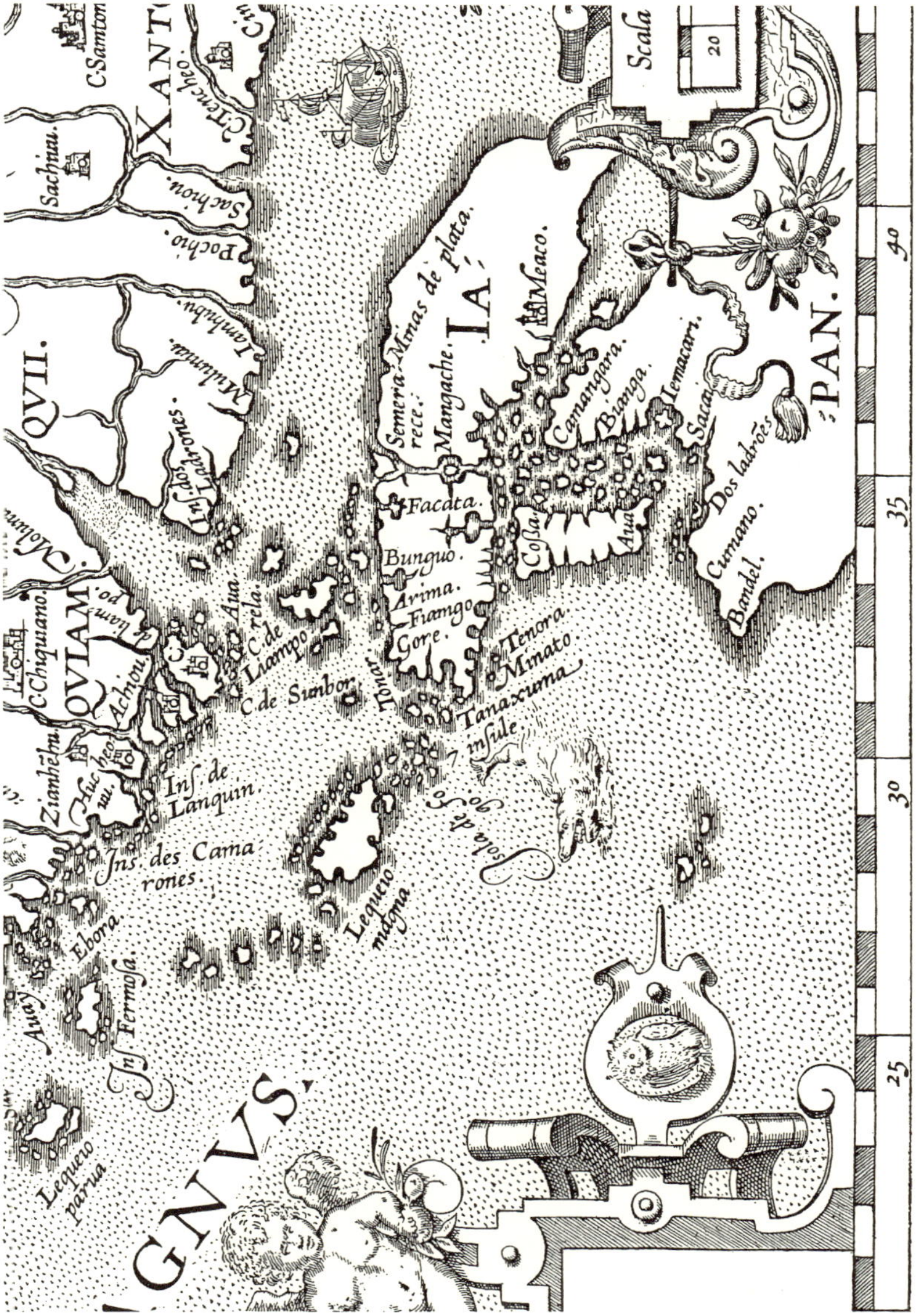

Ludovicus Georgios（Ludovico Georgio）地図

ザーニはヴェトナム人との解釈を受け入れているようである。これは、一九七〇年にジョヴァンニ・ダ・エンポリ書簡を編集したバウサーニの考えに基づくが[42]、文脈上琉球から南へ下ることはありえないのではないか。この地名は南蛮地図に出、一六世紀後半のラテン名Ludovicus Georgius（ルドウィクス・ゲオルギウス。Ludovico Georgio）の地図にGoreの表記が見られる[43]。ただ、この地図上から行くと、薩摩半島側にあり、大隅半島側は海上にTanaxuma, Minato, Tenoraとある。

郡であって、何故、これらのひとつ、大隅国種子島ではないのかという素朴な疑問は当然あるだろう。ポルトガル人が出会う最初の「日本」がこの大きな島であるからである。大隅半島と琉球の関係について興味深い事がある。沖縄に根路銘（ねろめ。時には、ねじめ、とも読むらしい）という姓があり、これはこの大隅の地と琉球の関係を例示してはいないだろうか。私自身はこの表記を見た時、一瞬私と同名ではないかと驚いた。未だ殆ど調査を行っておらず、現段階では単なる思い付きの域を出ていないものの、古来、琉球諸島と大隅半島の深い繋がりは否定すべくもなくあり、人々の絶えざる往来が同名の地、同名と覚しき名をもたらしているとは言えないであろうか。とすれば、琉球の先に、北に、ゴーリ人の住む地域があっても不思議ではなく[44]、ジョヴァンニ・ダ・エンポリはそのように記したのではないか。「推測」はこの位にして次に移ろう。

五　ルネサンス・プラトニズムと日本

先に見たエジディオ・ダ・ヴィテルボは今回のジョヴァンニ・ダ・エンポリとは同時代人に属し、ルネサンスの文化と思想を代表するひとりである。そのなかで、エジディオがジョヴァンニの故郷フィレンツェで盛んとなったプラトン主義思想に惹かれ、その中心人物マルシリオ・フィチーノ（一四三三―九九年）と面識があったことは注目に値しよう。特にフィチーノの霊魂不滅論はエジディオに影響を与えた。

ルネサンス哲学思想の優れた研究者であったジョヴァンニ・ディ・ナポリ師はその大著『ルネサンスにおける霊魂不滅』で、このプラトン主義の隆盛と、一五一三年の教皇レオ一〇世の教書「アポストリキ・レギミニス」（Apostolici regiminis）を関連づけた。[45] 霊魂不滅説のルネサンス的強化がローマ教会に影響を及ぼして、一六紀初めに霊魂不滅が信仰箇条になったことは、この時代のプラトン主義復興の反映と言えるであろう。なぜなら、霊魂不滅はヘブライ的、聖書的伝統に余り根拠を置かない哲学思想であるゆえ、ローマ・カトリック教会の教義化に対しては、ドミニコ会から異論が挙がった。霊魂不滅の信仰箇条化に反対したカイエタヌスは、この時代の権威あるトミスト、トマス派神学者として知られる。教皇レオ一〇世ことジョヴァンニ・デ・メディチはフィチーノの弟子であり、枢機卿で第五ラテラノ公会議開催の辞を述べていたエジディオ・ダ・ヴィテルボはメディチ教皇の代にも引き続き恩顧を受けた。

私はフィチーノの霊魂不滅の問題に関心があり、これまでに論を発表してきた。[46] そしてこの問題がキリシタン時代に日本に波及すると見て、小著などで明らかにしてきた。[47] ヨーロッパ人がアジア、日本でこの地域の宗教に遭遇した時、これを偶像崇拝と見、霊魂不滅を知らぬと断を下すさまほど、彼ら――彼らが宗教人であれ、俗人であれ、それは同じである――の文章を読んだ時に印象深かったことはない。仏教を偶像崇拝宗教との批判はこの時代に始まったわけではなかろうが、これが霊魂不滅を説かぬ宗教との批判は、ペドロ・ゴメスの『講義要綱』に「アポストリキ・レギミニス」の語を見出し、この教令があって初めて霊魂不滅が強調されることを明らかにした。[48] 日本に来た聖職者はザビエル以後すべて、第五ラテラノの教令以後の人たちである。

偶像崇拝と霊魂不滅に関わる本格的な邦語研究書が現れた(49)。行論上、後者に関わり、ゴメスの霊魂不滅論を詳細に描き切った川村信三の著述を見ていくことにするが、前者に関わる浅見雅一の著書でもこの論への言及がある(50)。川村はしかし、この論が、ルネサンスという時代に関わりのないヨーロッパ思想、キリスト教思想の伝統と見なすとともに(51)、日本布教の特殊事情と関連づけて考察している。

私にはプラトンやプロティノスのように霊魂だけに重点を置く思惟はやはり極めて非ヘブライ的、聖書的伝統であること、即ち極めてプラトン主義的哲学の伝統であることを主張したい。肉体（身体）を魂の牢獄のように捉え、これから一日も早く抜け出したいという考えはキリスト教思想ではない。肉体（身体）を伴う復活が問題になる限り、ピュタゴラス的、プラトン的輪廻思想が正統キリスト教思想で否定されたように、魂の不死だけをザビエルと彼以後の、アレッサンドロ・ヴァリニャーノ、ゴメスを始めとする神学者的な宣教師たちが重んじていたとはとても思えない(52)。ルネサンスのプラトン主義者の司祭で医師フィチーノもまた異なるところはない(53)。

その上で、日本布教の特殊事情と関連づけたい(54)。この霊魂不滅問題には倫理的な道徳観が忍び込み、本来的に何故霊魂が不死、不滅でなければならないかという議論がなおざりにされなくはない。人間の自然的情緒からこの不死が求められるだろうし、私もこの方向を否定したくはない。この世で正しく生きたにもかかわらず、不運、不幸だった方が報われ、悪をなしながら幸運だった者に罰が下ってほしいと望む感情は当然私たちにはあるだろう。他方で、何故霊魂が不滅、不死でなければならないかという別の、重要な問題もあろう。それは神との至福直観が可能となるためであり、この点で霊魂不滅論のスンマたる『プラトン神学――霊魂不滅論』を書いたフィチーノと同様である(55)。だが、この説は一般的には受け容れ難く、肉親的情愛の世界では特に広がるものではないであろう。

さらにルネサンス期に明らかになる霊魂不滅論を否定する論拠もあるだろう。ピエトロ・ポンポナッツィ（一四六二—一五二五年）に見られるように、そもそも善の徳として報償されたり、死後の約束として天国の存在を前提としたりするのは、善を為す行為そのものを損なうことになろう。この世での罪はこれを犯すこと自体で本質的に悪徳として罰せられているのであり、このために偶有的な刑罰を科したり、生前における悪の報いとして地獄に陥ると説いたりすることは意味をなさないという。(56) この思想の後半部分に違和感を覚える人は多くいるだろう。確かに、ポンポナッツィのごとき、あるいは『歎異抄』が謳うような強靭な精神力を持つことは容易ではなく、(57) 神の直視同様に困難な道にいるように思われる。

次に注目したいのは、川村によるスピリツ、スピリツアルの紹介である。ゴメス『講義要綱』から、「「アニマ」が「スピリツ」であるという意味は、それが身体から離れても機能するということであり、体は死んで滅んでも、なお滅びないものとして示されるということである。「アニマ」が「スピリツアル」なものという証拠は、感覚と欲求を自分の意のままに統治するということだからである」(58) という。アニマ（アニムス）、スピリトゥスはルネサンス期に非常に重要な用語として立ち現れてくるが、これもフィチーノ思想の拡大に負うところが多くあり、ゴメスの主張は改めてルネサンス思想全般の中でこれらがどのように議論されていたのか検討しなければならないだろう。(59) ここではアニマがスピリツと同義語であるかのように引用されているが、果たしてそうなのかどうか、厳密な見極めが必要となろう。なぜなら、アニマとコルポ（コルプス。身体）は大いに異なっているので、両者間を結びつけるものが必要であり、それがスピリトゥスであったからである。(60)

プラトンとそのプラトン主義、そしてこれとアリストテレス、さらにはトマスの思想的関係は歴史的にどうであったのだろうか。川村は、アリストテレス主義の伝統に位置するトマスにプラトンの分有理論の影響が及んだことを指摘している。これに関しては文献が挙げられていないが、すでに古典となった研究書二点がよく知られている。(61) ルネサンスに入ると、トレント公会議で権威を増したトマス神学はイエズス会に支持され、同会はまた布教活動を介し、またその教育カリキュラムにより、アリストテレス哲学のみならず、トマスに含まれるプラトンの主要理論をも伝えることになった。トマスは中世においてはドミニコ会では権威を獲得していたにしても、同会を越えて影響を及ぼすのは、一六世紀からと言ってよいであろう。特に同世紀の後半から、特にスペインとポルトガル、そしてその植民地ではトマスのスンマが流布し、ペトルス・ロンバルドゥスのセンテンティアエは色褪せる。(62)

アリストテレスの伝統も、古代末期から中世初期にかけて興味深いことが見られる。プラトンやストア派の権威と影響に較べれば、この伝統は弱くて広がりを持たず、私たちが今日アリストテレスの名とともに思い出す彼の主要著作は大して知られていなかった。その中で西暦二〇〇年頃に生きていたアプロディシアスのアレクサンドロスは、著名なアリストテレス派の哲学者にしてアリストテレスの権威ある注釈者であり、アリストテレスが霊魂の不滅を否定した、と解釈した。ルネサンスに入ると、ジローラモ・ドナートによりアレクサンドロスの霊魂論はギリシア語からラテン語（*De anima*）に翻訳され、この必滅の観点は大いに注目された。三世紀から六世紀にかけては、一般的に新プラトン主義がギリシア思想を支配し、新プラトン主義者たちがむしろ学派としては消滅していたアリストテレス主義に関心を持ち、アリストテレスをプラトンと調和させようとする著作を認めた。(63) それは後にラテン語訳されて中世後半に影響を及ぼし、トマスもこれがアリストテレス主義哲学に基づくと思いこみつつ、プラトン主義・新プラトン主義の理論に触れることになった。

ルネサンスに入れば、かつての統合の試行が文献学的に明らかになる一方で、古代の新プラトン主義者と同様にプラトンとアリストテレスの和合を成し遂げようとしたルネサンス思想家が現れてくる。それはこの両哲学者の優劣をめぐる議論などに触発もされて、シンクレティズムの様相を呈した。一六世紀に日本がヨーロッパ思想に出会った時、それはルネサンス期のこのような学問状況と一挙に出会ったのであり、しかも活版印刷術の活用により、古代から当代までの知識と情報が入手しやすく、便利この上なくなっていた。

六　ルネサンス・ヒューマニズムと日本

このような視点から眺めた時に興味深いのは、折井善果のルイス・デ・グラナダ（フライ・ルイス）研究、『キリシタン文学における日欧文化比較』と、同じく折井による彼の『使徒信条入門』第一巻の翻訳『ひですの経』校註の仕事である。ルイス・デ・グラナダ（一五〇四―一五八八年）はドミニコ会士の説教師であり、「スペイン人」ながら、ポルトガルでも活動し、ポルトガル語の著作をも残した人物であった。彼の生きた時代にあっては、フマニタス研究（studia humanitatis）に基づく人文主義、ヒューマニズムと、プラトンやアリストテレスに由来する哲学的伝統との区別が肝要であるが、折井の著書からはまさに前者の人物像、すなわちイベリア半島を代表する人文主義者のひとりとしてのフライ・ルイス像が明瞭となる。

この半島の文化状況に疎い私であるが、イベリア半島の二国の力関係、より小さなポルトガルをより大きなスペインの影響下に置くことに至当な反対があることを知っている。とはいえ、アビラの聖テレサの『完徳の道』初版がカスティーリヤ語で発表され、ポルトガルのエボラ印刷で世に出た事実は面白く思われた(64)。このようななかで、フライ・ルイスがポルトガル語で執筆した特別な理由があったのではと折井は考える。二言語併用が浸透していたポルトガルで、自国語をこそ必要とした一般民衆の教導のために書いた可能性があると見なす(65)。そしてさらに折井は、彼の民衆説教の〈語りの技法〉にはルネサンス・ヒューマニズムの修辞学的素養とスコラ哲学の神学的・形而上学的ビジョンとが結合しているという(66)。ここには聖職者、宗教人のヒューマニズム文化との関連問題があり、重要である(67)。

ポルトガル語の一冊は『キリスト教教理綱要』であり、先述のゴメスがその『講義要綱』で触れているように(68)、この日本準管区長の手元に在り、常に参考にされたのであろう。フライ・ルイスと日本との関係は深く、リスボンのサント・ドミンゴ修道院で天正遣欧使節一行を迎えた。一五八四年夏のことである。日本語日本文字に訳してあった彼の書数点を示した。使節一行のうち、原マルティーノは若くしてヨーロッパの人文主義者（ヒューマニスト）と伍するほどの学識を有することになるだろう。この日本人は一六世紀初めローマで話題の人となった、ベルギーの若者クリストフ・ドゥ・ロングイユ（一四八八―一五二二年）のように映ずる。帰国後もマルティーノの、信仰に支えられた学的情熱は続き、このイベリアの人文主義者の『ひですの経』などの編集などに力を注いでいる(69)。

私は同時代の事象に照らして、ラテン語で演説できる原をヒューマニストの名に恥じないと記したことがあったが(70)、原の内面的思想が幾らかでも明らかにならないだろうかと思うことがある。この点で、折井によるフライ・ルイスの『ぎやどぺかどる』、『罪人の導き』分析は浄土真宗との思想的、教義的対比を行い、興味深い(71)。それは予定説や自由意志などの問題を介して、語ってはくれない、当時この列島に住む者の心中を推し量るヒントを与えるだろう。「義化」の問題も、プロテスタント側との溝を埋めようとする、ガスパロ・コンタリーニ（一四八三―一五四二年）や、既出のエジディオ・ダ・ヴィテルボの後継者ジロラモ・セリパンド（一四九三―

一五六三年）らによる努力を想起させずにはおかない。一六世紀前半やまだトレント公会議の初期の頃とこの終結後の時代では様相が異なるだけに、どのように史的時間が経過したかは、別稿で明らかにしたい。(72)

その他、私には折井による「自然」の問題提起も非常に刺激的であった。『セルバンテスの思想』の著者アメリコ・カストロの「神の執事たる自然」という表現に学びながら、フライ・ルイス思想の核心に迫ろうとする。(73)折井はまた自然と超自然の対比として、石、物体の有する自然運動に言及する。フライ・ルイスはこれを聖トマスから引用するようだが、聖アウグスティヌスの用いた言い回しも有名で、フィチーノはこれを知っていた。(74)私はこのような折井の指摘を、ルネサンス思想の大きな問題として捉えたいと思う。それは、ジュゼッペ・サイッタがフィチーノ哲学の鍵と見なした「内在哲学」（immanentismo）の内容に関わり、重要だからである。(75)折井は先のカストロから「神的内的（divino e inmanente）秩序としての自然」という言葉を引用している。(76)

次にフライ・ルイス自身の著書に眼を転じてみよう。『使徒信条入門』第一巻の翻訳『ひですの経』を読んで印象に残る最大のものは、彼の自然主義強調であり、「いんすちんと」、本能、本然に寄せる深い関心である。もちろん彼の場合はこの深奥に精妙なる神の摂理があることを言わんとするためであるが、あらゆる自然の要素を実に細緻に亙って記述しているだけに、本旨から外れることにならないか、と心配になるほど繰り返し、自然の法の合理性が描かれている。何かこのこと自体を著述家として楽しんでいるようにも思われる。

これは彼の大変な読書量によってもたらされたのであり、マルコ・ジロラモ・ヴィダ（一四八五—一五六六年）『蚕飼育』からの引用にはその片鱗がよく現れていよう。(77)ローマで文化に目覚めたヴィダはこの当時非常に人気があったヒューマニスト、ラテン詩人として知られるとともに、アルバ司教となった聖職者でもあり、エジディオ・ダ・ヴィテルボ同様に歴代教皇の側近者であった。トレント公会議でも活躍し、若いころからの名声を維持した。

また、実名が挙がっていないが、明らかにフィチーノからの引用と思われるものもあり、とても興味深い。[78]そこに見られるアニマを「てんぽとゑてるにだあでのおりぞんてと名付けたる人」とはフィチーノを指すであろうか。フィチーノ書簡（題名「霊魂の本性と責務」）には〈anima rationalis, quemadmodum omnes ibi convenimus, in orizonte, id est in confinio, eternitatis et temporis posita est〉とあり、そっくりである。[79]またアルキメデスの制作した器械への言及は、[80]フィチーノでは「人間の尊厳」と関わり、[81]これまた興味深い箇所である。これらの典拠はさらにフィチーノから遡って、フライ・ルイスと共通の古典に辿りつくのかも知れない。最後に「あにま」と「すぴりつ」、不滅の問題に言い及んで、この巻が終わっている。[82]

結びにかえて――ゴイスのことなど

本章では、ローマの歴史的位置づけ、ローマ教会の雄弁家の時代認識、フィレンツェの商人探検家の地理情報、霊魂不滅論の拡大と問題点、そして最後に、在ポルトガルの説教者ルイス・デ・グラナダの思想に言及した。フライ・ルイスはエラスムスの本も読んでいたという。[83]また壮年のころには照明派（アルンブラドス）として見られ、異端視されたこともあったようだ。[84]

このような彼を、同時代のポルトガルのヒューマニストでエラスムスの影響が大きかったダミアン・デ・ゴイス（一五〇二―七四年）と比較考察すれば、この半島の人文主義を考察する上で有益であろう。ゴイスの好奇心の強さはまたフライ・ルイスと酷似している。ゴイスは異端審問に召喚されたひとりだが、日本人の表記も出る、ヒューマニストらしい都市リスボン礼賛を書いた。これらはともに時代を反映している。(85)エラスムスやゴイス、フライ・ルイスの時代はヨーロッパでは厳しい宗派対立の時代であった。(86)日本におけるキリスト教徒の運命も、私にはかの地で異端と烙印された者たちの運命と重なり合って見える。潜伏キリシタンとニコデミストの間には共通性がないだろうか。

この小論は自らの遅々たる研究のささやかな成果に過ぎないが、日欧の思想交流史や通交史、キリシタン史の解明に勤しむ研究者たちに深く教えられて生まれたものでもある。彼らの解明した事柄はここでは限定的にしか取り上げていず、また別の折に役立つことであろう。世界のグローバル化のなかで、ルネサンスをヨーロッパ域内だけで見ることなく、まさに地球的広がりの中で見ようとする傾向も顕著になった。(87)これは何も現代の社会的趨勢や学的状況のせいだけではない。かつての時代がこれを可能にする内容を有していたのである。現実に在ったものは強い。ヨーロッパのルネサンスは私たちの問題でもあり、決して遠い昔の他人事、絵空事ではないということである。それだけにこの分野の探究は長い継続性があり、今後もまた新たな史的読解が現れることであろう。(88)

註

（1）日本西洋史学会（第六一回大会。五月一五日、日本大学文理学部）小シンポジウムI「中世ヨーロッパ世界にとっての〈ローマ〉」内での「教皇座ローマの歴史意識――ルネサンスにおける転換」、早稲田大学ヨーロッパ中世・ルネサンス研究所（九月二四日、早稲田大学文学学術院）シンポジウム「リヴァイヴァル――ヨーロッパ文化における再生と革新」内での「ローマ再生とエジディオ・ダ・ヴィテルボ」、関西イタリア史研究会（第三二回。一二月一一日、同志社大学）での「世界軸としての一六世紀ローマ――その宗教と文化をめぐって」がそれである。これらについては、特に甚野尚志、山辺規子両氏に御配慮をいただいた。

（2）第三六回（七月九日）学習院女子大学での発表題目は以下の通り。大貫義久「ガリレオ『クリスティーナ大公母宛の手紙』に見る哲学的問題について」。皆川卓「一六世紀ゴンザーガ諸侯国と神聖ローマ帝国――近世「帝国イタリア」理解のために」。木崎孝嘉「フェリーペ二・三世期スペインにおける日本関係出版とその背景――天正遣欧使節と日本殉教録」。伊藤博明「キリシタン文学とエンブレム――『ヒデスの導師』と『平家物語』の題扉」をめぐって」。伊藤氏はルネサンス研究会草創期から同学の仲間である。またその後私は小川仁、阿久根晋両氏の研究に接し、またその発表を聴く機会があった。拙著（註三五参照）がいくばくかの影響を若い世代に及ぼしていることを知った。さらに同じく若手のパトリック・シュウェマー氏が研究成果を出しつつある。

（3）『大航海時代の東アジア――日欧通交の歴史的前提』（吉川弘文館、二〇〇七年）の著者伊川健二、『キリシタン文学における日欧文化比較――ルイス・デ・グラナダと日本』（教文館、二〇一〇年）の著者折井善果、そして二〇一一年度のキリシタン文化研究会大会及び講演会（一二月四日、上智大学）において「呂宋貿易におけるキリシタン宣教師の役割」と題して研究発表を行った、『近世日本とルソン――「鎖国」形成史再考』（東京堂出版、二〇一二年）の著者清水有子の若手諸氏の名を挙げておきたい。

（4）Jean Delumeau, *Vie économique et sociale de Rome dans la seconde moitié du XVIe siècle*, Paris, 1957. Id., *L'alun de Rome, XVe-XIXe siècle*, Paris, 1962.

（5）Cfr. Peter Herde, Guelfen und Neoguelfen. Zur Geschichte einer nationalen Ideologie vom Mittelalter zum Risorgimento, in Id., *Vom Dante zum Risorgimento. Studien zur geistes- und sozialgeschichte Italiens*, Stuttgart, 1997, pp.259-398、特に pp.311-87 に亙る新グェルフィ主義者 Vincenzo Gioberti, Cesare Balbo, Luigi Tosti の分析参照。

（6）Paolo Prodi, *Il sovrano pontefice. Un corpo e due anime: la monarchia papale nella prima età moderna*, Bologna, 2006 (1982) から影響を受けた。

（7）根占献一「小松帯刀とその時代――特に「外国交際」の観点から」『学習院女子大学紀要』第一一号（二〇〇九年）、七一―九一頁、特に八七頁註一六。小松を知る上で役立つ最新作は、家近良樹『西郷隆盛と幕末維新の政局――体調不良問題から見た薩長同盟・征韓論政変』（ミネルヴァ書房、二〇一一年）、特に第二部。「外国交際」に関わる労作に、楠家重敏『アーネスト・

サトウの読書ノート――イギリス外交官の見た明治維新の舞台裏』（雄松堂出版、二〇〇九年）があり、注目される。特に同書、五五―五六、一五六―五七頁参照。小松の名も見える。

（8）前者は、脇功訳、全二巻、名古屋大学出版会、二〇〇一年。後者は全訳ではないが、A・ジュリアーニ編、鷲平京子訳、岩波文庫、二〇一〇年。

（9）『南蛮美術館の光と影――泰西王侯騎馬図屏風の謎』日本経済新聞社、二〇一一―一二年、六五頁、図版番号一七。

（10）同上目録、二一六頁。

（11）的場節子『ジパングと日本』吉川弘文館、二〇〇七年、二三頁、は天正遣欧使節のローマ訪問以前における日本情報が限定的であることを強調し、宣教師たちの主たる関心も中国にあったという。果たしてそうか。ギョーム・ポステルの日本への関心はこの訪問と無関係であるし、フィレンツェ人ジュリアーノ・デ・リッチの日録は、マルコ・ポーロによってZipangriと呼ばれたGiapanあるいはGiapponeを指摘し、三〇〇年前の記事を確認し、関心の継続性を示す。また日本の位置が経緯度で言われている。チーナ（シナ）との地理的関係にも言及がある一方で、ヨーロッパ人の垂涎の的モルッカ諸島に近いとある。日本とこの諸島が近いと言えるかどうか問題があろうが、ヨーロッパから見ると問題なく近い。Giuliano de' Ricci, *Cronaca (1532-1606)*, a cura di Giuliana Sapori, Milano e Napoli, 1972, p. 421. 根占献一「ルネサンス史の中の日本――近代初期の西欧とアジアの交流」、『藝林』第五二巻（二〇〇三年）、七一―九八頁、特に八二―八三頁。該当頁の行には校正不首尾で間違いがある。以下のように訂正したい。「ジュリアーノの母はニッコロ・マキャヴェッリの娘バルトロメア（バッチャ）で、ジュリアーノはこの母の実家先で長男として生まれた。母方の高名な祖父の死後一六年目のことである。」この小論は本書第一章に収めた。

（12）同教皇の時代的雰囲気の一端は次の論文参照。Clara Rech, Roma e la cultura straniera nel Medioevo e nel Rinascimento, in *Roma. Memoria e oblio*, Roma, 2001, pp.208-34: pp. 219-225.

（13）ここでペトラルカが「桂冠詩人」となったことが強調されるが、「ローマ市民」となったことも重要であろう。そして、この冠を置きにサン・ピエトロ大聖堂に向かったことも忘却されてはならないだろう。E・H・ウィルキンス『ペトラルカの生涯』渡辺友市訳、東海大学出版会、一九七〇年、二八―三三頁。

（14）根占献一「ルネサンス文化と改革期のローマ――一五・一六世紀イタリアの教会と世界」、甚野尚志、踊共二編『中近世ヨーロッパの宗教と政治――キリスト教世界の統一性と多元性』ミネルヴァ書房、二〇一四年、一三二―五七頁、でローマ・ルネサンスの世界を明らかにしようとした。

（15） Paul Schubring, *Cassoni. Truhen und Truhenbilder der italienischen Frührenaissance. Ein Beitrag zur Profanmalerei im Quattrocento*, Stuttgart, 2007 (1923), p.285. シューブリンクのこの古典では作者は in der art Benozzo Gozzolis とされているが、以下の書はロ・スケッジァ（Lo Scheggia）として知られるジョヴァンニ・ディ・セル・ジョヴァンニ（Giovanni di Ser Giovanni）に帰している。*The Triumph of Marriage. Painted Cassoni of the Renaissance*, edited by Cristelle Baskins et al., Boston, 2009, p.47. カッソーネに関わる邦語文献は乏しく、所謂「大芸術」作品への関心に較べて低いと言わざるを得ない。これらの実態が知られれば、時代の市民生活はもっと身近に感じられるであろう。この点で同様に註二六の諸文献も参照。

（16） *The Triumph of Marriage*, pp.47-65 で、Cristelle Baskins が詳細な解説を加えている。

（17） Cfr. Heinrich Böhmer, *Luthers Romfahrt*, 1914.

（18） Ēvora MS (CXVI/1-30, Biblioteca Pública e Arquivo Distrial). これは以下において初めて活字印刷化された。 John W. O·Malley, Fulfillment of the Christian Golden Age under Pope Julius II: Text of a Discourse of Giles of Viterbo, 1507, in Id., *Rome and the Renaissance. Studies in Culture and Religion*, London, 1981, V (pp.265-338: 278-338.〔これが原文〕）この初出は *Traditio*, XXV(1969) であり、収録論文でも元来の頁番号である。

（19） Ēvora MS f. 25r-25v.

（20） Ēvora MS f. 79r.

（21） XXXI. *SS. D. N. PP. Iulio II*. Dal Cod. Senese, pp.203-206, in Giuseppe Signorelli, *Il Card. Egidio da Viterbo agostiano, umanista e riformatore 1469-1532*, Firenze, pp.235-36.

（22） Léon G. Pélissier, Pour la biographie du cardinal Gilles. de Viterbe (Egido Canisio), in *Miscellanea di studi critici,* edita in onore di Arturo Graf, Bergamo, 1903, pp. 789-815, 特に p. 803. O'Malley, *op.cit.*, p.269n.13.

（23） Ēvora MS f. 77r.

（24） Ēvora MS f. 46r.

（25） この方面は最近充実した研究が現れた。Yvonne Petry, *Gender, Kabbalah and the Reformation. The Mystical Theology of Guillaume Postel (1510-1581)*, Leiden / London, 2004. Robert J. Wilkinson, *Orientalism, Aramic and Kabbalah in the Catholic*

Reformation. The First Printing of the Syriac New Testament, Leiden and Boston, 2007. また本書第一章参照。

（26）Marco Spallanzani, *Ceramiche alla corte dei Medici nel Quattrocento*, Modena, 1994. Id., *Ceramiche orientali a Firenze nel Rinascimento*, Firenze, 1997(1978). Id., *Oriental Rugs in Renaissance Florence*, Firenze, 2007.

（27）彼の著作は一部が旧い版で見られるか、あるいは未刊行の場合が多いものの、『シェキナ』の版は現代に刊行された。*Scechina de Libellus de litteris hebraicis*, a cura di François Secret, Roma, 1959, 2 voll. 大作『二〇の歴史』は依然として手稿――ナポリの国立図書館に自筆本が、ローマのアンジェリカ図書館に写本二点がある――のままであり、遠隔の地にある研究者には史料上の困難が伴う。ペリシエから始まる現代のエジディオ研究は、『シェキナ』の編纂者フランソワ・スクレを含めて、エジディオ研究陣は決して貧弱ではなく、得られる知見は多い。エジディオに関わる邦語モノグラフィは今後の課題である。

（28）Marjorie E. Reeves, Cardinal Egidio of Viterbo and the Abbot Joachim, in *Il profetismo gioachimita tra Quattrocento e Cinquecento*. Atti del III Congresso Internazionale di Studi Gioachimiti, S. Giovanni in Fiore, 17-21 settembre 1989, a cura di Gian Luca Potestà, Genova, 1991, pp.139-55. ポステルに関しては、Ewert H. Cousins, The Principle of Plenitudo applied to World Religions: Bonaventure, Postel and Contemporary Ecumenism, in *Guillaume Postel 1581-1981*, Paris, 1985, pp. 131-36.

（29）Spallanzani,*Mercanti fiorentini nell'Asia portoghese (1500-1525)*, Firenze, 1997. フィレンツェ人に限定されてはいるものの、他都市出身者を加えれば、相当数になり、与えた史的影響は小さくない。次の書は古典的研究の一冊。*Storia dei Viaggiatori italiani nelle indie oriental*, compilata da Angelo de Gubernatis con estratti d· alucune relazioni di viaggio a stampa ed alcuni documenti inediti, Livorno, 1875. 根占献一「ニッコロ・デ・コンティの旅とトスカネッリの地図およびポッジョの『再認されたインディア』」、『地中海研究所紀要』早稲田大学地中海研究所、第三号（二〇〇五年）、九一―一〇九頁、特に一〇三頁。本書第二章参照。

（30）原書復刻を下部に含むのは、*Itinerario dallo Egitto alla India*, a cura di Enrico Musacchio, Bologna 1991. 現代版は *Itinerario de Ludovico de Varthema*, a cura di Paolo Giudici, Milano, 1928. モルッカ諸島に関しては *Ibid.*, pp.279-82. これは翌年すぐに増訂版が出た。同一編者パオロ・ジュディチの手になる一九五四年版が存在するが、いずれの再版なのか、あるいは新たな解説などが付加された版なのか否かに関しては、目下不明。合田昌史『マゼラン――世界分割を体現した航海者』京都大学出版会、二〇〇六年、一七五―七七頁。

(31) たとえば、岡本良知『十六世紀における日本地図の発達』八木書店、一九七三年、では先ずポルトガル人、スペイン人の海外での活躍が指摘されるものの、なぜか「イタリア」人とはこの優れた研究者の口からは発せられない。が、本文や収載された地図からは彼らの活動と遜色ない印象をこの地域の人たちが与えてくれる。

(32) 復刻されたP. Amat di S. Filippo, *Biografia dei viaggiatori italiani colla bibliografia delle loro opera*, Staten Island, reprint（元来はRoma, 1882), pp.224-38、ではドイツ系名字の可能性などが示唆されている。さらに人名表記も含めて不明な点は多い。アンジェロ・デ・グベルナティスの既出書ではLudovico De Barthemaとある。*Storia dei Viaggiatori italiani nelle indie oriental*, p.19.

(33) ポルトガルのアジア進出に際してのマラッカの位置づけは、岡美穂子『商人と宣教師――南蛮貿易の世界』東京大学出版会、二〇一一（二〇一〇）年、二七―二八、四五頁。

(34) 生田滋他訳『大航海時代叢書』五、岩波書店、一九六六年。伊川健二『大航海時代の東アジア――日欧通交の歴史的前提』吉川弘文館、二〇〇七年、一八二―二一二頁（同書第三章　日欧通交の成立事情）。

(35) 根占献一『東西ルネサンスの邂逅――南蛮と禰寝氏の歴史的世界を求めて』東信堂、一九九八年、一八頁。拙文でジョヴァンニ・ダ・エンポリをその名字からフィレンツェ近郊エンポリ出身と解釈しているが、フィレンツェ生まれとしたい。このことは、既に同上「ニッコロ・デ・コンティの旅とトスカネッリの地図およびポッジョの『再認されたインディア』」一〇三頁で明らかにしたところではあるが。

(36) Marco Spallanzani, *Giovanni da Empoli, un mercante fiorentino nell'Asia portoghese*, Firenze, 1999 (1984), pp.83, 237. 後の数字は史料頁である。そこではTomé Pirisと表記。

(37) *Ibid.*, p.159. Laurence A.Noonan, *John of Empoli and his Relations with Afonso de Albuquerque*, Lisboa, 1989, p.149 (181). 後者の括弧内の数字は英訳された書簡頁を指す。

(38) 的場、前掲書、二〇頁で、ヴァティカン宮殿内地図に言及がある中、エニャツィオ（イニャツィオ）・ダンティの名が出る。ペルージャ出身のダンティはフィレンツェでも活躍し、ヴェッキョ宮殿内地図の間に中国や日本の地図を残した（一五七五年頃）。ジョヴァンニ・ダ・エンポリらが伝えるアジア情報が地図製作に貢献したのである。Isidoro Del Badia, *Egnazio Danti cosmografo e matematico*, Firenze 1881. Spallanzani, *Ceramiche orientali a Firenze nel Rinascimento*, pp.24-28.

(39) Biblioteca nazionale centrale, Firenze, II.IV.347, cc.208r.-232r., 特に c.230v. Tornando dalla banda della tramontana, è la terra de'

Cini, chiamati Cini, lechi e ghori; ch'è chome dire Fiandra e la Magna e Brabante, in Spallanzani, *op.cit.*, p.203. 以下の書はc. でなくf. を用いるが数字番号は同一。幾らか表記上の相違が見られる。Tornando dalla banda della tramontana, è la terra de' Cini, chiamati Cini, Lechi e Ghori, che è chome dire Fiandra e Lamagne e Brabante, in Noonan, *op.cit.*, p. 176 (210). 後者の括弧内の数字は英訳された書簡頁を指す。前者の研究（Spallanzani, *op.cit.*, pp. 17-18n.2. Id., *Mercanti fiorentini*, 95.）は後者のそれに批判的であり、後者は前者の姓を通して間違って記している。Sallanzani と。

(40) 的場、前掲書、九四―九五頁で、南海地域で刀を意味する gole, goles より、日本からのこの交易品活動に携わる琉球人説を取る。これは久しく解決しがたい言語であることは、内田銀蔵「シラの島及びゴーレスに就きて」、『内田銀蔵講演論集』同文館、一九二二年、六二一―三七頁。また最新論考に、中島楽章「コーレス再考」、『史淵』（九州大学院人文科学研究院）、第百五十輯、二〇一三年三月、六九―一一六頁。

(41) 根占『東西ルネサンスの邂逅――南蛮と禰寝氏の歴史的世界を求めて』一九頁。なお、同上、三六頁で、モルッカ諸島のひとつテルナテ島がテルテーナ島と誤植となっているので、訂正したい。

(42) Spallanzani, *op.cit.*, p. 203n.135.

(43) E. W. Dahlgren, *Les débuts de la cartographie du Japon*, in Archive d'Études Orientales, publiées par J.-A. Lundell, vol.4, Upsal 1911, p.45. この小冊子は時代ごとの Liou-Kieou 理解を深めるのに有益であろう。

(44) 綴りや発音から Corea の可能性は如何であろうかとも推測するが、いずれにしても北にある。

(45) Giovanni di Napoli, *L'immortalità dell'anima nel Rinascimento*, Torino, 1963. 根占献一「イタリア・ルネサンスにおけるプラトン哲学とキリスト教神学」、『新プラトン主義研究』第七号（二〇〇七）、三一―三八頁。本書補論Ⅱ参照。

(46) 根占献一「マルシリオ・フィチーノ。『プラトン神学』と霊魂不滅の伝統――特に「自然的欲求」をめぐって」、同編著『ルネサンスの霊魂論』三元社、二〇一三（一九九五）年、一七―七一頁所収（一部『プラトン神学』訳を含む）。

(47) 根占『東西ルネサンスの邂逅』一〇四―一九頁。この該当頁は「ザビエル宣教と霊魂不滅の問題」『学習院女子短期大学紀要』第三四号（一九九六年）、一八―三二頁、に基づく。本書第四章参照。

(48) 根占「パドヴァ大学と霊魂不滅の問題――一六世紀世界における宗教と哲学思想」、『中近世ヨーロッパのキリスト教会と民衆宗教』、研究代表甚野尚志、科学研究費補助金研究成果報告書、二〇〇九年、一七―二三頁。本書第五章がこれに相当する。

(49) 前者に関わるのは、浅見雅一『キリシタン時代の偶像崇拝』東京大学出版会、二〇〇九年。後者に関わるのは、川村信三『戦国宗教社会＝思想史――キリシタン事例からの考察』知泉書館、二〇一一年。こちらはアニマの訳語を「霊魂」とすることの歴史的問題性をも指摘している。川村、同書、一一四―一一七頁。なお同師は今回の著書で「終末論」にも触れている。

(50) 浅見『キリシタン時代の偶像崇拝』八一―八五頁。同書、八一―八二頁によれば、神道も仏教同様に見られたと考えてよいようである。他に、ジラール・フレデリック「ペドロ・ゴメスの『講義要項』の和訳（一五九五年）と日本の宗教」『東洋の思想と宗教』第二八号（二〇一一年）、一―五三頁。本論に関わる文は、フレデリック、同上、三一―五、三一頁。フレデリックはさらに霊魂と身体の関係については、和譯は仏教の二諦説とプラトンの二元論の影響を受けて、アリストテレス説から逸脱していると指摘する。同上、三七頁。

(51) 厳密に言えば、聖トマスの「知性の不朽」と特にルネサンスの「霊魂の不死」との開きは大きいように思われる。根占「マルシリオ・フィチーノ。『プラトン神学』と霊魂不滅の伝統」三五頁。

(52) ヨゼフ・B・ムイベルガー（ミュールベルガー）『日本における信仰――ヴァリニャーノの「日本のカテキズモ」と倫理神学的見解』サン・パウロ、二〇〇四年、三五九―六一頁。

(53) Teodoro Katinis, *Medicina e filosofia in Marsilio Ficino. Il consiglio contro la pestilenza*, Roma, 2007, pp.91-92.

(54) 川村前掲書、一四三頁。後述する折井善果『キリシタン文学における日欧文化比較――ルイス・デ・グラナダと日本』教文館、二〇一〇年、でも、ヨーロッパ思想の異なる問題が「日本布教の特殊事情」に関連していることが明らかにされる。

(55) ムイベルガー前掲書、三六一頁。川村前掲書、一四〇頁にある、魂不死の第一〇番目の理由はフィチーノ思想の根幹と一致している。ポール（パウル）・オスカー・クリステラー「フィチーノ」根占献一訳、同上『イタリア・ルネサンスの哲学者』佐藤三夫監訳、みすず書房、二〇〇六（一九九三）年、五七―七九頁所収、特に六九―七〇頁参照のこと。

(56) クリステラー「ポンポナッツィ」、根占献一訳、同上『イタリア・ルネサンスの哲学者』一一一―三七頁所収、特に一二四―二七頁。

(57) 折井『キリシタン文学における日欧文化比較』一五一―五九頁、特に一五二、一五八頁には、ポンポナッツィ思想の解明に少なからぬ示唆が得られる。

(58) 川村前掲書、一二三頁。また同上、一三八頁。

（59）「スピリツ（スピリトゥス）」は「プネウマ」まで遡って考察するに値する。G. Verbeke, *L'évolution de la doctrine du pneuma du stoicism a S. Augustin. Étude philosophique*, Paris et Louvain, 1945. ここでの「キリスト教徒のキケロ」、雄弁家ラクタンティウスや、ラテン教父の最高峰聖アウグスティヌスの議論は *Ibid.*, pp.469-510. フィチーノを中心とした近年の議論に関しては、Katinis, *op.cit.*, pp.96-108.

（60）たとえば、Marsilio Ficino, *El libro dell'amore*, a cura di Sandra Niccoli, Firenze, 1987, VI, 6, pp.123-24.

（61）C. Fabro, *La nozione metafisica di partecipazione second S. Tommaso d'Aquino*, Milano, 1939. L. -B. Geiger, *La participation dans la philosophie de S. Thomas d'Aquin*, Paris, 1953 (1942). この他の関連文献は、次の書の引用文献が参考になる。Kristeller, *Le Thomisme et la pensée italienne de la Renaissance*, Montréal et Paris, p.29n.12.

（62）Kristeller, *ibid.*, p.38.

（63）中畑正志「総解説　プラトンを読む――昔も、そして今も」、アルビノス他『プラトン哲学入門』京都大学学術出版会、二〇〇八年、四二三―四九頁所収、特に四三八頁。これはなかなかの洒脱なエッセー。洒脱というと、東洋思想をも視野に収める、神崎繁「魂の位置――一七世紀東アジアにおけるアリストテレス『魂論』の受容と変容」、『中国――社会と文化』、第一九号、二〇〇四年、三一―五五頁、は有益である。

（64）折井善果『キリシタン文学における日欧文化比較――ルイス・デ・グラナダと日本』教文館、二〇一〇年、三七―三八頁。

（65）同上、四〇頁。なお折井、同上、一〇六―〇七頁は、ペトラルカにレトリックと形而上学の統一を果たした先駆者を見出すが、二〇〇年後のルイスの時代への史的流れ、変化も指摘している。

（66）同上、八六―八七頁。

（67）Cfr. Kristeller, The Contribution of Religious Orders to Renaissance Thought and Learninng, in Id., *Medieval Aspects of Renaissance Learning. Three Essays*, edited and translated by Edward P. Mahoney, Durham 1974, pp.93-114. このクリステラー論文のうち一点は註六一の英訳が含まれる。

（68）折井前掲書、六二頁。

（69）同上、四三、七三頁。

（70）根占献一「フマニタス研究の古典精神と教育――イエズス会系学校の誕生頃まで」、『教育の社会史』浅野啓子・佐久間弘展

編著、知泉書館、二〇〇六年、一二五—四八頁所収、特に一四四頁。本書第八章参照。

（71）折井前掲書、第四章。

（72）以下の小文で幾らか明らかにすることができたであろう。根占「ガスパロ・コンタリーニとトレント公会議への哲学的・神学的傾向」、『西洋史論叢』第三六号（二〇一四年一二月）、二五—三八頁。

（73）折井前掲書、一九九—二〇〇頁。神の執事ではないが、フィチーノの自然魔術の、人間的技量の執事（ministro）を指摘するのは、Katinis, *op.cit.*, pp.70-72.

（74）同上、一四五頁。根占、前掲論文、五二頁。

（75）Giuseppe Saitta, *Marsilio Ficino e la filosofia dell'umanesimo*, Bologna, 1954 (1943).

（76）折井前掲書、一二七頁。

（77）『ひですの経』一〇一頁。

（78）同上、一三三頁。

（79）根占献一『共和国のプラトン的世界』創文社、二〇〇五年、一八四—八五頁。またフィチーノの主著『プラトン神学』にも見出される。根占編『ルネサンスの霊魂論』中の五四—五九頁、「ヤヌス神としての霊魂」を参照。

（80）『ひですの経』一四三—四四頁。

（81）Marsilio Ficino, *Platonic Theology*. English Translation by Michael J. B. Allen. Latin Text edited by James Hankins with William Bowen, London, 2004, IV, pp.170-71.

（82）『ひですの経』、一五二—五五頁。

（83）折井『キリシタン文学における日欧文化比較』一九六頁。

（84）同上、二三頁。

（85）ゴイス研究の優れた一冊は、Elisabeth Feist Hirsch, *Damião de Góis. The Life and Thought of a Portuguese Humanist 1502-1574*, The Hague, 1967. 錚々たる研究者たち（Marcel Bataillion, J.-C. Margolin ら）による詳細な論文集成に、*Damião de Góis. Humaniste européen*. Études présetées par José V. De Pina Martins, Braga 1982. Damião de Góis の都市頌は英訳がある。*Lisbon in the Renaissance*. A New Translation of the urbis olisiponis descriptio by Jeffrey S. Ruth, New York, 1996. 特に *Ibid.*, p. 35.

（86）　Antonio Rotondò, I movimenti ereticali nell'europa del Cinquecento, in *Studi e ricerche di storia ereticale italiana del Cinquecento*, Torino, 1974, pp.5-56.

（87）　ヨーロッパの研究者もまたこれを意識しているようだ。Peter Burke, Renaissance Europe and the World, in *Renaissance Historiography*, edited by Jonathan Woolfson, Basingstoke and New York 2005, pp.52-70. しかしバークの指摘は今更のようにも思われるし、日本語が読めれば、この言語を使用する研究者たちの営為に彼は驚嘆するのではなかろうか。

（88）　教文館ウェンライトホール（東京都中央区銀座）にて、「『ひですの経』影印・翻刻刊行記念講演会（二〇一二年一月二二日）：一六—一七世紀の日本におけるキリシタンと出版」（主催　教文館・八木書店。講演者　東京外国語大学豊島正之「活字印刷とキリシタン版」、慶應義塾大学折井善果「『ひですの経』の内容が意味するもの——アニマ論を中心に」、信州大学白井純「『ひですの経』とキリシタンの言葉」）を聴講し、知識と情報を得た。また二〇一七年九月二九日「つくばグローバルサイエンスウィーク（TGSW）」（茨城県つくば市竹園　つくば国際会議場）において私は「日本におけるキリシタンの世紀とイタリア・ルネサンス——「霊魂不滅」の観点から」と題して英語による発表を行った。これに当たっては筑波大学の諸先生、特にお招きいただいた桑原直己教授にはお礼を申し上げたい。また以下の研究発表に接し、アニマ、魂をめぐる議論が洋の東西にわたる広範な問題であることを再認識した。Yoshitsugu Igawa, The Understanding of the Soul Theory in China by the Jesuits of the 17th Century: Mainly on Translation of *the Doctrine of the Mean*（中庸）*in Confucius Sinarum Philosophus*.

第七章　カトリック復興期のヒューマニスト フランチェスコ・セルドナーティ

一　人となり

本章は、一六世紀フィレンツェのヒューマニスト（人文学者、人文主義者）、フランチェスコ・セルドナーティに関わる覚え書を提供しようとするものである。彼の業績は自作と翻訳書から知られる。その出版・印刷を多く手がけた業者は、著名なジュンティ一族であった。セルドナーティの仕事から時代の文化を垣間見ることができるであろう。管見の限り、欧米にもセルドナーティの研究論文はなく、おそらくこれが初めてのモノグラフィである。ただ、彼にまつわる文献史料は少なく、またそれが稀書の部類に入って未見のものも多いがゆえに、拙稿はささやかな試論に留まるであろう。

主にフィレンツェで活躍した、同時代の知識人たちを思い出すままに挙げると、著名なヒューマニストたちのピエル・ヴェットーリ（一四九九―一五八五年）、ベネデット・ヴァルキ（一五〇三―六五年）、コジモ・バルトリ（一五〇三―七二年）、ヴィンチェンツォ・ボルギーニ（一五一五―八〇年）、ピエトロ・アンジェリ・ダ・バルガ（通称イル・バルジェオ。一五一七―九六年）、また個性的な著述家たちのアントン・フランチェスコ・グラッツィーニ（一五〇三―八四年）やヴィンチェンツォ・ガリレオ（一五二〇―九一年）たちがいる。彼らに比べれば、セルドナーティはより若い世代に属し、同世紀を越えて一七世紀初めまで生きた。

だが、今日ではほぼ忘れ去られていよう。生年はフィレンツェ暦一五三九年の、今日の暦では一五四〇年の一月七日で、没年は定かでない。生地はトスカーナ、ラモレ（Lamole）(1)とする書もあれば、フィレンツェ市内のサン・ジョヴァンニ市区リオン・ドーロ地区生まれとする指摘もある。こちらの指摘にさらに従えば、最後の記録（memoria）はフィレンツェの一六〇九年で、その後ローマで亡くなったらしく、一六一一年までここで書簡を執筆した、と。また一八七二年に、後述の請願書とセルドナーティの書簡集が公けにされたとあるが、未確認である。(2)

先祖が地方の出であったことは間違いなく、そのために二〇〇人会（Consiglio dei CC）へ税の減免を求める、一五八三年九月二二日の請願書（supplica）が存在する。これから、父ベネデットや祖父ニッコロの名が知られる。(3)そこに、フランチェスコ・ディ・ベネデット・ディ・ニッコロ・セルドナーティ・ダ・ラモレ（Francesco di Benedetto di Niccolò Serdonati da Lamole）とあるからである。パドヴァ、ついでラウジァ（Raugia. 後述）に住んだことがあったが、この時、すでにフィレンツェに長年暮らして妻子があり、文法と人文学の公立学校（scuola pub.ca di gramatica et umanità）で生計を立てている。フランチェスコ・セルドナーティは、「自らの祖国に選んだ高貴この上ないこの都市で生き、かつ死すことを、またトスカーナ大公閣下の少年たちや若者たちに文学と美俗（lettere et buon costumi）を教えることを望んでいる」ので、件の処置を求めたのであった。投票の結果、一九五票（黒豆）の圧倒的賛成票を得ている。(4)

二　翻訳家

著名でなくとも、私の関心を惹きつけて離さぬ理由は、ひとつには彼がヒューマニストのあり方を示していること、もうひとつには日本の歴史と小さからぬ繋がりを有していることにある。ルネサンスのヒューマニストは弁論としてのレトリックが発揮できる誇示演説を好んだが、彼にもこの方面の追悼演説が二本（一五九〇年と一五九三年）残されている。またヒューマニストは決して文筆一本で生きているわけでなく、通常一定の職に就いていた。彼が教師であったことは、先の史料から明らかである。ヒューマニストは一般的に、総じて外国語のギリシア語作品をラテン語に翻訳したり、自らの作品はラテン語で執筆したりした学者として捉えられている。だが、古典だけでなく、同時代のラテン語作品を俗語に訳出した業績や、また自作を俗語で物した面は無視されがちである。問題のセルドナーティはこのような側面を有する人物であった。そのような訳業の大仕事に、ベルガモ出身のイエズス会士ジョヴァンニ・ピエトロ・マッフェイ（一五三五―一六〇三年）の『インディア（インド）史全一六巻』（*Historiarum Indicarum libri XVI*）がある。初版は一五八八年で、フィレンツェのフィリッポ・ジュンティ（一五三三―一六〇〇年）により印刷された。以後、種々の版がヨーロッパ各地で印刷され、その内容が世に広まった。マッフェイはこれより早く、一五八五年に同会の祖師、イグナティオ・デ・ロヨラ伝をローマで刊行し、時の同会総会長（Praepositus generali societatis Jesu）クラウディオ・アクァヴィーヴァ（一五四三―一六一五年）に捧げた。ジュンティ版にはこれらが合作されて印行され、スペイン国王フェリペ二世に献呈されたのである。これにはさらに、マッフェイがポルトガル語から訳したフランシスコ・ザビエルの書簡なども含まれていた。[5]

この版は直ちに翌年、セルドナーティにより翻訳出版される。出版社は同じくジュンティであった。彼の書籍と関わりの深い出版業者ジュンティは、このようにイエズス会関係の書籍を数多くたくさん世に送り出した。ただしこの翻訳版にはデ・ロヨラ伝ではない。つまりこれは翻訳されなかった。セルドナーティが訳して公刊したのは、『インディア史』と書簡集であった。[6] このため、この訳書はアジアと日本が中心であり、その地域事情が細かく述べられている観を呈する。セルドナーティの時代には、日本、ジパングはヨーロッパ人にもはや未踏の島国でなく、またこのヨーロッパに日本の使節も最初の画期的な足跡を残し、夥しい記録が残されたのである。セルドナーティが一五八五年、フィレンツェもしくは別のイタリアの地で天正遣欧使節を見かけた可能性は小さくない。一行はイタリア各地でたいへんな話題となっていた。[7]

同時代作品の翻訳はマッフェイに限るものではない。歴史書の校訂では、ポッジョ・ブラッチョリーニ(一三八〇―一四五九年)の『フィレンツェ史』(*Historia florentina*)がある。このラテン語版がヴェネツィアで印刷されて世に出たのは遅く、一七一五年のことであった。ただ、その子ヤコポ(一四四一―七八年)の俗語訳のほうはしばしば印刷に付され、一五九八年にはジュンティよりセルドナーティの校訂版が出た。この時、セルドナーティはラテン語で書かれた父の書と子の訳文を校合し、[8] すでに存在する訳書をある意味では仕上げたわけである。

彼が関わった国史の訳はフィレンツェ共和国に限らなかった。ウベルト・フォリエッタ(一五一八年頃―八一年)の『ジェノヴァ史全一二巻』(*Historiae genuensis libri xii*)の純然たる翻訳が挙げられよう。地元ジェノヴァで、俗語訳は一五九七年に公刊されたが、ラテン語原書は一五八五年にウベルトの弟パオロにより印刷に付されていた。このフォリエッタ兄弟はセルドナーティの後援者、アルベリコ・チーボ（Alberico Cybo もしくは Alberico Cibo とも。一五三二―一六二三年）と親しい関係にあった。アルベリコは『ジェノヴァ史』公刊に並々ならぬ関心を抱いていたが[9]、セルドナーティと彼との繋がりについては、あとで少しく述べることになろう。

また、ボッカッチョ（一三一三―七五年）やピエトロ・アンジェリ・ダ・バルガ、つまりイル・バルジェオの訳に関しては、同じく自作の項で後述する。これらはともにジュンティより、一五九八年と一六一一年に出た。後述の理由は、ボッカッチョにはセルドナーティのオリジナル作品も含まれるためであり、イル・バルジェオの場合は一九世紀の新版にオリジナル作品とともに合作されているがためである。

この二人、ボッカッチョとイル・バルジェオが生きた世紀間の人物で、ヨーロッパ各地を旅し、ハンガリーで活躍したガレオット・マルツィオ・ダ・ナルニ（一四二七―九七年頃）には、興味深い諸論文が存在する[10]。そしてその一本はセルドナーティの訳により、やはりジュンティから『さまざまな学説』（*Della varia dottrina*）と題されて、一五九五年に出た。ラテン語版（*De doctrina promiscua*）のほうは、逸早く一五四八年にトォレンティーノ印刷より出ていた[11]。トォレンティーノ（Torrentino）もフィレンツェで出版業を営む、有名な一族であり、メディチ（大）公と縁が深かった。マルツィオはパドヴァ大学で医学を学んだヒューマニストだが、この書はその知識が活かされている。セルドナーティは、これにアルベリコ・チーボあての長文の献辞を添え、また簡単な注を施した[12]。

三　問題のセネカと史料批判

彼によるこのような当代作品――ボッカッチョは彼より二〇〇年以上前の人であるものの――の現代語訳に対して、古典の訳で有名なのは、セネカの『怒りについて』(*De ira. Dell'ira*)であろう。研究者ボルガーによると、それは一五六九年のことである。(13) 当たりをつけ、この時代のジュンティの出版目録を参照したが、(14) 見出せなかった。したがってこの版は未見である。もしかしたら、印刷に付されていないのかも知れない。フェッラーラのイエズス会士ジュリオ・ネグリの一八世紀の遺作、著作家伝に、セルドナーティの記述、略歴と出版活動はあるものの、この翻訳には言及がない。(15)

ミラノの出版社ダエッリ(Daelli)の稀覯本叢書(Collana: Biblioteca Rara Daelli)に、セルドナーティによるセネカの訳書が入ったのは、一九世紀半ば過ぎのことである。このとき、一四世紀に俗語訳された『聖パウロ＝セネカ往復書簡』(*Epistulae Senecae ad Paulum et Pauli ad Senecam*)も同じ巻に収録された。(16) この叢書には、興味深いことに『三人の詐欺師』(*De tribus impostoribus MDIIC*)も収められている。(17) 私が眼を通したのは、一八六四年に出たこれと、先の『怒りについて』などが合本された、旧蔵書家の手から離れた古書である。『怒りについて』の中世写本には第一巻第二章に脱落があった。本書でも脱文のままである。(18) このことは、マルク・アントワーヌ・ミュレ(ラテン名ムレトゥス。一五二六―八五年)により初めてその可能性が指摘された。フランスはリモージュ近郊、ミュレ出身のヒューマニストであるが、その主要な活動舞台はイタリア、特にローマといっていい。(19) セルドナーティのイタリア語訳文は読みやすく、ローマの哲学者の真意をよく伝えている。そしてその基調のみからも、後世の人々がこの哲人とパウロの間につながりを求めたことも、無理からぬように思われる。同書第二巻第二八章などはその好例であろう。その冒頭に「万般に関して公平な審判人であろうと望むなら、まず最初にわれわれは、こう確信しようではないか。われわれのうち、罪のない者は一人としていない、と。」とある。

彼らの関係は、ヒエロニュムスの四世紀からイタリア・ルネサンスの盛期、一五世紀まで信じられ続けた。この聖人によれば、セネカはペテロとパウロが殉教の栄に浴する二年前に、ローマ皇帝ネロから死を賜った。[20]それは六五年のことである。セネカと彼ら使徒の歴史的関係を示すものは存在しないのだが、その長兄でアカイア総督ノウァートゥスはこれ以前、五二年に法の番人として、ユダヤ人たちにより法廷に訴えられたパウロを間近に見る機会があった。このことは新約聖書の『使徒行伝』（第一八章一二―一七）がかなり詳しく伝えている。

セネカはいわば「隠れキリシタン」あるいは「ニコデモス主義者」として人々に映じていたのだが、往復書簡はデシデリウス・エラスムス（一四六六〜六九―一五三六年）の徹底的批判に遭った。同時代のヒューマニストのなかには、史料批判を差し控えるルフェーヴル・デタープル（一四五五年頃―一五三六年）のような人もいた。[21]かなりのちの世代のセルドナーティが両者の関係を、また時代の文献批判をどのように見ていたのか、現研究段階では判然としなかった。一六世紀後半のヒューマニストであるから、明らかにエラスムス以前の見方はもはや共有し得なかったのではなかろうか。むしろここでは、セルドナーティの翻訳を利用しながら、偽作の書簡集を含ませる、一九世紀の編集者の意図に思いを馳せるべきであろう。

四　著作の数々

つぎにセルドナーティ自らの主要著作を一瞥してみよう。注目すべき一書は『第二一六代ローマ教皇インノケンティウス八世の生涯と事績録』（*Vita e fatti d'Innocenzo VIII papa ccxvi*）である。同本文末尾に一五九五年に執筆されたとある。本章では一八二九年にミラノで印刷された版を用いる。この版にはさらに、セルドナーティによるイル・バルジェオの俗語訳、短編の『ローマ史著述家読破順』（*Ordine di leggere gli scrittori della storia romana*）が添えられている。[22] こちらは前述した一六一一年に、パオロ・デ・ロッシ（パオロ・デル・ロッソ）によるスエトニウスの皇帝伝の翻訳と合わされて、ジュンティより出たことがあった。[23]

さて、『教皇インノケンティウス八世の生涯と事績録』の編者は序文で、[24] セルドナーティの文筆力を礼讃する。それによると、誰をもまねず、まったく自分の文体を形成している。これをセルドナーティは簡素な（文体）と称し、さらにはフィレンツェ俗語を記すことと宣しているとはいえ、その文体は優美であり、言語がよき世紀のきわめて著名な作家たちの言葉であることは、皆が一致している、と。[25]

編者は翻訳者としては、マッフェイの『インディア史』を真っ先に言及している。ただし、書名が『西インディア（インド）史』（*Storia delle Indie Occidentali*）とあり、『東インディア（インド）史』（*Storia delle Indie Orietali*）とすべきなので間違っている。ただ興味深いことに、同じくミラノで一八〇六年に出た、マッフェイ作でフィレンツェ市民セルドナーティ訳の『東インディア（インド）史』（*Le storie dell'Indie Orietali*, Milano, 1806,3 voll）に言及し、その見事な俗語文によりイタリア古典収攬に入れるのにこれが相応しいと判断されたという。(26) 全三巻全体にこの表題が付けられているが、最初の二巻が『東インディア史』全一六書を含み、最終巻には、同じくセルドナーティの手になるザビエルなどの書簡のイタリア語訳が四書にわたって収録されている。

その他の翻訳として、チーボ家の依頼による既出のフォリエッタの『ジェノヴァ史』やイル・バルジェオの『ローマ史著述家読破順』の各俗語訳に触れ、これと未刊の『教皇インノケンティウス八世の生涯と事績録』を合わせて公刊する意義を指摘している。さらに、未刊の三巻本の『フィレンツェ全俚諺の起源』（*Origine di tutti i proverbi fiorentini*）があることを、かなり詳しく記している。(27)

次にいよいよ序文は本題に進む。アルベリコ・チーボがマッサおよびカッラーラの君主国（principato）の統治者であり、また学芸の保護者（mecenate）であることが取り上げられる。われらのセルドナーティは君主の求めに応じて、また保護者に対する感謝の気持もあって、インノケンティウス八世伝に筆を染めたとされる。(28) あとは公刊するだけであったが、今となっては定かならぬ理由により、手稿本のまま一八〇六年まで眠っていた経緯が語られる。この年、フランス人たちの皇帝から同君主国を譲渡されたルッカ公妃は、ドゥカーレ宮を再建させる一方で、チーボ一族の古文書が保管されている部屋を壊し、手稿本が他の手書き本とともに人手に渡るままにした、と。(29) 皇帝とはもちろんナポレオンであり、ルッカ公妃はその妹のことである。

インノケンティウス八世は一四三二年ジェノヴァに生まれ、一四九二年ローマで亡くなった。教皇としての在位は一四八四年から一四九二年に及んでいる。本名はジョヴァンニ・バッティスタ・チーボ（一四三二―九二年）で、少なくとも二人の実父であり、これを認知した。息子のひとりフランチェスケットはロレンツォ・イル・マニフィコの次女マッダレーナと結婚した。一四八八年一月のことである。(30) 翌年三月九日、イル・マニフィコの次男ジョヴァンニを枢機卿にしたのは、縁戚となったこの教皇の配慮による。ただし、一四歳未満だったジョヴァンニは、三年間は実際の職務には就かないという条件が課せられていた。アルベリコはそのマッダレーナの孫筋である。彼の父の名はロレンツォで、マッサ辺境伯の女と結婚することになる。

最後に、編者は『教皇インノケンティウス八世の生涯と事績録』でこの時代の簡潔な政治史の描写を行う。その際、歴史家セルドナーティの文体が称えられる。そして、貴重な手稿本が編者によって寄贈されたミラノのブレラ図書館にあると結んで、序を終えている。(31)

本文のなかで、セルドナーティはフランチェスケット（フランチェスコ）は教皇の息子と淡々と記す。他方で、チーボ家とメディチ家の婚姻に対するロレンツォ・イル・マニフィコの気遣いは詳細に書き留め、彼の判断と深慮が皆の賛嘆を呼んだと記している。(32) 教皇の意向により枢機卿に昇進させてもらった者を列挙するなかに一三歳のジョヴァンニも挙がり、のちには教皇レオ一〇世となった、と認める。そしてこれによりメディチ家は偉大になり、「今日ほぼトスカーナ全域を治めている。」という。(33)

学芸・芸術の保護者の側面に注目すると、教皇の傍らで第一級の画家アンドレア・マンテーニァ（一四三一―一五〇六年）が仕事をしたと、面白い逸話とともに語っている。ベルヴェデーレ宮殿で多くの仕事をしたけれども、期待したほどの報酬を得られなかった。そこでマンテーニァはある人物像を描きこみ、それを覆っておいた。ある日やって来た教皇がわけを尋ねると、画家は被いを取って、「聖父様、これは分別像（la Discrezione）です。」と即座に答えた。教皇は笑いながら、その傍らに忍耐を表わす別の人物像を描くがよいと応じた。作が完成すると、教皇は物惜しみなく支払いをした、という。(34) この逸話はヴァザーリも伝えている。(35) あるいはこの美術史家から引いてきている可能性が高いかもしれない。

学者としては、エルモラオ・バルバロ（一四五三―九三年）、ポリツィアーノ（一四五四―九四年）、ポンターノ（一四二二年頃―一五〇三年）の名を挙げるが、その画家の場合と違い、具体的事実は示されていない。教皇が高い評価を与えていたと記すに留めている。[36] 異端に厳格だった教皇とピーコ・デッラ・ミランドラ（一四六三―九四年）の事件には触れられていない。教皇は長身白皙で見事に調和が取れており、人好きのする、優しい姿形であることを強調し、全キリスト教徒に愛され、尊敬されたが、異教徒のトルコへの戦いは辞さなかったと語る。[37] トルコ関係の叙述は全体としてかなり詳しい。この国に関しては、セルドナーティの別の著作でいささか後述したい。

興味を惹くのは、ジェノヴァ人コロンボの新世界発見の言及である。[38] 一四九二年に秋のことであり、教皇の死後の出来事であるが、同郷の人間の行った快挙ゆえに記しているのであろうし、セルドナーティがいわゆる地理上の発見以後の世代に属していることの証左でもあろう。ヨーロッパ以外の地域への関心にも並々なるものがあったといえよう。先に記したように、そのなかにはアジア、極東の日本も当然含まれていたであろう。[39]

五　時代の潮流

先述のように、『教皇インノケンティウス八世の生涯と事績録』にトルコの叙述が詳しいのは、セルドナーティ自身の関心と時代背景を如実に示していよう。彼には『トルコ人の慣習と彼らとの戦闘方法』（*Costumi de' turchi e modo di guerreggiarli. Ragionamento inedito di Mess. Francesco Serdonati tratto dall'autografo esistente nella Magliabechiana*, Faenza）という、決して長くはないが、興味深い著述が存在する。また、レパント（Lcpanto）の海戦（一五七一年一〇月七日）に象徴されるような、切迫した対外関係をも考慮に入れておかなければばならないだろう。これは若いときの彼には印象深い出来事だったのではなかろうか。ただ、この両著作ともほぼ同年作である。『教皇インノケンティウス八世の生涯と事績録』が一五九五年に執筆されたのに対し、『トルコ人の慣習と彼らとの戦闘方法』は一五九四年四月二八日付けの、ドン・ジョヴァンニ・メディチ（一五六七―一六二一年）あての献辞がついているからである。

ジョヴァンニ・メディチは祖父に黒旗隊長ジョヴァンニを、父に初代のトスカーナ大公コジモ一世を持ち、軍人であるとともに、建築や文学などに多才な能力を発揮した興味深い人物であった。[40] 同年、ジョヴァンニは神聖ローマ皇帝ルドルフ二世に軍人として仕え、ハンガリーで武勲を立てた。その後トルコとの戦いに際しては、皇帝は彼を砲兵隊長官（Generale di Artiglieria）に就けた。『トルコ人の慣習と彼らとの戦闘方法』はまた、歴史家としてのセルドナーティを良く示している。ギリシア・ローマの古典から戦争・戦術に関わる引用がふんだんにあるだけでなく、[41] 中世やルネサンスからも具体的に戦闘の歴史とその結果を取り上げている。それは古今の隊長から模倣するに足る範例を提示して、ドン・ジョヴァンニに役立ててほしかったからである。[42]

トルコの情報はこの時代、少なからず書かれているが、セルドナーティの作品もその一点である。別人の手になるものを一作挙げておくと、彼の先輩格の大ヒューマニストでフィレンツェとも縁の深い、コーモ出身のノチェラ司教パオロ・ジョーヴィオ（一四八三―一五五二年）著『トルコ事情註解』（*Commentario de le cose de' Turchi*）がある。[43] ジョーヴィオにはラテン語作品が圧倒的に多いが、これは俗語で執筆され、以後、幾度となく印刷され、広く親しまれた。セルドナーティも当然知っていたであろう。ジョーヴィオの場合は英雄好みの彼らしく、スルタンたちに関心があったように思われる。時の神聖ローマ皇帝カロルス（カール）五世（一五〇〇―五八年）あての献呈の辞（一五三一年一月二二日付け）は、書き下ろし時期の政治状況をよく伝える。ラテン語に訳したのはフランチェスコ・ネグリで、一五三七年ヴィッテンベルクでこの版の初版が出、翌年にはアントウェルペン、パリと続いた。ドイツ語訳はルター派のユストゥス・ヨナス（一四九三―一五五五年）の手になるが、それにはフィリップ・メランヒトン（一四九七―一五六〇年）が序文を寄せた。トルコ問題はヨーロッパ人にとり、宗派とは関係ない切実な死活問題であった。それは、セルドナーティ時代も続いていた。(44)

そのほかのセルドナーティの著作に触れると、『俚諺集』（*Proverbi*）がある。この書も生前に出版されることはなく、一九世紀後半に漸く出た。(45)そのなかから、一四世紀ルッカの皇帝派領袖カストルッチョ・カストラカーニ（一二八一―一三二八年）に纏わる、比較的よく知られた言葉、「カストルッチョが言ったことには――彼は神が欲する者であり、神が欲するであろうものになるであろう」（Come disse Castruccio: Egliè quell che Dio vuole e sarà quell che Dio vorrà.）をひとつ紹介しよう。この言葉に次いで、セルドナーティは短文の冒頭に、「神のうちにすべての事柄の結末が存し、すべてが彼の意志に依存する」と書いている。警句の最後に、ジョヴァンニ・デッラ・カーサ（一五〇三―五六年）の『ガラテーオ』（*Galateo*）がその言葉を引用していると、結んでいる。デッラ・カーサは、カストルッチョがこれらの言葉を衣装に縫いこんでいたが、それは身分上相応しくなく、彼のトランペット兵に似つかわしいとしている。(46)セルドナーティの文では鼓手（tamburino）とある。

このような書の体裁で思い出されるのは、アンジェロ・ポリツィアーノ（一四五四―九四年）の『お気に入り金言』（*Detti piacevoli*）やロドヴィーコ・グィッチァルディーニ（一五二一―八九年）の『気晴らし時間』（*Ore di ricreazione*）であろう。(47)これらはヒューマニストたちが折々の機会に会話や談論を弾ませるために書き留めておいたことに由来するのであろう。

最後に、セルドナーティとボッカッチョ作品の関係に触れておきたい。ボッカッチョのラテン語著作二点、

『著名婦人』（*De mulieribus claris*）、『著名人の運命』（*De casibus virorum illustrium*）は、ヴェネツィアのジョリト（Giolito）出版社で仕事をした文学者、ジュゼッペ・ベトゥッシ（一五一二年頃―七三年頃）により俗語に訳されていた。ベトゥッシはいわゆる「雑文家」（poligrafo）のひとりとして知られている。当時ヴェネツィアはイタリア随一の出版地であり、このような「筆《ペン》の冒険家」を多く抱えていた。セルドナーティは原作にさらに幾人かの事例を付加し、また「時代的な磨き」をかけ、ジュンティ出版社より出した。各一五九六年と九八年のことである。この両作品への彼の貢献には少なからぬ関心があるが、目下これを手にできていない。「時代的な磨き」というのは、ベトゥッシの研究者ルチア・ナディン・バッサーニの読解から得た印象を言葉にしたものである。(48)

結　語

セルドナーティのヒューマニストとしての活動は「対抗宗教改革」や「カトリック改革」と称される時代に重なっている。彼の青年期の出来事として、レパントの海戦に言及した。これは、キリスト教ヨーロッパ社会と東方イスラム社会の緊迫した国際関係を端的に表している。他方、ヨーロッパ内では宗教上の諸問題が噴出していた。教皇庁のお膝元イタリアではアルプス以北のプロテスタントの影響も顕著で、「異端」や同調者も生まれていた。アルベリコ・チーボの叔母カテリーナ（一五〇一―五七年）もそのような一人であった。セルドナーティが同じくまだ若かった時、同郷人のピエトロ・カルネッセッキ（一五〇八―六七年）が異端者として処刑された。それは記憶に残るものになったであろう。

セルドナーティがイエズス会士マッフェイの傑作『東インディア（インド）史』の翻訳にどのような経緯から

携わることになったのか、現段階では不明である。それはジュンティからの依頼に過ぎず、俗語訳は単に機械的な仕事だったのだろうか。クルスカ・アカデミーの創立（一五八三年）に見られるように、文学に堪えられる俗語純化が顕著に求められる時代でもあった。トスカーナ語表現にも秀でていたセルドナーティが選出された可能性は高いが、自らの信仰の在りかもまた率直にその任を引き受けさせたに相違ない。それゆえに本論の題名を「カトリック復興期のヒューマニスト」とした次第である。

補遺　フランチェスコ・セルドナーティ

「カトリック復興期のヒューマニスト　フランチェスコ・セルドナーティ」（Francesco Serdonati, umanista del periodo di Restaurazione cattolica）(49)を執筆した際、一次文献であるセルドナーティ自身の作品二点をどうしても見ることができなかった(50)。幸い、二〇〇八年サバティカル中の在外研究のおかげで、余裕をもってイタリア共和国とヴァティカン市国、両国の各図書館を訪ねて目を通すことが可能になった。両国の図書館では主として五館を利用したが、以下の１は市国の、２は共和国（フィレンツェ）の図書館で読むことができた。それらの正式題名等は以下の通りである。

1. Nozze Rocca Saporiti-Resta *Vite di cinque donne illustri italiane* Cia Ubaldini-Caterina Sforza-Omandella Gaetani-Caterina Cybo-Caterina de' Medici. Scritte nel secolo XVI da Francesco Serdonati fiorentino, Firenze Tipografia di G.B.Campolmi 1869.

2. Per Nozze Modigliani-Modena *Lettere* inedite di Francesco Serdonati tratte dal Regio Archivio di Stato in Firenze, Padova Tipografia Luigi Penada 1872

この二点は表題から明らかなように、ともに婚姻を祝う形式、「祝婚作品」（nuptialia）として出版されたものであった。商業的意図を持たないために発行部数も少なく、随分と探求したが、なかなか入手し難い理由がこれで分かった。この形式の印刷物はイタリアでは必ずしも珍しくはないが、他のヨーロッパ諸国には見られないように思われる。[51] この点で、非常に興味深い、地中海の連綿たる文化的伝統を示している。

1の五人の女性伝のうち三人のカテリーナを取り上げて見よう。先ずは第七章で触れたチーボ家の女性、カテリーナ・チーボから見ると、読む前の期待と違い、彼女の宗教改革者的性格への言及は見出されなかった。チーボ家とメディチ家（母はロレンツォ・イル・マニフィコ女子）の恩恵を受けているセルドナーティとしては、カテリーナ・チーボをそのような女性とすることはできなかったのではなかろうか。このため、彼を「カトリック復興期のヒューマニスト」と題して拙文を発表したことは間違っていなかったと言いえよう。カテリーナの史的位置に関しては、セルドナーティの伝記を引用しながら、改革者との関連を述べる古典、Bruto Amante, *Giulia Gonzaga. Contessa di Fondi e il movimento religioso femminile nel secolo XVI con due incisioni e molti documenti inediti*, Bologna, 1896, p.310 がひとつの参考となる。さらに、カテリーナ・スフォルツァ小伝も特にメディチ家との関連で注目してよかろう。このカテリーナは黒帯隊のジョヴァンニ・デ・メディチの実母、最初のトスカーナ大公コジモの祖母になる。あの浩瀚な Pier Desiderio Pasolini, *Caterina Sforza*, Roma, 1893-1897 (ristampa 1968), 4 voll. では、これが序の註で一文献として挙がっている。最後のカテリーナ・デ・メディチ（カトリーヌ・

ド・メディシス。ロレンツォ・イル・マニフィコ曾孫）については、これらのカテリーナや他のいずれの伝記よりも頁数が多かったとのみ記しておこう。

つぎに、2の俗語書簡集から、フランチェスコ・セルドナーティは、ヒューマニスト的書簡の作者というよりも、受信者にトルコと海上の情報をもたらす、現地ラウジャ（Raugia）在住の通信員という像が生まれてくる。これは一次史料を読むことから得られた発見であった。一言でヒューマニストと言われるが、彼もまた現実世界で生きていたのである。それらは一五七〇年代と一六〇〇年初頭の各書簡（二二通と七通）から成り立っている。七〇年代の最初の書簡は七一年四月六日、最後は七九年二月一八日で、すべてラウジャ（Raugia. ラグーザ Ragusa, ドブロヴニク Dubrovnik）発である。因みに、レパントの海戦は一五七一年一〇月七日である。この最後の書簡では、トルコによるペルシャ制圧に触れている。一七世紀最初の一〇年間の書簡はすべて Roma 発である。最後は一六〇八年五月九日の日付を持ち、ローマ発はいくらか実子に関する情報を含んでいる。

ローマでセルドナーティが亡くなったこともあり、ジュリア通り（Via Giulia）の「フィレンツェ人の国民教会」、サン・ジョヴァンニ聖堂（San Giovanni dei Fiorentini）は彼に関わりがあるのでないかと推察したが、これ以上はなにも明らかにならなかった。ローマ教皇ユリウス二世に因むこの通りは、二〇〇八年に五〇〇年祭を祝っていた。セルドナーティの時代には一世紀目を迎えていたことになる。

ラウジャについては、セルドナーティと同時代人で注目に値するドミニコ会修道士、セラフィーノ・ラッツィ（1531 Marradi-1611 Firenze）が『ラウジャ（ラグーザ）史』（*La storia di Raugia*, Lucca, 1595）を著わしている。[52] これは現在、復刻版がフォルニ（Forni）社から出ている。今後、彼らの何らかの接点を求めて、或いは少なくとも彼らが共に生きた時代について、いくばくかでも事実を明らかにしたいと願っている。

＊　Dedico questo piccolissimo saggio su Francesco Serdonati ai coniugi Borghesi, Claudio e Lidia, che ci hanno accolti calorosamente non solo a Firenze, ma anche a Marradi in estate del 2008.

註

（1）　*Dizionario biografico degli Italiani*, Roma, 1960- は続刊中で六七巻まで達しているが、まだセルドナーティの項目には達していない（二〇〇八年）が、電子オンライン（Treccani. Enciclopedie on Line 2016/09/07）では、Poligrafo (n. Làmole, Firenze, 1540 - m. forse Roma dopo il 1602); insegnante di grammatica e umanità a Firenze, sembra si sia trasferito nel 1602 circa a Roma; scrisse degli argomenti più varî: *De' fatti de' Romani*; *Vita di Innocenzo VIII* (pubbl. 1829); *Costumi de' Turchi e modo di guerreggiarli* (pubbl. 1853); *Vite di donne illustri* (1596); ecc.; pubblicò varie traduzioni.〟とある。*The New Century Italian Renaissance Encyclopedia*, ed. Catherine B. Avery,New York, 1972, p.861 では一五四〇年一月七日トスカーナのレモレ Lemole（*sic*）で生まれ、一六〇二年以降、ローマで死去とある。セルドナーティの以下の書、『トルコ人の慣習と彼らとの戦闘方法』*Costumi de' turchi e modo di guerreggiarli. Ragonamenti inedito*, Faenza, 1853, pp.7-9 (avvertimento dell'editore) では一五五〇年頃生まれ、一六一五年頃亡くなったと、『第二一六代ローマ教皇インノケンティウス八世の生涯と事績録』(*Vita e fatti d'Innocenzo VIII papa ccxvi*), III(prefazione dell'editore) でも、一五五〇年頃フィレンツェで生まれたとある。以下の註二八も参照のこと。

（2）　*Proverbi inediti di Francesco Serdonati aggiuntovi una supplica dello stesso al consiglio dei CC*, Padova 1873. Pietro Ferrato 編のこの書、p.6 の註参照。編者はここで公刊は Gaetano Milanesi に負うと感謝している。ミラネージはジョルジョ・ヴァザーリの列伝編者として高名な学者である。フェッラートによる公刊書は以下のとおり。*Lettere inedite di Francesco Serdonati tratte dal R. Archivio in Firenze,* Padova, 1873. この情報は、註九にあるフランコ・ボナッティの論文による。本章の「補遺　フランチェスコ・セルドナーティ」を参照のこと。

（3）　Consiglio dei 200. Filza 15 delle suppliche dal 1582 al 1586 a c. 33-1583, 22 settembre, Archivio di stato in Firenze, in *Proverbi inediti*, pp.5-6 に所収。

（4）*Ibid.*, pp.5-6. ラウジァについては『トルコ人の慣習と彼らとの戦闘方法』のドン・ジョヴァンニ・メディチあての献辞で、「あのころ私はラウジァにいた」と書いている。Serdonati, *Costumi de' turchi e modo di guerreggiarli. Ragonamenti inedito*, p.11.

（5）マッフェイに関しては、根占献一「イタリア人の訪問者・熟知者と日本――鹿児島調査旅行覚書」『学習院女子大学紀要』第七号（二〇〇五年）、二五―四二、特に三七頁。本書第三章参照。*I Giunti tipografi editori di Firenze, 1571-1625. Annali inediti con un'appendice sui bibliografi dei Giunti*, a cura di Luigi Silvestro Camerini, Firenze, 1979, pp.91-92. ジュンティ一族に関しては、William A. Pettas, *The Giunti of Florence. Merchant Publishers of the Sixteenth Century*, San Francisco, 1980.

（6）Prospero Peragallo, Cenni intorno alla colonia italiana in Portogallo nei secoli XIV, XV, XVI, in *Miscellanea di storia italiana*, Torino, S.III, T. IX (1904), pp. 379(1)-462(84); 417(39). *I Giunti tipografi editori di Firenze, 1571-1625*, pp.93-94.

（7）Adriana Boscaro, *Sixteenth Century European Printed Works on the First Japanese Mission to Europe. A Descriptive Bibliography*, Leiden, 1973. その余韻はいつまでも残り、たとえばジュゼッペ・マリア・メカッティの『都市国家フィレンツェの編年的歴史』は、もっぱら使節一行の動向に同年の記述を割いている。これについては、Giuseppe Maria Mecatti, *Storia cronologica della città di Firenze*, Napoli, 1755, parte seconda, pp.767-68. 根占献一『東西ルネサンスの邂逅』東信堂、二一〇―六四頁、特に一四〇頁を参照のこと。

（8）*I Giunti tipografi editori di Firenze, 1571-1625*, p.132.

（9）F. Bonatti, Alberico Cybo e i letterati del suo tmpo, in *Il tempo di Alberico 1553-1623. Alberico I Cybo-Malaspina: Signore, politico e mecenate a Massa e a Carrara*, 1991, pp.233-49: 240. Guido Manacorda, *Petrus Angelius Bargaeus(Piero Angeli da Barga)*, Pisa, 1904,p.17 によると、一五六七年イル・バルジェオにジェノヴァ史（la storia del Genovesato）の依頼があった。

（10）P. O. Kristeller, Nuove fonti per la storia dell'umanesimo italiano, in id., *Studies in Renaissance Thought and Letters*, Roma, 1969 (1953), pp.373-94, 特に pp.375-77, p.393. Federico Gabotto, *Vita di Giorgio Merula*, Alessandria, 1893, p.26n. によると、『さまざまな学説』には、セルドナーティ作の『ガレオット・マルツィオ・ダ・ナルニ伝』（*Vita di G. M. Narni*）が序として付いているという。ただガボットは一六一五年刊行としている。現段階では、この版も一五九五年版も未見だが、後者はネット上でフィレンツェ国立図書館を介して、表紙、献辞の最初の頁、コロフォンの三葉を見ることができる。なおここではセルドナーティの没年は一六〇三年とあるが、マルツィオは一四四二年生まれで一四九四年没とあり、生没年とともにかなり相違が見られる。

（11）Domenico Moreni, *Annali della tipografia fiorentina di Lorenzo Torrentino impressore ducale*, 1989 (1819), Firenze, p.33.

（12）*I Giunti tipografi editori di Firenze, 1571-1625*, p.117. チーボ家は本論で後述するように、メディチ家と縁が深かった。またセルドナーティにはメディチ家も重要な後援者一族であった。コジモ一世の息でトスカーナ大公フェルディナンド一世と彼の文筆活動との関係を伝える一例は、Giovanni Cipriani, *Il mito etrusco nel rinascimento fioretino*, Firenze, 1980, p.206n.

（13）R. R. Bolgar, *The Classical Heritage and its Beneficiaries*, Cambridge, 1973 (1954), p.535. *Ibid*., p.506 によれば、情報は Argellati, *Biblioteca degli volgarizzatori*, Milano, 1767 に依拠している。目下、この書物で確認が取れていない。

（14）*I Giunti tipografi editori di Firenze 1497-1570 Annali*, a cura di D. Decia, R. Delfiol e L.S. Camerini, Firenze, 1978.

（15）P. Giulio Negri, *Istoria degli scrittori fiorentini*, Ferrara, 1722 (Bologna, 1973), p.221.

（16）*Dell'ira libri tre di Lucio Anneo Seneca tradotti ed annotati da Francesco Serdonati nuovamente ridotti a miglior lezione coll'aggiunta delle lettere di S. Paolo a Seneca e di Seneca a S. Paolo volgaizzate nel secolo xiv*, Milano, 1863, pp.155-68 に往復書簡が所収されている。そこでの表題は以下の註二〇にあるとおりである。書誌情報によれば、近年、これは復刻（Arnaldo Forni, Bologna, 1974.）された。

（17）『三人の詐欺師』の史的意義は別稿を期したい。赤木昭三『フランス近代の反宗教思想——リベルタンと地下写本』岩波書店、一九九三年、の手堅い研究にみられるように、イタリア・ルネサンスと一七、八世紀のフランス思想との関連にはもっとしかるべき関心がもたれ、研究が行われるべきである。同書ではガブリエル・ノーデも重要人物であり、ルネサンス・ヒューマニズムとの関連の深さを示唆している。

（18）邦語版『セネカ哲学全集1倫理論集（Moralia）I』岩波書店、二〇〇五年所収の『怒りについて』兼利琢也訳では、補って和訳してある。

（19）C. Dejob, *Marc-Antoine Muret; un professeur français en Italie*, Genève, Slatkine Reprints, 1970 (1881).

（20）*L'Epistole di Seneca a S. Paolo e di S. Paolo a Seneca volgarizzate nel secolo xiv*, p.157 に聖ヒエロニムスの証言とセネカの墓碑銘が載っている。

（21）Guy Bedouelle, *Lefèvre d'Étaples et l'Intelligence des Ecritures*, Genève, 1976, p.205.

（22）全体としては *Vita e fatti d'Innocenzo VIII papa ccxvi scritta M. Francesco Serdonati fiorentino coll'aggiunta dell'ordine di leggere gli scrittore della storia romana composto in latino per M.Pietro Angeli da Barga e fatto volgare dallo stesso Serdonati*, dalla tipografia di Vincenzo Ferrario, Milano, 1829. Manacorda, *op.cit.*, pp.118-19.

(23) *I Giunti tipografi editori di Firenze, 1571-1625*, p.159.

(24) Prefazione dell'editore, pp.iii-vii. 編者はその名が序文に出ないが、本書を印刷したヴィンチェンツォ・フェッラリオであろう。註二二参照。

(25) *Ibid.*, p.iii.

(26) *Ibid.*, p.iii-iv.

(27) *Ibid.*, p.iv-v.

(28) Bonatti, *op.cit.*, p. 241には教皇伝執筆の経緯とねらいが指摘されている。なお同頁の註四四で、ボナッティはセルドナーティが一五四〇年にフィレンツェ近郊ラモレで生まれ、一六一一年にローマで死去したと書き、文献として、註二に挙げたフェッラート編の書簡集を挙げている。

(29) Prefazione dell'editore, pp.v-vi.

(30) 根占献一『ロレンツォ・デ・メディチ――ルネサンス期フィレンツェ社会における個人の形成』南窓社、一九九九年第二版、一五、一三一、一九〇頁。

(31) Prefazione dell'editore, pp. vi-vii.

(32) *Vita e fatti d'Innocenzo VIII papa ccxvi scritta M. Francesco Serdonati fiorentino*, pp.59-61.

(33) *Ibid.*, pp.96-97

(34) *Ibid.*, p.81.

(35) Giorgio Vasari, *Le vite de' piu' eccellenti architetti, pittori, et scultori italiani, da Cimabue insino a'tempi nostri* nell'edizione per i tipi di Lorenzo Torrentino, Firenze, 1550, a cura di Luciano Bellosi e Aldo Rossi. Presentazione di Giovanni Previtali, Torino, 1986, p.495. ここではヴァザーリはミラネージ版でなく、トォレンティーノ初版（一五五〇年）を挙げる。註二参照。ヴァザーリ『ルネサンス画人伝』平川・小谷・田中訳、白水社、一九八二年、一三四頁。

(36) *Vita e fatti d'Innocenzo VIII.*, p.83.

（37） *Ibid.*, p.89.

（38） *Ibid.*, p.88

（39） Cfr., Lucia Nadin Bassani, *Il poligrafo Veneto Giuseppe Betussi*, Padova, 1992, p.53.

（40） 生涯については Ester Balossi, *Don Giovanni de'Medici. Saggio biografico*, Torino, 1899. Gaetano Pieracini, *La stripe de' Medici di Cafaggiolo*, Firenze, 1986, II, pp.217-49. 特にプラトン主義的愛については、*Amore e Guerra nel tardo Rinascimento. Le lettere di Livia Vernazza e Don Giovanni de' Medici*, a cura e con un saggio di Brendan Dooley, Firenze, 2009, pp.35-37.

（41） 未見であるが、次の両書は同類の書でないかと推測する。*L'imprese fatte da'Romani in Guerra.* In Venezia, 1572, *Fatti d'arme de'Romani*, Opuscolo. (Libri III. Ven. Ziletti e Comp., ma in fine Cristoforo Zanetti, 1572). Giulio Negri, *op.cit.*,p. 221. *Dell'ira libri tre di Lucio Anneo Seneca*, pp.xiii-xiv.

（42） *Costumi de' turchi e modo di guerreggiarli. Ragonamenti inedito*, pp.23,30-32.

（43） Giovio, *Commentario de le cose de' Turchi*, a cura di Lara Michelacci, Bologna, 2005. T.C. Price Zimmermann, *Paolo Giovio. The Historian and the Crisis of Sixteenth-Century Italy*, Princeton, 1995, p.121.

（44） エラスムスに関しては、Lara Michelacci, *Giovio in Parnasso. Tra collezione di forme e storia universale*, Bologna, 2004, pp.191-93. ポステルについては、F. Lestringant, Guillaume Postel et l'《obsession turque》, in *Guillaume Postel 1581-1981*, Paris, 1985, pp.265-98.

（45） 註二に既出だが、今一度記すと、*Proverbi inediti di Francesco Serdonati aggiuntovi una supplica dello stesso al consiglio dei CC.*, Padova 1873.

（46） *Ibid.*, 8. デッラ・カーサ『ガラテーオ。よいたしなみの本』池田廉訳、春秋社、一九六一年、一七六頁参照。Giovanni della Casa, *Prose, e altri trattatisti cinquecenteschi del comportamento*, a cura di Arnaldo di Benedetto, Torino, 1970, p.268. Cfr. Giovanni Villani, *Cronica*, a cura di Franc. Gherardini Dragomanni, tomo III, Firenze, 1845, p.57(Libro decimo, capitol LIX).

（47） Angelo Poliziano, *Detti piacevoli*, a cura di Tiziano Zanato, Roma, 1983. ロドヴィーコ・グィチァルディーニに関しては特に、*Lodovico Guicciardini. (Florence 1521-Anvers 1589)*, publié par Pierre Jodogne, Louvain, 1991.

（48） Bassani, *op.cit.*, p.56.

(49)『学習院女子大学紀要』、第一〇号、二〇〇八年、五三―六五頁。本章参照。

(50)『同紀要』、五四頁註二、六四頁。本章参照。

(51) Olga Pinto, *Nuptialia. Saggio di bibliografia di scritti italiani pubblicati per nozze dal 1484 al 1799*, Firenze, 1971. 根占献一「イゾッタ・ノガローラの古書と私」、『星美学園短期大学 日伊総合研究所報』（*Bollettino Istituto di ricerca italo-giapponese*）、第三号、二〇〇七年、二六―三二頁、特に二九―三〇頁。

(52) セラフィーノ・ラッツィに関しては、Patrik Macey, *Bonfire Songs. Savonarola's Musical Legacy*, Oxford, 1998, pp.135-44: p.136. これはCD音楽付きでラッツィ作を含む。

(補註) その後確認できた文献二点。一点は本文でも述べた著名婦人伝に関わるセルドナーティのオリジナルな著述。なお彼にはスペイン語からトスカーナ語への翻訳もあることが序言より分かる。もう一点は重要な翻訳で、ここでも彼がカトリック復興期のヒューマニストであることが確認できよう。

1. *Alcune vite di donne celebri italiane* scritte da Francesco Serdonati fiorentino. Nozze Penada-Vasoin. Prefazione di Pietro Ferrato, Padova, 1871.
2. Baronio Cesare, *Essortazione dell'Illustrissimo, et Reverendissimo Signor Card. Baronio Bibliotecario Apostolico alla Repubblica di Venezia*, tradotta dalla latina nella volgar lingua da Francesco Serdonati fiorentino, Roma, Luigi Zannetti, 1606.

第八章　フマニタス研究の古典精神と教育
――イエズス会系学校の誕生頃まで――

「フマニタス研究、即ち文法、歴史、詩、そしてレトリックの研究」
（『イエズス会学事規定』一五九一年）

はじめに

教育は時代に呼応しながら、理想を追い求めていく。特に転換期にあたる季節の教育はそうであろう。以下の各節で、ルネサンスがどのような時期にあたり、そこで新たな教育の価値観として何が起こったのか、またいかなる組織がこの教育を理想的に樹立したかを述べることになろう。

この時代の最先端教育が一六世紀の日本で実施されたが、それは明らかに世界史的拡がりのなかで理解される出来事だったこと、この点で、明治の近代教育や戦後の民主教育のように、ネーション一国に留まるものではなかったことが明確になろう。

一　時代的特徴

一四世紀半ば近くの、ブランチェスコ・ペトラルカ作『わが秘密』(*Secretum*) と一六世紀終わり近くの、ミシェル・ド・モンテーニュ作『エセー』(*Les Essais*) は、ある時代を画するに相応しい著作である。これらの作品間には、およそ二五〇年間が横たわり、この一時代をルネサンスと呼ぼう。

だが、それはあくまでも外延的な目安である。ペトラルカの生前（一三〇四年）あたりまで遡ることは可能であろう。また終わりも一七世紀半ば頃まで下げてみることも不可能ではないであろう。例えば、前者に関しては早期ルネサンスのパドヴァ派の文学活動があり、後者に関しては対話編の傑作『二大世界体系についての対話』(*I due massimi sistemi del mondo*)、特にわが国の呼称に従えば、『天文対話』を残したガリレオ・ガリレイの没年（一六四二年）がある。こうした移行時期が勘案されることになろう。

そのルネサンスには以前の中世と違ってなにも起こらず、変わらなかったという人がいる。変化したほうは中世だと主張する者はルネサンスの四倍以上の時代幅、一〇〇〇年以上を取っていないだろうか。そんなに長い間であれば、何か変わることぐらいはあろう。ルネサンスではどうか。この間、ヨーロッパ世界にはなにが起こっていたのか。文化的にはフマニタス研究（studia humanitatis）が勃興し、社会上、対外的にはいわゆる地理上の発見があり、内部では宗教改革とカトリック改革が生じた。これらを順次説明し、ヒューマニズムに相当するフマニタス研究については次節で後述したい。

地理上の発見という呼称は西欧世界に身を置いて考えれば、これ以上の適切な表現方法はない。旧世界の西欧人にとり、新世界としてアメリカが加わり、同じく旧世界ながら極東アジアが初めて現実味を帯びた地域として立ち現れてきた。地理上の発見に至る前史、そしてこの発見自体に貢献したイタリア人は多い。またそれだけではない。将来のプランテーション農業においても、彼らは先駆的役割を果たした。ポルトガルやスペインのように、新世界に植民地を保持することにはならなかったにしても、大西洋上のマデイラ（マデーラ）諸島でのポルトガル人による砂糖黍栽培などには、東地中海におけるヴェネツィアとジェノヴァ双方の共和国の方策と経験が生きている。

宗教改革とはもちろんルター以後のプロテスタントの動向を指す。ここに西欧キリスト教世界には亀裂が走り、制度や教義には相異が生じ、現代に至っている。なかには独自の宗教観を有するイタリア出身の改革者も現れる。高名なのは、ともにシエナ出身で反三位一体論者のベルナルディーノ・オキーノ（一四八七—一五六四年）やレリオ・ソッツィーニ（一五二五—六二年）であろう。寛容論のジャコモ・アコンチョ（アコンティウス。一四九二—一五六六年）も注目されよう。彼らはイタリアを脱出したが、半島内に生きながら、プロテスタント改革の影響を受けた人も少なくなかった。ジュリア・ゴンザーガ（一五一三—六六年）はそのうちの際立つひとりの女性である。

カトリック改革という呼称は、中世を通じてローマ教会が新たな傾向と挑戦を常に受け入れてきたことを思えば、時代を特定せずに用いられようが、本章では次のような歴史認識で使われる。プロテスタント改革から刺激を受けて、これに応ずる他律的、保守的な意味でのみ対抗宗教改革やら反宗教改革やらの概念を考えない。トレント公会議に至り着く動向はこのような改革の面を指し示しているにしても、分裂前後から自律的なカトリック改革の波動は高まっていた。信心会や修道会の叢生は目立ち、宗教指導者には事欠かない。

フランチェスコ修道会第三会出身の聖アンジェラ・メリチ（一四七四―一五四〇年）はウルスラ会を創設し、将来、妻や母親となる女子のための教育に尽力した。この会の会員たちは家庭に留まり、そのなかで同会の指針の実現を目指した。メリチには、プラトン哲学の復興者マルシリオ・フィチーノ（一四三三―九九年）の思想との類縁性が見られる。同哲学は時代の主導的思潮となり、中世後半からのアリストテレス哲学と競合関係に入っていた。教会の新旧派を問わず、この時代のキリスト教思想に及んだ「異教」哲学の影響は決して小さくはない。

さらにコンパニーア（信心会）の一種、「神的愛」のオラトリオは時代を代表する傑出した会員たちを擁していた。そのなかには、『正しい少年教育』（*De pueris recte instituendis*）の著者ヤコポ・サドレート（一四七七―一五四七年）や、後述するガスパロ・コンタリーニ（一四八三―一五四二年）らが含まれていた。第五ラテラノ公会議（一五一二―一七年）後に一段と活性化されるこの会の名称、「神的愛」はフィチーノ思想の中核を成している。会員は従来のような修道生活に入ることなく、それぞれの司教区で改革に従事した。イエズスのコンパニーア、イエズス会に関してはあとで詳述しよう。新旧のキリスト教を問わず、イタリアの宗教界は多様であり、ルネサンスの錯綜した現実を雄弁に物語っている。(1)

二　新たな表現方法と教育の新展開

前節冒頭の諸作品はスコラの方法と区別される叙述形式を有している。ペトラルカが編み出した方法ではないにしても、対話問答形式による『わが秘密』は弁証法的なスコラ的方法とは明らかに異なり、以後好まれる方式となる。(2) ガリレオの著書も同断である。新時代の活発な手法となる対話形式は専らプラトン的・キケロ的であり、アリストテレス的論理学に基づく中世スコラ学とは相違している。つまり典拠となる古代文献とこれに基づく方法に変化が認められる。『エセー』のほうも、同様に論理的なスコラ的手法と異なる過去の伝統を考慮に入れなければならず、対話を含む古典的手法の、かなりユニックな組み合わせの叙述形式となっている。(3) そのうえで、『エセー』風叙述が人口に膾炙するのがモンテーニュからだとすれば、この時代の意義と彼の役割を認めてもよいであろう。私たちがこれを随想と呼ぶのも、一般的な論理性でなく個人主義的な情意表現を重視しているからではないか。旧来の形式に全面的に取って代わったわけではないにしろ、表現上の嗜好に生じた変化は決して小さくはない。

この変遷にはもうひとつ、書簡文学の隆盛が加わる。ペトラルカの私信に端を発して、以来ブームが起き、多くの文学者や哲学者が書簡に精を出すことになる。モンテーニュもガリレオも優れた書簡作者であった。これには、ヨーロッパでは比較的遅かった紙社会が漸く成立したこと、ルネサンス以後の活版印刷技術の進展を受けて、新たな文字社会が誕生したことなどが大きく寄与し、同文学確立を決定づけたのである。もちろん、キケロやセネカの書簡の存在自体を忘れてはならないが。中世この方、ルネサンスでも書簡作成は中等教育の眼目であったが、近代に入ると書簡文は一段と洗練され、対話形式や随想と同様、自由な発想、自主的な表現工夫の場となる。このことは、日本でも往来物は手習塾——地域によっては寺子屋のほうが一般的呼称——の肝要な教科書類となり、書簡作成は近世教育の枢要であったことを想起させよう。

ここで、一三三九年のアイレンツェ人ヴィッラーニの名高い文を引用しよう。「八〇〇〇人から一〇〇〇〇人、読み書き（leggere）を習っている男子と女子がいる。六学校で一〇〇〇人から一二〇〇人、算盤（abbaco）と算術（algorismo）を習う男子がいる。五五〇〇人から六〇〇〇人、四上級校（grandi scuole）で文法と論理学を学んでいる男子がいる」(4)。これらの数字は当時のフィレンツェの人口が九万人程度であったことを考えれば、あまりにも多すぎよう。特に、読み書きを習う子が男女で八〇〇〇人から一〇〇〇〇人とあるというのは誇張であろう。六歳くらいからこの教育が開始され、四年余り続くのだから、この年齢あたりから一〇歳ほどの子がこの数とするなら、当時のフィレンツェの人口が二〇万人を超えていてもおかしくない。確実なことは、教育がたいへん盛んであること、数理系と文系では別々の専門教師が教えていることである。ラテン語学習は上級校から始まるのであろう(5)。読み書きを中心にした、このような俗語初等教育熱があってこそ、次の段階での書簡作成術(文章作法 ars dictaminis)、そしてルネサンスではレトリック中心のフマニタス研究、つまりヒューマニズムの教育も達成されるのである(6)。

それはちょうど民間レヴェルでの近世教育が下地にあって、近代日本の公的な欧米化教育が花咲いたのと同様である。全国津々浦々に浸透する近代的教育体系以前の社会において、公的な制度や施設でない機関が教育の普及、識字率の向上で果たした役割は決して看過できない。日本ではそれが往々寺社でなされたように、イタリアでは修道院や在俗信徒の信心会が類似の役割を果たした。特に女子教育の中心が修道院にあったことは、すでに一例を挙げたところである。また信心会で朗誦され、演じられるラウダ(lauda 民衆的な宗教賛歌)には、当時の道徳的願いや教育的訓戒が込められている。

一五世紀フィレンツェで、大司教の要職にも就いた聖アントニーノの訓導やルクレツィア・トルナブオーニのラウダ作品には教育的配慮が行き渡っている。彼らはけっして専門教育者ではなかったが、ドミニコ会修道士のラテン語著述やロレンツォ・イル・マニフィコの母の俗語作品は、道徳・宗教教育にも役立ったのである。ルクレツィアの晩年に相当する一四八〇年の識字率には、次のような数字が引き出されている。一〇歳から一三歳にかけてのフィレンツェ男子のうち、およそ三〇から三三パーセントの若者が読み書きができた、と。それからほぼ一〇〇年後の一五八七—八八年のヴェネツィアでは、六歳から一五歳では男子が約三三パーセント、女子は一二・三パーセントが読み書きができた、と。このような世界で長じた人たちの間で、彼らの著作等は読者を獲得したのである。(7)

他方で、ルネサンスの新時代に入ったからといって、中世来の俗語道徳訓話集が下火になり、教科書や愛読書から姿を消したわけではまったくなかった。一四世紀の最初の二〇数年の間——これはペトラルカの少・青年期に相当する——に書かれた、著者不明の『徳目の華』(*fior di virtù*)などは写本時代の数も多いが、一四七一年頃には早くも印刷本が登場した。その後も繰り返し印刷されて定番となり、徳目教育に欠かせぬものであり続けた。また個人の蔵書としても人気があり、読み物としても魅力があったことが分かる。(8) このように基礎的な道徳教育分野では、アリストテレス、イソクラテス、プルタルコスの古典一色になったわけではなく、俗語作品も読み継がれたのである。

最後に雅俗の問題に触れておこう。かつての日本では漢文がラテン文に相当しようが、雅俗は決して対立的に捉えられていなかったのではなかろうか。漢文は大体書き言葉の範囲でしかなく、書道教室において肝心なのは書体であり、必ずしも文体ではなかった。漢文と和文の使い分けは、目的を異にする文化様式の問題であった。西欧でも近代語と古典語の関係をもっぱら対立的に眺めるのは間違っている。先に取り上げた著書のうち、ペトラルカのラテン語作品を除けば、すべて俗語であり、フランス語とイタリア語で執筆されている。ルネサンスはこのように俗語表現が発達した時代でもある。ラテン語からの俗語訳も盛んに行われ、『わが秘密』の地域言語訳も登場した。このように雅俗は教育段階の習熟度の問題でもあり、必要に応じて使い分けがなされたと考えるべきである。

一五世紀前半の俗語世界と古典世界の交流は、ジョヴァンニ・モレッリの日記やジャンノッツォ・マネッティの生涯に窺われる。モレッリもマネッティもフィレンツェの商人層に必須な俗語教育を受けたものの、それだけに留まってはいなかった。前者は古典学習の意義を十分に弁えた発言を残し、後者はいったん社会に出たあとで学びなおし、古典修得を果たした。マネッティの場合は特に、今風にはリカレント教育を受けたといえよう。そしてギリシャ語、ヘブライ語をも物したのである。今や古典語は俗人にも魅力的に映ずる言語となった。

三　ローマ精神とマッフェオ・ヴェージョ

ヒューマニズム（人文主義）教育も以上のような時代のただなかで発展する。ペトラルカはこの教育の骨子を示し、モンテーニュはその申し子となる。古典の言語を基礎として、人間形成を図ろうとするヒューマニズムには、両人に関する有名な事例がある。愛読書として古典だけを挙げたペトラルカ、フランス語を聴かされずラテン語だけで育てられたモンテーニュ。永遠の都ローマはカンピドーリオの丘で桂冠詩人となったペトラルカ、ここでローマ市民となって感激した文を残したモンテーニュ。その一節を引用しよう。「私は幼いときからローマ人とともに育てられた。私はわが家のことを知るずっと前からローマを知った。ルーヴルを知る前に、カピトリウム（カンピドーリオ）とその位置を知っていたし、セーヌ河を知る前にティベリス（テヴェレ）河を知っていた。これこそ唯一の万人共通の、世界の都である。ここを統治する最高の権威は他の国でも同じように最高のものとして認められている。これこそあらゆるキリスト教国の首都である。私はいかなる都市の市民でもないので、過去未来にわたってもっとも気高いこの都市の市民であることをたいへん嬉しく思う。(9)」後代のモンテーニュと同様、ローマは先駆者ペトラルカを魅惑し、歴史とはすなわちローマの歴史であり、すべてローマ礼讃以外のなにものでもなかった（『逸名ガリア人の中傷に弁明す』*Apologia contra cuiusdam anonyimi Galli calumnia*）。ルネサンスとはこのようにローマ精神（Romanitas）の復興でもあった。

彼らがローマ時代の古典から学んだことはなんであったのか。キケロの書簡とその著作は知られている。これらによると、カエサルとの対立、魅惑的な友人との交流、子を失った親の悲しみが読み取れる。宇宙における人間の位置、社会での人間の務めが描かれる。ウェルギリウスは読まれている。そこにはローマ建国の歴史が苦難のなかに描かれるが、色恋沙汰も主人公に無縁ではない。農耕・田園生活は大事な生活の一部である。ローマ末期のアウグスティヌスは理解される。彼の信仰の個性的あり方が個の意識の高まったこの時代に熱く迫ってくる。一千年の時の空間を越えて、この神学者は魂を知りたい人に切々と語りかけてやまない。これはスコラ神学者の論理からは得られぬ体験となる。

ルネサンスの個人主義、個性尊重は時代の劈頭に立つペトラルカの言動にこそ示され、それが後々までヨーロッパ人の一原型になったのではなかろうか。彼のパトロンでローマの大貴族コロンナ家のステファノにあてて曰く、「どうして絶望をされるのか。あなたにはお子さんが誰一人とてない。しかし自分自身を有しているのであれば、十分でないか。おのれの魂を治めていることよりもいっそう大きな富、いっそう輝かしい所有物などありはしない」（*Familiares* 8.I.18）、と。この時、一三四八年には老ステファノは実子で枢機卿のジョヴァンニを失くして、七人の子全員、五人の兄弟、妻と孫よりも生き永らえていたのであった。ルネサンス個人主義はひとりひとりの魂や心を問題にする。『エセー』にも容易にそのことは読み取れよう。「確かに、思慮ある人は、自分自身さえ持っていれば、何も失ったことにならない。われわれはできれば、妻も、子供も、財産も、そして特に、健康も、持つべきである。だが、われわれの幸福がただそれだけに左右されるほどに縛られてはならない。そういうものを失くしたときに、それなしですますことが事新しいことでないようにしなければならない。われわれは、自己の上に向けることのできる心を持っている。われわれの心は自己を友とすることができる。」（*Les Essais* I,39.）

この両者間の時代で、ローマは益々理想化されて教育の中枢に座して個の意識は高揚し、古代精神が人々を魅了する。古代ローマの教育理論家クインティリアヌスの発見がなされるとともに、ギリシャ語文献の、偽プルタルコス『子供の教育』（*De liberis educandis*）、イソクラテス『ニコクレスに』（*Ad Nicoclem*）、偽イソクラテス『デモニコスに』（*Ad Demonicum*）などのラテン訳が現れる。翻訳に活躍したひとりは一五世紀フィレンツェの市民的ヒューマニスト、アラマンノ・リヌッチーニであった(10)。これらの書物などから古代人の教育観は規範となり、同世紀には真剣な教育論が展開される。ペトラルカ没後、主要なものでも一〇数編の教育論が執筆された(11)。それらは教えるための技術的な手引き書というよりも、書を献呈された者への自学自習の勧めであった。

そのなかにあって、ピエトロ・パオロ・ヴェルジェーリオの『若人の優れた礼儀と自由教育』（*De ingenuis moribus et liberalibus adulescentiae studiis liber*）やエネア・シルヴィオ・ピッコローミニの『少年教育』（*De liberorum educatione*）はよく知られている。彼らがそうであったように、北イタリアの君主間には教育者が迎えられ、子弟教育に力が注がれた。ガスパリーノとグィニフォルテのパルジッザ親子はミラノ公国の教師として名高い。ヴェルジェーリオ、ガスパリーノ・パルジッザ、グアリーノ・ヴェロネーゼ等に学んで、寄宿学校制のヒューマニスト教育を樹立したのはヴィットリーノ・ダ・フェルトレである(12)。レオナルド・ブルーニの女子教育観やグアリーノの子バッティスタの授業・学習論も有名である。したがってヴェローナ生まれのイゾッタ・ノガローラのように、グアリーノと交わる好学の女性も現れてくる。(13) また、ルドルフ・アグリコラのようにアルプス以北の出身者で、イタリアのこのようなルネサンス教育から影響を受けるヒューマニストも出現する。フロニンゲンのこのアグリコラがいて、ロッテルダムのエラスムスやバーデンのメランヒトンも出てくるであろう。(14)

このように古典研究と教育理論が連携するなかで、マッフェオ・ヴェージョ（一四〇七—五八年）もまた、この時代を代表するヒューマニストとして逸するわけにはいかない。北イタリアはローディの出身で、ロレンツォ・ヴァッラとは生没年がほぼ同一で、親交があった。ヴァッラの著名な対話作品、『快楽論』（*De voluptate*）には登場人物のひとりとして名が出る。ローマ教皇庁に奉職したが、フィレンツェのヒューマニスト、カルロ・マルスッピーニや先のブルーニとの交友も知られている。また、雄弁なフランチェスコ派修道士ベルナルディーノ・ダ・シエナの説教には鮮烈な印象を覚えた。

ヴェージョの場合、クリスチャン・ヒューマニストと呼ぶに相応しく、キリスト教史と異教の歴史への関心が併存し、キリスト教信仰と異文化とが調和される。聖アウグスティヌスとその母、聖モニカには並々ならぬ敬愛と崇拝を捧げ尽くした。これは、アウグスティヌスの傑作『告白』（*Confessiones*）から強く影響されたためであった。最晩年、アウグスティヌス修道参事会に入った。一方で、ウェルギリウスは愛読したローマ詩人に留まらず、その叙事詩『アエネーイス』（*Aeneis*）の続巻として第一三巻（『アエネーイス全一二巻補遺』Supplementum ad XII libum Aeneidos）を執筆したことはあまりにも有名で、詩人としての名声を得、「第二のマロー」と呼ばれた。マローとはウェルギリウスの姓である。この時、ヴェージョはまだ二〇歳を回ったばかりのパヴィア大学生であった。この第一三巻はレトリックに基づいた作品で、たとえば主人公アエネーアースは義に叶った行動を礼讃するとともに、義ならざるものを非難する演説を行う。そしてこの英雄自身が死後、地上での生前の徳の報いに天上世界に引き上げられる。(15)

救世主イエスの生誕を預言したとされるウェルギリウスは北伊マントヴァの生まれであり、半島出身者にとり親近感は一段と深かったであろう。自らの名字のラテン名ウェギウス（Vegius）は氏族名ウェルギリウス（Vergilius）から来たともされた。アエネーアースはローマ人の先祖であったし、たとえ異教徒であっても、後述の『子供の教育とその醇風美俗全六巻』（*De educatione liberorum et eorum claris moribus liber sex*）中で指摘されるように、アエネーアースは徳の鑑であり、そのような英雄を大詩人は造形したのである。心惹かれたのは、写本で伝わったローマ時代の作品ばかりではない。古代ローマ遺跡に対する考古学的探究心も旺盛で、過去の歴史が現前にあった。ヴェージョは、『ローマ更新』（*Roma instaurata*）の作者で古物研究家のフラヴィオ・ビオンドと同じ時代を生きていた。

さて、『子供の教育とその醇風美俗』は先行する教育者とその理論の影響を受けた、この時代の最も体系的な内容を有する教育論中の大作である。ここにもヴェージョの信仰と教養の見事な調和が見られる。「立派かつ幸いに生きる」（bene beateque vivere）ことは、「立派かつ清らかに生きる」（bene sancteque vivere）となる。教父学への造詣の深さには篤かされるが、聖モニカを慈しんだ乳母の話や母と子の睦まじい逸話を抜きにしては、この教育論は語れない。ある意味で、学校教育開始前から、あるいは母親の胎内にいる時からすでに教育が始まっていることを教える一編である。また女子教育は徳論を中心に論じられるが、これは同時代の男性論者に共通する思考法である。この時代、知識修得と並んで修身は教育の根本であった。(16)

われわれは以上の教育論から、ペトラルカとともに始まった古典の復興がいよいよフマニタス研究という名で集約され、教育の分野にこそ古典の影響が色濃く反映され始めているという感慨を抱くのである。ここでは、教育者は中世の「アウクトリスタ」(auctorista)から「ヒューマニスト」(humanista)へと変貌を遂げている。中世ではアウクトリスタにより八擬古文著作家(octo auctores)が読まれたが[17]、ルネサンスでは著者とその原典が可能な限りに歴史的に読解される。ヒューマニストは、たとえばキケロの政治・哲学思想と散文体とを、またウェルギリウスの倫理観と韻文体とを一体化したものとして理解しようと努める。彼らはもはや読み書き、綴り方の基礎を教える単なる「文法学者」(grammatistae)ではなく、自らの好みの文体を有し、異教の道徳哲学に独自の理解を示して、学習者に接するのである。この点で最も意志表示が明瞭なのは、「文献学者」(grammaticus)と豪語するとともにキケロ風に執着しなかった、一五世紀後半のヒューマニスト、ポリツィアーノであろう。彼は大学教師であるとともに、名家の子供の家庭教師でもあった。フマニタス研究は高等教育前から始まるのであって、大学入学後ではなかった[18]。

四　イエズス会教育

先述のように、ヴェージョのなかではキリスト教と異教が調和されているが、彼の生まれる直前、一五世紀初頭のフィレンツェでは、ドミニコ会修道士ドミーニチと共和国書記官長の俗人サルターティの間では、この関係をめぐる意見の衝突があった。伝統墨守のドミーニチは、ギリシャ・ローマ異教思想の有害な面を強調した。そして『家庭采配諸事規定』(*Regola del governo di cura familiare*)では八擬古文著作家の擁護を打ち出す。この最終巻の第四の書は教育論として名高い。苦境のさなかでは英知の有用性こそが大事とされ、この時プラトンの書は不要と名指しされる。これに対して、サルターティの弟子ブルーニは、ギリシャ教父聖バシレイオスを翻訳することで、異教文学を学ぶ理由を正当化しようとした。また、ピッコローミニの前記作品にも異教の学芸を学ぶ理由が例示されている。聖パウロも異教の詩人を引用し、聖ヒエロニュムスの書き物にもキケロの雄弁が窺えるのである、と。(19)

前代の教育熱の冷めやらぬなかで、永続的な学習システムの確立を図ったのがイエズス会である。創設者ロヨラ自身も異教文芸の重要性を認めていた。(20) ペトラルカ以来のフマニタス研究とヴェージョらヒューマニストの古典重視の教育観が同会の教育法に影響を与え、教育現場に能率よく導入された。この結果、一六世紀半ば頃から一八世紀前半にかけて、同会とその教育はヨーロッパ文明史に画期的な一時代を創出した。(21) 同会から送り出された生徒は将来の高位聖職者だけではない。デカルトやヴィーコのように異なる思考法の哲学者たちも、同会系列学校の出身者である。

イエズス会は男子のみの教育であり、また基本的に幼児初等教育は扱わなかった。これらの点で、前述の教育理論書が考えていた総てが同会の学校で実現されたわけではなかった。フマニタス研究が教育制度のなかに必要な範囲で収められた点が重要であろう。もちろん、古典全文が何の削除もなく利用されたわけでなく、教育上、芳しくない箇所は青少年に提供されなかった。これはイエズス会の特異性というよりも、ピッコローミニなどにも見られる理念でもあった。

ところで、古典の言語・教養を基礎にして人間形成を図る西欧型のヒューマニズム教育の真意は、日本ではえてして理解されていない。これは私たちの言語がギリシャ語やラテン語に繋がらず、その結果、その教養とも本質的、直接的に無縁であることによる。このような古典ヒューマニズム教育は、欧米の数々を手本にした明治以後の日本でさえ基本となったことは一度もない。よく旧制高等学校では外国語重視の教養教育が行われたというが、古典語を基盤とした教育ではなかった。大学入学以降、選択科目として週に一回だけギリシャ語とラテン語をそれぞれ学んだ者と、入学以前にリチェオ・クラッシコ（liceo classic 文科高等学校）で、これらをそれぞれ週四、五時間、必修科目として学ぶ現在のイタリアの若者との間とさえも、両者の相違はあまりにも大きい。また「リベラル・アーツ」を謳っている大学が今日ないわけではないが、ルネサンス以後のヒューマニズム教育からは程遠く、米国型の一般教育の意味に過ぎない。

だが、明治以降の日本と違い、一六世紀後半の日本には、実は西欧流のヒューマニズム教育が導入されたことがあった。これは、地理上の発見とカトリック改革に負うところが大きい。一五九九年一月八日、イエズス会第五代総長クラウディオ・アクァヴィーヴァ（一五四三―一六一五年）のもとで、決定版となる「イエズス会の学習順序および手引き」（*Ratio atque institutio studiorum Societatis Iesu*）公表は教育分野で意義深い働きをする。特に ratio studioum には種々の訳語があり、「学事規定」、「学事プラン」、「勉学規定」、「学習体系」などと訳される。本論では最初の訳語にしておこう。この元は、イグナチオ・デ・ロヨラが初代の総長に選ばれた（一五四一年）直後から執筆し始めた会憲（*Constitutiones*）中の第四部にある。『イエズス会会憲』（*Constitutiones Societatis Iesu*）とは、同じイグナチオの『霊操（心霊修行）』（*Exercitia spiritualia*）が彼一個の宗教精神を個々の人々の心に注入しようとするものであるとすれば、イグナチオのこの精神を組織体のうちに具体化しようとする規定のことである。[22]

シチリアはメッシーナの学院、コッレージョ（創設一五四八年）から始まったイエズス会系学校のすべてに共通する文書の試案集は、イグナチオが望んでいたように「ローマ学院（collegio romano）の規則」を土台にしたものであった[23]。その後、アクァヴィーヴァの指導下に『学事規定』の策定作業が推進されて、一五八六年には詳細な規定が作成された。それは九一年の改編を経て九九年の完成に繋がっていく。この間、成稿に尽力したシプリアーノ・ソアレスらが、この最後の年にはオラツィオ・トルセッリーニ、アニバル・ドゥ・クドレらが死去し、最終案まで知ることができたイエズス会士はわずかであった[24]。トルセッリーニはイグナチオの同心フランシスコ・ザビエルの伝記を書き、日本でも馴染みの人物である。

この『学事規定』にはヒューマニズム教育の理念が盛り込まれただけではない。簡にして要を得た、理念達成のための方式が示されている点に大いなる特色がある。大学での高等教育の前段階にあたる数年にわたる中等教育で、文法、人文学（フマニタス研究）、そして仕上げとしてレトリックの学習が行われる。年齢的には一〇歳前後から一三歳くらいの間である。学科によっては習熟別のクラス編成が行われ、前代の中世からの教科書以外に、ルネサンスを代表するヒューマニスト、ヴァッラ、エラスムス、ファン・ルイス・ビーベスなどの文法関係書が使われた。ペトラルカによって発見されたキケロの書簡集（『アッティクスあて』Ad Atticum）が読まれ、また古代の書簡文に倣って新たな書簡作成を教えるエラスムスの『書簡の書き方』（*Opus de conscrivendis Epistolis*）などが使用された。中世においても書簡作成は既述のように実践教育の華であったが、ルネサンスにあっては古代風の書簡叙述が好んで求められるようになった。この点で、セネカ書簡の重要性はキケロ書簡とともに人後に落ちるものではなかった。

一々挙げないが、数々の古典が教科書として登場したことは言うまでもない。イエズス会系学校では授業料免除のこれらの教育を介して、レトリックの理想とする、雄弁と知恵の合一が図られたのである。一五五一年二月一六日に、先のローマ学院は開院した。開学当初の頃の学生数は一〇〇人ほどで、そのこじんまりした建物はカンピドーリオの丘の麓にあり、掲示には「文法（grammatica）、人文学（umanità）、キリスト教教義（dottrina cristiana）の学校、無料（gratis）」とあった[25]。創設されたばかりのこの学院で学んだひとりにルドヴィーコ・カルボーネがいて、特に神聖なる雄弁の書、『神の如き雄弁家』（*Divinus orator*, 1595）を著わして、レトリック史に名を残すことになる。

日本の場合、アクァヴィーヴァの親友アレッサンドロ・ヴァリニャーノ（一五三九―一六〇六年）により、三段階の学校制度、セミナリオ（セミナリウム）、ノヴィシアード（ノウィキアトゥス）、コッレージョ（コッレギウム）がイエズス会の理念に基づいて創設された。基礎的な教育を受け持つのはセミナリオで、教養的な人文学が教えられた。これを修めた者が教会での司牧活動に従事するのか、またはイエズス会に入会するのか、それとも実社会に出ていくのかは、本人の選択意志に任された。イエズス会に入会する者には、養成機関としてのノヴィシアード、修練院が設置された。最後のコッレージョは、修練を終えた神学生が専門に哲学や神学を学ぶ課程であった[26]。

ここでは、ヒューマニズム、人文学教育はアリストテレスに基づく伝統的な神学や哲学と相反するのでなく、その基礎的な構成部分を成していることが分かる。『会憲』と『学事規定』に謳われている通りであった。このアリストテレスは、もはや中世後半のようにペトルス・ロンバルドゥスの『命題集』（*Sententiae*）によるのでなく、トマス・アクイナスの『神学大全』（*Summa theologiae*）の解釈に基づいていた。イエズス会とトレント公会議は、ドミニコ会修道士トマス（トンマーゾ）に中世とは異なる高い権威を付与した。それは今日まで続くことになるほどの決定的な分岐点となった。

一〇代半ばで来日し、この日本コッレージョの第一期生となったのがジョアン・ロドリーゲスである。次のような、彼の『日本教会史』の一文は情報として貴重である。「われわれの学問を学びはじめてから四〇年にも満たない短い年数しか経ていないのに、かくも遠隔の民族が多数セミナリオに学び、立派なウマニスタ（ヒューマニスト、人文主義者）となっており、またほかの者は哲学と神学を学んで十分満足すべき成果をあげ、その多くの者が宗教について福音伝道達成の道を教えるに足りるほどの十分な能力を持っている。[27]」原マルチーノもまた、ロドリーゲス同様にヒューマニズム教育を受けたひとりであり、ウマニスタとなる。原の生き方から見て、紛れもなくクリスチャン・ヒューマニストに属し、ウマニスタが得意とした礼讃演説を行ったことでも知られている。モンテーニュと同じ頃に、彼も他の日本人とともにカンピドーリオの丘での式典に臨み、ローマ市民となっていた。彼らの『天正年間遣欧使節見聞対話録』は、日本のイエズス会学校で教科書に供される予定であった。[28]

五　時代の多様な教育の夢

ルネサンス時代には、フマニタス研究（人文学）のフマニタス（フーマーニタース）——これからヒューマニスト概念も由来する——とは文明化された人間性、教養ある人性のことである。それはキケロに遡る語彙であった。古典に知悉し、時代の文化を体現するヴァリニャーノはこれを日本人に期待し、その全開が教化・教育を通じて可能だと見た。他方で、日本という地域の言語と歴史への敬意の念も厚かった。彼には、日本を理想化あるいは夢想化しているのではないか、と思われる節がある。これは、当時のイエズス会士にはアジアに来る者にもアメリカ大陸に渡る者にも、多分にその傾向があったように見受けられる。新たに発見された地、それまではほとんど未知であった国に対する期待と不安が交錯しながら、桃源郷を求めて止まない時代であった。

トマス・モアの『ユートピア』（*Utopia.* 一五一六年）はこのような時代の一作品であり、教育の理想も描かれる。『ユートピア』から始まって近代に陸続として生まれる理想国家論がプラトン思想に負うところ大であることは贅言を要しない。ラテン語版『ユートピア』がイタリアで初めて出たのはフィレンツェの地であり、一五一九年のことである。『ユートピア』に名が出るアメリゴ・ヴェスプッチはこの町の出身者であった。ほぼ三〇年後、一五四八年にはオルテンシオ・ランドがイタリア語版で再刊し、これにはアントン・フランチェスコ・ドーニの序文が添えられた。

ドーニもフィレンツェ生まれで、サンティッシマ・アンヌンツィアータ聖堂に拠る聖母マリアの下僕会の元修道士ではあったが、ピアチェンツァのアッカデーミア・オルトラーナ（Accademia Ortolana）の会員時代、愛人に子を産ませている。のちにドーニは、ヴェネツィア共和国では印刷所を構える雑多な文学者、俗語を用いるヒューマニストとなった。一著書『諸世界』（*I mondi*）は七世界を描き、第六世界は『ユートピア』に似ている。(29) 同国ではアッカデーミア・ペッレグリーナ（Accademia Pellegrina）の結成に一役買った。

この会の目的は貴族教育とヴィルトゥオーゾ（Virtuoso 名匠・名手）支援にあった。この時代、数多くのアカデミーがイタリア各地に誕生したが、ドーニはそのような文化活動期の知識人といえよう。そのアカデミーには、大画家のティツィアーノやティントレットが、後援者にはヴェネツィアの大貴族、例えばコンタリーニ家などが含まれていた。ドーニの交友関係は広く、そのなかには既出のソッツィーニもいた。また、ある著述からは新興のイエズス会が、多分に彼の理想的な修道会であった可能性が読み取れる。(30)

このイエズスのコンパニーア、イエズス会が結成されたのはパリであったものの、創設時点の目的が、高水準の教育活動を展開する教育修道会にあったわけではない。結成メンバーのイタリア体験にも相当の関心が払われるべきであろう(31)。ここではヴェネツィアという一都市国家のみに注目してみよう。彼らとヴェネツィアのスクオーラ（信心会）や同国関係者とは因縁浅からぬ繋がりが見られる。イタリアの信心会は慈善団体であるとともに、既述のように基礎教育の場でもあった。関係者としては、ここではヴェネツィア貴族の典型であるガスパロ・コンタリーニを取り出してみよう。コンタリーニが学んだ大学はヴァリニャーノ同様、自らの共和国が擁するパドヴァ大学である。ここには、師となる二人の著名な哲学者、アレッサンドロ・アキッリーニとピエトロ・ポンポナッツィがいた。特に霊魂不滅の可否をめぐって、ポンポナッツィは重要なアリストテレス主義者であった。霊魂観では師弟は見解を異にし、のちに枢機卿となる弟子コンタリーニはイエズス会の公認に尽力した(32)。

この時代、パドヴァの名声は赫々たるものがあった。モンテーニュのイタリア旅行に連れ添ったひとりは当大学で学ぶために荷を降ろして、彼と別れた。ガリレオもまた、一五九二年から一八年間、比較的自由な雰囲気のこの大学で実りある教育と研究の期間を過ごした。一五九三年、歳のいったひとりの特異な学生がスペイン人として入学する。ガリレオと肝胆相照らす仲となる、一五六八年カラブリア生まれのトンマーゾ・カンパネッラである。トンマーゾとはドミニコ会修道士ゆえの名であり、一四歳から二一歳まで、スペイン統治のナポリの同会で学んでいた。

カンパネッラの『太陽の都』(*La città del sole*)もまた、理想の教育を語っている。これには、モアの前記作品やイエズス会士だったジョヴァンニ・ボテーロの著作などが影響を与えている。既出のカルボーネの少し後にローマの学院で学んだ重要人物が、「国家理性」の概念で知られるこのボテーロであった(33)。彼により政治には実効性を伴う必要が強調される。この時代には数々の教育論が執筆されたように、カトリック、反カトリックを問わず、多くの「ユートピア」作品が世に出た。ユートピア国家では自由の横溢するなか、常に教育問題が重視される。自然児を文明化された人間にするのは、教育の力だからである。この夢の国家建設はついには実地に移され、パラグアイにできるイエズス会の共和主義的共同体——映画「ミッション（*The Mission*）」（一九八六年度作品）はこの間の経緯を描く——にまで至ろう。[34]

結びにかえて——パドヴァとベーニ

パドヴァ大学で、パオロ・ベーニ（一五五三—一六二五年頃）がアントニオ・リッコボーニの人文学講座の跡を襲い、「フマニタス研究に関する演説」（*De humanitatis studiis oratio*）と題して開講の挨拶を行ったのは、一六〇〇年三月一六日のことであった。前年の一一月に同講座の担当者に選出されていたベーニは、若い頃ローマのイエズス会コッレージョ、ローマ学院で学び、能力を養った。同地のサンタンドレア・デル・クィリナーレのノヴィシアードに入学したのは、一五八一年のことであった。従来はローマを世界の中心と讃えていたが、同演説ではパドヴァがそれに代わっている。この演説には、中世来のアリストテレス研究の中心地パドヴァ大学にも、ルネサンスのフマニタス研究が不動の基盤を築いていることが窺われる。そして同時期パドヴァにはイエズス会の学校もあり、伝統的な大学に新時代の機関も加わり、この地の名声はさらに高まった。

こうしてフマニタス研究はいずれの場でも、中等・高等を問わず、またアカデミーとイエズス会のようなコンパニーアを問わず、ヨーロッパ文化の礎となった。[35] 古典精神に基づく教育諸機関はそれぞれの目的を介して多分野に活躍する人材を世に送り出した。本章が示したように、フマニタス研究の意義を理解するには、教育現場に立ち返ることが肝心である。その時、将来の古典学者の育成期をそこに見ている場合もありえよう。ベーニはこのイメージに叶うヒューマニスト、訓古・註釈を専らとする学者への道を歩んでいるように思われよう。だが、彼はイエズス会から退けられた人物でもあり、「フマニタス研究に関する演説」が行われたのは、その数年後のことであった。第一節で述べたような近代初期の激動期にあっては、学者・教師の研究生活も平穏な、いわゆるアカデミックな生活からは程遠く、人によっては試練に満ちたものとなった。この頃のベーニの学問的傾向は、イエズス会の支持するアリストテレスでなくプラトンにあったが、退会を余儀なくされた理由は不明である(36)。このようなベーニであるが、パドヴァなどを訪ね、帰国後、教師・説教師として活動した原マルチーノや、ポルトガル生まれながら、日本、中国で活躍したロドリーゲスと同時代を生きていたことだけは確かである。彼らは洋の東西の教育文化史上に小さからぬ足跡を残したのである。

註

（1） Paolo Brezzi, *Le riforme cattoliche dei secoli xv e xvi*, Roma, 1945. Pio Paschini, Le Compagnie del Divino Amore e la beneficenza pubblica nei primi decenni del Cinquecento, in *Tre ricerche sulla storia della chiesa nel Cinquecento*, Roma, 1945, pp.3-88. Barry Collett, *Italian Benedictine Scholars and the Reformation. The Congregation of Santa Giustina of Padua*, Oxford, 1985.

（2） ペトラルカ『わが秘密』近藤恒一訳、岩波文庫、一九九六年。また訳者による解説、特に三二六—四三頁参照。近藤恒一『ペトラルカと対話体文学』創文社、一九九七年。

（3） Petecr M. Schon, *Vorformen des Essays in Antike und Humanismus. Ein Beitrag zur Entstehungsgeschichte der Essais von Montaigne*, Wiesbaden, 1954.

（4） Giovanni Villani, *Cronica*, a cura di Francesco Gherardi Dragomanni, Firenze,1845, tomo III, p.324. Giuseppe Manacorda, *Storia della scuola in Italia. Il medioevo*, 1980(1914), I 1, pp.153-54. 清水廣一郎『中世イタリア商人の世界』平凡社、一九八二年、二三二、一九五、一九八頁。

（５）文語教育をめぐる近年の重要な研究で異なった見解を示すのは、Paul F. Gehl, *A Moral Art. Grammer, Society, and Culture in Trecento Florence*, Ithaca/London, 1993. Robert Black, *Humanism and Education in Medieval and Renaissance Italy. Tradition and Innovation in Latin Schools from theTwelfth to the Fifteenth Century*, Cambridge, 2001. 文法教育が道徳教育にかかわるか否か、ルネサンスの文法教科書と中世のそれとの関係如何等が潤われている。註七の Grendler の研究はこれらに先行し、早くも古典的価値を獲得している。

（６）根占献一『フィレンツェ共和国のヒューマニスト――イタリア・ルネサンス研究（正）』創文社、二〇〇五年。

（７）Paul F. Grendler, *Schooling in Renaissance Italy. Literacy and Learning, 1300-1600*, Baltimore/London, 1989, pp.42-47, 77-78. 前之園幸一郎「ルネサンス期イタリアにおける読み書きの入門教育について」『ルネサンス研究』ルネサンス研究会編、1一九九四年、四六―六七頁。米田潔弘「一五世紀フィレンツェにおける慈善と教育」『桐朋学園大学研究紀要』二九、二〇〇三年、六三―八七頁。

（８）Grendler, *op. cit.*, pp.278-80.

（９）根占献一『東西ルネサンスの邂逅――南蛮と禰寝氏の歴史的世界を求めて』東信堂、一九九八年、一四〇頁。『エセー』（III.9）の翻訳は以下も原二郎訳（岩波文庫）による。

（10）リヌッチーニについては特に、根占『共和国のプラトン的世界――イタリア・ルネサンスの研究（続）』創文社、二〇〇五年、第四章参照。

（11）William Harrison Woodward, *Vittorino da Feltre and Other Humaist Educators*, 1963 (1897), New York, pp.180-81.

（12）『教育思想史Ｖ　ルネサンスの教育思想（上）』上智大学中世思想研究所編、東洋館出版社、一九八五年。ガレン『ルネサンスの教育』近藤恒一訳、知泉書館、二〇〇二年。*Humanist Educational Treatises*, edited and translated by Craig W. Kallendorf, Cambridge (Mass.)/London, 2002.

（13）Maria Ludovica Lenzi, *Donne e madonne. L'educazione femmnile nel primo Rinascimento italiano*, Torino, 1982, pp.209-14. Mary Agnes Cannon, *The Education of Women during the Renaissance*, Washington, D. C., 1916, pp.9-10.

（14）Anthony Grafton and Lisa Jardine, *From Humanism to the Humanities.Education and the Liberal Arts in Fifteenth- and Sixteenth-Century Europe*, London, 1986, pp.29-57.

（15） 最新の対訳本にMaffeoVegio, *Supplementum libro XIII dell' Eneide*. Versione, commento e saggi di Stefano Bonfanti. Presentazione di Carlo Bo, Milano, 1997. 英訳古版が含まれるのはAnna Cox Brinton, *Maphaeus Vegius and his Thirteenth Book of the Aeneid. A Chapter on Virgil in the Renaissance*, Stanford, 1930. 英訳新版はMaffeoVegio, *Short Epics*, edited and translated by Michael C. J. Putnam with James Hankins, Harvard (Mass.) / London、2004. 特に第一三巻の分析はCraig Kallendorf, *In Praise of Aeneas. Virgil and Epideictic Rhetoric in the Early Italian Renaissance*, Hanover / London, 1989, pp.100-28.

（16） *Maphei Vegii laudensis de educatione liberorum et eorum claris moribus libri sex*, by Sister Maria Walburg Fanning, M. A., Washington, D. C., 1933, 2 vols. 力作はVincent. J. Hockan, *Educational Theories and Principles of Maffeo Vegio*, Washington, D.C., 1953. Vittorio Lugli, *I trattatisti della famiglia nel Quattrocento*, precede un giudizio di Giovanni Pascoli, Bologna/Modena, 1909, p.71. Cfr. 田辺敬子「ピッコローミニとヴェージョ」『教育思想史 ルネサンスの教育思想（上）』一七九—二〇七頁、特に二〇五頁。

（17） 八擬古文著作家とはCato, Theodulus, Facetus, Chartula, Liber parabolarum（アラン・ド・リルに帰せられた）、Tobias, Aesopus, Floretusである。

（18） フマニタス研究の歴史性に関しては、根占『フィレンツェ共和国のヒューマニスト』、同『共和国のプラトン的世界』。Giuseppe Billanovich, Auctorista, humamista, orator, in *Rivista di cultura classica e medievale*、Vll (1965)、pp.143-63.

（19） Antonio Lanza、*Polemiche e berte letterarie nella Firenze del primo Rinascimento*. Seconda edizione completamente rifatta, Roma, 1989, p.95. *Regola del governo di cura familiare compilata dal Beato Giovanni Dominici fiorentino*, dato in luce e illustrato con note dal Donato Salvi, Firenze, 1860, p.184. Giuseppina Battista, *L'educazione dei figli nella regola di Giovanni Dominici (1355/6-1419)*, Firenze, 2002. *Aeneae Silvii de liberorum educatione, A Translation with an Introduction*, by Brother Joel Stanislaus Nelson, F. S. C., Washington, 1940.

（20） M. H. S. I: *Monumenta ignatiana*, serie I: *Epistolae et Instructiones*, Madrid/Roma, Mon. Hist. lesu, 1903-11, tome I, pp.519-26. Andrea Battistini, *I manuali di retorica dei gesuiti*, in *La <ratio studiorum>. Modelli culturali e pratiche educative dei gesuiti in Italia tra Cinque e Seicento*, Roma, 1981, p.78, からの引用による。

（21） ガレン『ルネサンスの教育』二〇七—二一頁のイエズス会解釈は一方的でバランスを失しているのではなかろうか。

（22） The Constiton of the Society of Jesus, translated with Introdution and a Commentary by George E. Ganss, S. J., St. Louis, 1970, pp.32-33.『ある巡礼者の物語――イグナチオ・デ・ロヨラ自叙伝』門脇佳吉訳・注解、岩波書店、二〇〇〇年、二一四頁、を比較参照。

(23) イエズス会教育使徒職国際委員会編『イエズス会の教育の特徴』高祖敏明訳、サンパウロ、一九八八年、八二頁。これは一九八六年にローマで、本文で述べる一五八六年の ratio studiorum から数えて四〇〇年を祝して出版された書の翻訳である。Riccardo G. Villoslada S.I., *Storia del Collegio Romano dal inizio (1551) alla soppresione della Compagnia di Gesu'*, Roma, 1954. これはローマ学院通史の古典であるが、次の著も依然捨て難い。Ernesto Rinaldo S. I., *La fondazione del Collegio Romano. Memorie storiche*, Arezzo, 1914.

(24) Allan P. Farrell. S. J., *The Jesuit code of Liberal Education, Development and Scope of The Ratio Studiorum*, Milwaukee, 1938, p.314.

(25) 高祖敏明「原初期のイエズス会学校の教育――メッシナのコレギウムを事例として」、『上智大学教育学論集』一五号（一九八〇年）、一九―四二頁。同上、一六号（一九八一年）、一―三二頁。高祖「イエズス会学校」『教育思想史Ⅵ ルネサンスの教育思想（下）』東洋館出版社、一九八六年、二七一―三〇三頁。Rinaldi, *op. cit.*, p.31. 学生数は一五六五年までにほぼ一、〇〇〇人となった。無料のしきたりは中世以来の伝統にあるのではなかろうか。Manacorda, *op. cit.* に数多くのこの事例が挙がっている。新設のローマ学院と従来の地区（rione）学校間には、これらに通う、それぞれの学生の生活水準や目的が異なるため対立や競争はなかったと言われている。

(26) 尾原悟『ザビエル』清水書院、一九九八年、一二六―一二七頁。本書第一章参照。

(27) 根占『東西ルネサンスの邂逅』二〇五頁。ジョアン・ロドリーゲス『日本教会史（上）』佐野康彦・浜口乃二雄訳、岩波書店、一九六七年、二九九頁。

(28) 根占、同上、一三八―一三九、二〇二頁。

(29) Paul F. Grendler, *Critics of the Italian World 1530 - 1560. Anton Francesco Doni, Nicolò Franco and Ortensio Lando*, Madison/London,1969, pp.49-65.

(30) *Ibid.*, pp.58,134-135.

(31) 根占「イタリア人の訪問者・熟知者と日本――鹿児島調査旅行覚書より」、『学習院女子大学紀要』第七号、二〇〇五年、二五―四二、特に三五―三六頁、を比較参照のこと。本書第三章参照。

(32) Franz Dittrich, *Gasparo Contarini. Eine Monographie*, Nieuwkoop, 1972 (1885), pp.14,218- 37,406-11.

(33) ジョヴァンニ・ボテーロ『国家理性論』石黒盛久訳、風行社、二〇一五年。訳者解説参照のこと。

(34) Heinrich Lutz, *Ragione di stato und Christliche Staatsethik im 16. Jahrhundert*, Münster in Westfalen, 1961. Luigi Firpo, *Lo stato ideale della Controriforma. Ludovico Agostini*, Bari, 1957, pp.241-336. パラグアイにおけるイエズス会活動については、武田和久氏が研究を深めつつある。

(35) 日本における「アカデミー」については、根占『東西ルネサンスの邂逅』一六八頁。ディエゴ・パチェコ『鈴田の囚人――カルロス・スピノラの書簡』長崎文献社、一九六七年、に序を寄せている片岡弥吉は、京都でのスピノラの講座開講を自然科学のアカデミーのようである、と。

(36) P. B. Diffley, *Paolo Beni. A Biographical and Critical Study*, Oxford, 1988, pp.19,38-39,57,59.

結語

前世紀から今世紀にかけてもはや一国史観は要をなさず、グローバルな視点が重要だと盛んに言われている。本書が扱った研究においては特にそうかも知れないが、私自身はこのようないわばスローガンに影響を受けることなく、自らの関心の赴くままに研究を進めてきた。ただ研究上のバックアップにはなったところがある。小著『東西ルネサンスの邂逅――南蛮と禰寝氏の歴史的世界を求めて』の時は「マージナルマン」という概念に、ヤジロウ（弥次郎、アンジロウ）やルイス・フロイスを捉えるときに魅力を感じたが、今回は、「せめぎあう海」や「倭寇的状況」の海域に広く南蛮人と呼ばれる探検家や商人、そして宣教師たちが現れたことはまちがいない。

しかし、海はあくまでも人間あっての海であり、陸に生まれた人間あっての海だろう。ヴェネツィア人のニッコロ・デ・コンティもスペイン人のフランシスコ・ザビエルもこの海の道、海路を使ったことはまちがいないが、かれらはヨーロッパの大地の人たちだった。薩摩あるいは大隅の人ベルナルドも日向人の伊東マンショらもそうだったろう。かれらは九州の地に生を享けた。この海は象徴的に語れても、海自体で存在することはありえないだろう。大隅・薩摩半島から南シナ海の先まで海原が広がるが、多島海である。島々が連なることで海路の大いなる助けとなった。

ルネサンス時代らしく、プトレマイオスの地図が甦った。だが、その古典的絵図は閉じられた海を示していた。海がこのように実際に閉じられているのかいないのかは、南蛮人、ヨーロッパ人の小さからぬ関心事のひとつとなった。一五世紀半ば過ぎのフラ・マウロの地図の意義はこの意味で偉大であろう。「日本」とおぼしき島が開放された海に初めて描かれたのである。ポルトガル人が日本に来る八〇年以上前の話である。地図の発展をみていると、ひとの持つ想像力の豊かさに驚かされる。プトレマイオス的世界は打破された。近代は自然科学の分野ではアリストテレス的・プトレマイオス的世界から無限宇宙へと歩みを進めることになるが、地理的空間も地球もまたこうして広汎に変貌したのである。

グローバリゼーションが言われるときはしばしば政治や経済の話題が中心となる。本書の関心はそこにはなかった。私自身、変わらずにイタリアのフィレンツェに主たる関心があっても、メディチ家が築いたインドやメキシコ間の商業ルートを追究したわけではない。メディチ家がメチェナーテ、パトロンとして君臨するフィレンツェ・ルネサンスの思想史上、精神史上の、いわばグローバル化に関心があったのである。同ルネサンスの特徴はヒューマニズムとプラトン主義の盛行にあった。古代の叡智が身近になり、霊魂不滅への関心は格別に高まった。フィチーノの主著『プラトン神学――霊魂不滅論』は端的にこれを示している。

キリスト教が伝わったことにより、天道やその主宰神には多くの研究者が関心を寄せてきた。そのひとりは、まちがいなく東西の思想に驚くほど通じた和辻哲郎であろう。だが、歴史叙述を好むこの思想史家は霊魂不滅を具体的に扱うことはしなかったし、ヨーロッパとの関係で言及することもなかった。ほかの研究者たちもこのテーマ、霊魂不滅、不死には大した興味を抱いてきたようには思われない。なぜか。霊魂不死が、時代を、地域を問わず、普遍的な関心事と信じられてきたからである。中国の古い史書にも日本の昔の作品にも、死後の霊魂あるいは身体を離れた霊魂、魂魄、鬼神の類いの話に事欠かない。

東洋的な天道の意義は、キリスト教との出会いから一変した可能性があると考えられてきた。同様に、霊魂不死が、ヨーロッパで特定の時代の、特定の課題ではなかったのか、と認識する必要があるのではなかろうか。

ヨーロッパではこのテーマをめぐって多くの論点がルネサンス時代に現れた。むろん中世にも議論があり、時には格好の話題であったが、中世とルネサンスでは議論のあり方やその結果が異なっている。それが一五一三年の「アポストリキ・レギミニス」の意義である。

日本にザビエルたちがやって来たのはルネサンス（Renaissance）の、この第五ラテラノ公会議と宗教改革（Reformation）以後の時代であった。この二大文字Rの意味するところは、同時代のわが国の歴史でも切り離して考えることはできないだろう。イエズス会を対抗宗教改革とトレント公会議で理解しようという研究者は日本のキリシタン史関係者にも見られるが、もっと遡ったヨーロッパ史から眺めるべきである。本書はこの時代意識をもって課題に取り組んだ。本書の題名「イタリアルネサンスとアジア日本」は東西が交わるなかで、その精神、思想の交流を幾らかでも知りたい、明らかにしたいという営為であり、その結果、この小著となった。

「キリシタンの世紀」は宣教師の追放、ポルトガルとの交易断絶、そしていわゆる鎖国により一七世紀の前半までに終結を迎える観がある。本書は、鎖国という術語の元となっているケンペル『日本誌』の志筑忠雄訳文に名が見える「マルキユスポーリユス（マルコ・ポーロ）」から始まる、西洋の東洋、日本への関心を話の糸口としてきたところがある。もっともポーリユスはヴェネツィアから元の国に来たからこそ、ジパング（ジパンゴ、チパンゴ）の情報も得られたのだが。

日本がルネサンスと出会い、ヨーロッパの宗教や精神に接したのちは政治的、経済的な鎖国後でさえも、思想的な鎖国はなかったのではないかと思い至った。霊魂などへの関心の継続がこれを示していないだろうか。新井白石、さらに時代を下った山片蟠桃や平田篤胤を見ていると、そう思える。なぜそうなったかは、広く東アジアの漢字文化圏のなかで考察し、清王朝までのイエズス会を含む諸修道会の活動が注目されなければならないだろう。特に明では儒教―朱子学的伝統とイエズス会士のもたらしたヨーロッパの伝統間の相互影響関係が見られ、注目される。そして奇しくも、中国大陸のイエズス会士にも少なからざるイタリア人が日本列島の場合と同様に見出される。徳川吉宗の治世が分岐点となり、江戸期日本にも西欧の哲学・宗教思想は間接的ながら彼らを介して影響を与え続けたといえようが、これにはまた本書とは異なる別の書を必要とすることになる。その場合、村岡典嗣の古典的研究から教示を得ることは今なお大いにありうることであろう。

補論Ⅰ　ヨーロッパ史からみたキリシタン史
——ルネサンスとの関連のもとに——

一　キリシタン史誕生の背景

いわゆる「地理上の発見」はルネサンス時代の際立つ出来事であった。ここでは括弧を付けたうえで、さらに、いわゆる、と冠したが、ヨーロッパ人の立場からみれば、これらは不必要となる。まさに彼らの視点では、この時代にポルトガル・スペイン（葡・西）が海に乗り出し、次々に発見を行って時代を画する仕事を行ったのである。「日本の発見」もそのなかにあろう。銀の島と地図に書き込まれ、一七世紀に入ると、北海道がユーラシア大陸と繋がらず、島であることが判明する。(1) 他のヨーロッパの主要国も葡・西に倣い、その足跡を刻む。

この「地理上の発見」なしには、キリシタン史、あるいは「キリシタンの世紀」と呼ばれる時代は訪れることはなかったであろう。ポルトガルによる日本の発見がいつなのか、彼我の間で幾らかの年号の差異が認められるとしても、フランシスコ・ザビエルがキリスト（ローマ・カトリック）教を伝えた一五四九年に変わりはない。近年でも、一九九九年にはザビエル来日四五〇周年を祝うシンポジウムや展示が全国にわたって活発に行われた。またザビエルがイエズス修道会宣教師であったために、同会創設の上智大学はザビエルをめぐる種々のテーマを扱う書籍を出版した。(2)

ところで、キリシタン史と「キリシタンの世紀」の間には微妙な用語のずれがあるのではなかろうか。キリシタン史は明らかに指し示す時代が広い。一九世紀後半の浦上四番崩れもまた、同史の範疇にあるのだろう。これに対し、「キリシタンの世紀」は世紀という言葉が意味するとおり、ザビエル宣教からおよそ百年間を指す。(3) 今回の与えられた題目「ヨーロッパ史からみたキリシタン史」の「キリシタン史」というのは、ここでは「キリシタンの世紀」のこととして責を塞ぎたい。そしてこの世紀は、ヨーロッパでいうルネサンスの時代——私はこれを一三五〇年代から一六〇〇年ころまでのおよそ二五〇年間を想定する——に含まれる。

こうしてルネサンスをヨーロッパ史だけの問題にするのでなく、ひろく日本の歴史の問題とも考える契機が生じる。したがって本稿では「キリシタン史」を「キリシタンの世紀」に限定したうえで、それがヨーロッパ史におけるルネサンスの時代に相当することの意義を再考したい。(4) このためには、この分野におけるヨーロッパ史を専門とした日本の歴史家たち、会田雄次（一九一六—九七年）と西村貞二（一九一三—二〇〇四年）がルネサンスをどう見ていたのか、彼らの著書に探ってみることにする。一般書のほうに本音がもっと出るであろう。

二　真のルネサンスの生まれる風土

一九九七年に会田雄次が亡くなった時、新聞に「専門はイタリア・ルネサンス史」と出た。だが、ルネサンス研究とは無縁の知人が私に会田がルネサンス研究者とは知らなかった、と言ったことは忘れられない。これは日本論、日本人論が多かったために当然の反応であった。生前、その人気を反映してか、彼の著作集が一九七九年から八〇年にかけて講談社より全一一巻で出ている。講談社からの刊行というのもミソだが、ルネサンス関係の巻は最後の四巻だけで半数にも達していない。しかも彼のこの方面での主著『ルネサンスの美術と社会』は最後の二巻となっている変則ぶりである。最初の第一巻が『アーロン収容所、アーロン収容所再訪』で高名な評論家となる本である。こうして見ると、確かにルネサンス史家とは言い難いし、出版社もそれを前面に出していないことは明らかである。

しかし私は若い頃は、彼がエッセーなどで折に触れてルネサンスを例に出して発言していることは面白い、と思うことがあった。この方向は思うに塩野七生までつながっていよう。また先の著作集の第八巻は『ヨーロッパ・ヒューマニズムの限界、ミケランジェロ』とあり、これは羽仁五郎の、これまた著名な『ミケルアンヂェロ』に反論し、このルネサンスの芸術家を英雄視せず、気弱な人間臭いミケランジェロを示そうとしたのである。ここでは『近代への序曲』（世界の歴史七、中央公論社、一九六一年）と『ルネサンス』（世界の歴史一二、河出書房、一九六九年）の両著書を見てみよう。

『近代への序曲』では宗教改革史の松田智雄（一九一一—九五年）が責任編集者で、会田はルネサンスを分担執筆している。そのルネサンスが最初に来、会田の手になる文章となる。ナポリ王国に呼ばれたロベルト王時代の画家ジョットーと豊臣秀吉時代のそろり新左衛門の登場。一四世紀と一六世紀の話であるが、著者はちょっと似たところがあると、比較史的手法でこれを紹介する。では、いかなる物語か。ルネサンス絵画の創始者ジョットーがロベルト王に描いた絵は、大きいロバ一匹、背に王家紋章をつけた鞍を載せながら、前脚に置かれた真新しい鞍のほうをクンクンと嗅いで、これを載せたがっているという絵柄であった。ロバはナポリ国民を表わし、王の交替を望んでいるというわけである。他方、日本の話はこうである。天正一三年（一五八五年）、秀吉は四国平定を目指し、貿易港として繁栄し、傑物宣教師アレッサンドロ・ヴァリニャーノなどにはヴェネツィアにたとえられる堺に来ていた。太閤と彼の軍勢の長逗留となり、落首が出た。「太閤が四石（四国）の米を買いかねて、今日も五斗買い（御渡海）明日も五斗買い（御渡海）」。この落首の主の頓知にいたく感心した秀吉は、以後、新左衛門をお伽衆の一人に召し抱えたという。

これらの話から、会田は「非常によく似た時代だと言われる日本の室町時代末期から織豊政権の頃の時代と、ヨーロッパのルネサンス時代との二つの時代のちがいを、はっきり認めることができるように思う」として、その後に両地域が全く異なってしまうことになると断定している。会田は天正遣欧使節に触れる。「天正使節として渡欧したあの少年たちは、ヴァティカン宮を見てもあまり驚いていない。安土の城を見た彼らの目にはべつに驚くほどのものではなかっただろうからである。イエズス会の宣教師たちの報告文も日本の文化の自国に劣らない発展を述べている。」これにはかなり誤認があり、修辞が使われていて大いに問題があるが、多くの読者はそうだと思ったことだろう。筆勢のせいだろう。

しかし、このルネサンス以降に、江戸幕末に黒船が現れて地域の差を痛感することになる歴史が彼の地では発展的に始まり、こちらは停滞する、と会田は力説し、さらにジョットーとそろり新左衛門の話を分析している。要するに、会田の認識は日本では封建社会がなお続いたことにその後進性を見ている。時代は似ていた面もあるが、ある意味、日本の「ルネサンス」はヨーロッパのルネサンスにならず、短期間で終わったのである。

彼のもう一冊、余り間をおかずに書かれたとおぼしき『ルネサンス』はどうか。一三世紀と一四世紀の植物図を出し、前者は奇々怪々、後者は実物そっくりとし、この一世紀の間に人の心や見方が大きく変わったことは一目瞭然だと指摘し、またもや後者の一四世紀の人として画家ジョットーの逸話を紹介する。ヨセフ（ジュゼッペ。聖母マリアの夫となる男性）はどうして絵のなかで決まって浮かぬ顔をしているのか、と。これに対し、画家は自分の許嫁のお腹が大きくなったというのに、その父親が誰だか判らないのだから、というのである。自由な雰囲気、人間らしい社会がここにあったと、会田は言う。その際、同様に大げさな表現が使われるが、話の上手さに多くの読者は納得したに相違ない。

このプロローグに続いて「イタリアという国」という章が来る。和辻哲郎の『風土』が長々と紹介される。ここで引用されているのは、和辻の別の書、「ヨーロッパの拡大」を細密描写する『鎖国――日本の悲劇』ではない。『風土』中の、地中海には雑草がないという指摘から、会田の物知りぶりが活かされる。ロビンフッドの森は、八幡太郎義家の「雁の乱るるは伏なり」という戦訓から導き出される風景や日本の八重葎生い茂る風土、野伏りができるところ、また「旅に病んで夢は枯野をかけめぐる」の芭蕉の詠んだ景色とは異なるのだ、と。地中海域の土地は放牧に向くが、痩せ地のため増える人口を抱えることができず、海に出ることになる、と。さらに和辻の『風土』からナポリの海辺で拾った石には藻がついていないというくだりを紹介し、この名著は雑草と藻の有無の発見から生まれたという。古代ギリシアが会田の念頭にあるようだが、歴史が異なる社会だけでなく、風土もまたこれに関与することが印象づけられる。

三　日本のルネサンスを終わらせた鎖国体制

次に取り上げるのは、西村貞二『神の国から地上の国へ』（大世界史一〇、文藝春秋、一九六八年）である。西村もまた多作の歴史研究者でレオナルド・ダ・ヴィンチやマキャヴェッリ等のイタリア関連の著作もあるが、ドイツ語圏に基本的に関心を持ち続けた。このため本書ではスイスではスタール夫人のコペーも紹介され、やや脱線気味である。本書付録月報には「著者との十分間」というコーナーがあり、旅行記や印象記がふんだんに入っているようだが、との質問に、今までの概説書とはこの点で違うという。スイスの書き出しはこうである。「スイスは、時計とチョコレートとアルプスだけが売りものではない。売り買いできない宝を持っている。自由を愛する心というものを。」このあとＩＬＯに務める教え子が車でジュネーヴから迎えに来たと続く。

一般読者向けの歴史通史のシリーズは、このあとも大手の出版社から繰り返し出ており、たとえば成瀬治『近代ヨーロッパへの道』（世界の歴史一五、講談社、一九七八年）を挙げることができよう。ここではルネサンスから十八世紀啓蒙主義までが扱われている。この点では談話調の西村と同じだろうが、はるかに論文調的であり、時代が新しいにもかかわらず、日本との比較の視点は欠如している。

西村の著書には原典（翻訳）からの引用がふんだんにあり、会田と違い、叙述に客観性を与えようとする工夫も見られる。スイスの章「自由と独裁」のあとには「禁欲思想の系譜」という章が続く。カルヴァンに及び、二〇世紀のマックス・ヴェーバーを出してプロテスタンティズムの問題を考える叙述スタイルを取る。これは思想史的傾向の強い西村史観を示している。『ルネサンス精神史序説』（生活社、一九四七年）という彼の三十台前半の作品を思い出してもよいだろう。その二〇年後の『神の国から地上の国へ』はこれら「自由と独裁」、「禁欲思想の系譜」の章に続いて、「剣と教え」と「波濤のかなた」の章が続く。「剣と教え」の章ではスペインの宗教状況が述べられるとともにトレント公会議などに言及される。あとの「波濤のかなた」の章はまさに地理上の発見の叙述となる。

ここで興味深いのは、ザビエルの関連で日本のことが詳しく述べられていることである。[5] 渡日を決断するザビエル書簡が引用される。「私が如何に多くの内的な慰藉を感じているかは、到底書き現《ママ》すことができない。かくの如く内的に深く感じたものであるが故に、私は日本へ赴くことを決して已めない。」ここには日本人が書くヨーロッパ史に、和辻が『鎖国』でいう「世界的視圏」のなかで日本の歴史を組みこもうとする姿勢が窺われる。ザビエルの苦難を乗り越えた来日は新時代の開始である。この点で西村は会田と違い、「キリシタンの世紀」を重視していると言える。

だが、最後は鎖国に至り、以下のように結ばれる。「ヨーロッパが世界にむかって国をひらいたちょうどそのとき、日本は世界にむかって国をとざした。考えてみれば、戦国から織豊時代にかけて、日本はヨーロッパのルネサンスに似た豪華絢爛たる文化をうんだ。海外進出の鬱勃たる機運があった。そういう時代への胎動を、日本はわれとわが手でおさえ、長い国際的孤立状態へおとしいれた。もとより鎖国政策に利点はあったであろう。しかし日本がみずからを世界史の歩みから遮断し、おくれをとったことは一大痛恨事だった。(6)」会田や和辻同様に、西村には鎖国は日本の悲劇となったのである。

四　ルネサンス時代とキリシタンの世紀

鎖国観も変わり、日本の奇蹟的経済発展も過去の語り草になろうとしている。近代化に成功したアジアの国はもはや日本一国でなさそうである。歴史は常に動いていく。一年や二年では見えてこなかったことが十年、二十年でははっきりしてくる。いわんや、キリシタンの世紀と言われる百年である。この時代、日本史では近世史、ヨーロッパではアーリィ・モダンあるいはルネサンスと呼ばれるこの時代をどう解釈し、歴史叙述に結実させるのか。

日本ではルネサンスをイタリア中心に見た場合、これを芸術運動に特化しようとする傾向が色濃くある。これまで見てきた歴史書はすべて西洋史専門家が著わしたものであり、美術に言及しなかったわけではないが、叙述の中心にはなかった。その点、これらよりさらに古い刊行年ながら、松田智雄とともにイタリア・ルネサンス美術史家摩寿意善郎（一九一一―七七年）が編集に加わった『ルネッサンス』（図説世界文化史体系八、角川書店、一九五九年）は特筆に値する出来栄えである。それは戦後十数年の間に日本の経済力の復興を感じさせる装丁であり、またモノクロ写真以外に原色版、グラビアも多くて分かりやすく、また各説明も詳しく実に信に足る。(7)

同書に収載された図版のなかには実際の写真が挙がっていることもあり、きわめて資料的価値が高い。その一葉、「廃墟の浦上天主堂」には次のようなキャプションがある。「明治二年の暮に全村あげて村から追放されて各藩預けとなった浦上村キリシタンは三年半に及ぶ悲惨な流罪の旅の生活ののちにやっと許された。かれらはその間、信仰を守り通し、浦上の地に赤煉瓦造りの天主堂を建てた。しかし昭和二〇年原爆による犠牲となって廃墟と化した。目下新天主堂建設中。(8)」最初の文は、前述した浦上四番崩れのことを指す。

本文は序章がヴェネツィアの歴史描写から始まってルネサンス概念に触れ、「シャビエルの日本渡航」の章で巻全体が終っている。この最終章は、一五一七年がカトリック改革においても重要な年だったことが指摘されていて注目される。神愛オラトリオ会やフランチェスコ修道会の厳格派誕生でもあったと言われているからである。最終行にやはり鎖国に触れるが、悲劇的詠嘆調にはならず、淡々としている。序章の筆者は松田智雄と森田鐵郎（一九一四―九六年）、最終章は保坂榮一（一九一九―二〇〇三年）である。皆、西洋史家である。

図説と謳ってあるように、「キリシタンの世紀」上の重要な絵が挙がっている。写真資料提供にキリシタン文化研究会の名もある。キャプションにイエズス会のセミナリヨで生徒に西洋画が教えられたと記されているのもある。この師はイタリア系の修道士ジョヴァンニ・ニコラオ・ダ・ノーラで、ルネサンス画法を日本に伝えた。この一点だけ取ってみても、イタリア・ルネサンスは世界的広がりを持っていて、決してヨーロッパのなかで完結した文化運動ではなかったことが分かる。ルネサンスの特徴とされるヒューマニズム（人文主義）ならば、その影響はさらに大であった。

このルネサンスにキリシタン史が関わり、ルネサンス時代において日本ではそれが「キリシタンの世紀」と呼ばれたとも言いうる。『ルネッサンス』が示したカトリック改革や、保坂が言及していないトレント公会議と日本との関係については、刊行後半世紀以上の月日が流れたとはいえ、究明されなければならないことが残ったままである。重要なことは、宗教運動を含めてルネサンスを考察することである。カトリック改革や宗教改革とルネサンスは切り離すことはできない。(9)

キリシタン史の問題は今も続き、あの「キリシタンの世紀」とはなんであったのか、問いかけが尽きることはない。先に引いた西村はこの世紀に注目し、頁は割いているが、思想的交流などには一切触れていない。もっぱら殉教に強い関心を持っていた。日本を代表するカトリック世界の指導者から、キリシタンの徒は、昔は悪魔の手先、妖術師のように見られ、近年では弾圧を受けた悲劇の人たちという見方があるが、ルネサンス・ヒューマニズムの発展のなかでキリシタン史が理解されるようになってほしいと言われたことがある。ヨーロッパ・ルネサンスの意義は欧米人に留まらず、私たちの問題であるとの思想史的、精神史的理解が深まれば、「キリシタンの世紀」、キリシタン史は新たな相貌を持つことになる。今やそれは緒についたばかりであるが、期待できる状態にあるのではなかろうか。(10)

註

（1）H・チースリク編『北方探検記——元和年間に於ける外国人の蝦夷報告』聖心女子大学カトリック文化研究所、一九六二年。

（2）『大航海時代におけるヨーロッパとアジアの出会い』「東洋の使徒」ザビエル／ザビエル渡来四五〇周年記念行事委員会編、上智大学、一九九九年。『アジア世界におけるヨーロッパ・キリスト教文化の展開』同編、同大学、二〇〇〇年。

（3）C. R. Boxer, *The Christian century in Japan*, 1549-1650, 1993 (1951).

（4）本稿を補う視点は、五野井隆史『日本キリシタン史の研究』吉川弘文館、二〇〇二年。

（5）次の書は題名が裏切ることなく、日本にもかなり言及する。A. D. Wright, *The Counter-Reformation. Catholic Europe and the Non-Christian World*, New York, 1982. 日本の歴史が取り上げられるとしたら、こういう文脈でしかありえないだろう。

（6）西村貞二『神の国から地上の国へ』大世界史一〇、文藝春秋、一九六八年、二八三、二九一頁。なおこの書は『ルネサンスと宗教改革』と改題して、講談社学術文庫，一九九三年、に入ったようであるが、未確認。西村の鎖国観の根底には和辻がいる。和辻鎖国観への疑問と批判は、根占献一「再生と充溢としてのルネサンス観とその今日的課題——東西を結ぶルネサンス概念」、甚野尚志・益田朋幸編『ヨーロッパ文化の再生と革新』知泉書館、二〇一六年、六一—八五頁、に所収。なお和辻の鎖国観を理解するには、同じ頃に書かれたものを見る必要もあろう。「埋もれた日本——キリシタン渡来時代前後における日本の思想的情況」、『和辻哲郎全集』岩波書店、第三巻、一九七七年第二刷、三八二—四〇八頁。初出は一九五一（昭和二六）年二月。

（7）『ルネッサンス』図説世界文化史体系八、角川書店、一九五九年、一〇一頁、挿絵番号二四〇にトマソ・インギラミ（ラファエロ作）が挙がり、説明に彼は教皇庁司書官で人文主義者とあり、驚かされる。この人物については、根占献一「ルネサンス文化と改革期のローマ——十五、十六世紀イタリアの教会と世界」、甚野尚志・踊共二編『中近世ヨーロッパの宗教と政治——キリスト教世界の統一性と多元性』ミネルヴァ書房、一三二—五七頁。この小論でインギラミをかなり詳しく登場させることができた。またこの論の結びで、二次文献に見える「キリスト教の世紀」という言い回しを紹介している。

（8）『ルネッサンス』二八五頁、挿絵番号七六七。

（9）二〇一四年一〇月三〇・三一両日にわたる、トレント（イタリア）での国際シンポジウム「中近世の宗教の歴史——ヨーロッパと日本からの視角」(Medieval and Early Modern Religious Histories: Percepectives from Europe and Japan) は注目される。日本からの発表者は甚野尚志、踊共二、平山篤子、皆川卓、根占献一である。この試みはその後も同地において二年間続けられた。

（10） 以下の拙著は、世界史あるいはヨーロッパ近世史のなかで日本を描こうとした試みである。根占献一『東西ルネサンスの邂逅——南蛮と禰寝氏の歴史的世界を求めて』東信堂、一九九九年。また最近では、ヒロ・ヒライ／小澤実編『知のミクロコスモス——中世・ルネサンスのインテレクチュアル・ヒストリー』中央公論新社、二〇一四年、特に「第四部　西洋と日本——キリシタンの世紀」。

（補註） 脱稿後、以下の書が公刊された。これは本補論のみならず、本書自体の主題と深い関係を有する。Gianluca Caputo, *L'aurora del Giappone tra mito e storiografia. Nascita ed evoluzione dell'alterità nipponica nella cultura italiana, 1300-1600*, Firenze, 2016.

補論Ⅱ　イタリア・ルネサンスにおけるプラトン哲学とキリスト教神学

一　フィチーノ研究略史

二〇世紀前半から今日に至るまでの間に、イタリア・ルネサンスのプラトン主義者マルシリオ・フィチーノ（一四三三―一四九九年）の研究状況は大きく変わった。その先駆けをなした一論文は以下のようなものである。当時のドイツ、ミュンヘン大学私講師のマティアス・マイエル（マイアー。Matthias Meier）が「マルシリオ・フィチーノにおける神と精神」(1)という論文を書き、フィチーノの認識論を扱ったのは、一九一七年であった。この論文はヨーゼフ・シュレヒト（Joseph Schlecht）還暦論集に収められているのだが、他に寄稿した研究者として、クレメンス・ボイムカー（Clemens Baeumker）、マルティン・グラープマン（Martin Grabmann）ら、周知の名を見出すことができる。マイエルはこれより先、一九一四年に『デカルトとルネサンス』(2)という研究書を発表し、ルネサンス・プラトン主義のデカルトへの影響を明らかにしていた。この書はボイムカーに献呈されていた。当該論文では、哲学史上の歴史的人物としてフィチーノは既知の人物に属するものの、専門論文ではまだ余り評価されていない、と述べたのであった。

この頃のドイツの学問世界では、フィチーノの一大主著『三重の生』（*De triplici vita*）に基づく、精神（知的）

労働の健康法が研究されていた。これは、この国における同著書の影響が大きかったことにもよるが、占星術に関わる記述も多く、この方面でも注目されていた。日本では近年、こちらの類いの研究が、魔術（D.P.Walkerのスピリット研究）や芸術（メランコリーに関わるErwin Panofskyなどの図像研究）に関心ある読者の興味を引いてきた。私見では、この日本的関心はやや偏りがあるように見受けられる。なぜなら、主体的となるべきフィチーノの哲学思想の究明が、常に副次的にして部分的な段階に留まっている観が否めないからである。

マイエル論文は、当時のドイツにおける、やや限定された研究状況のなかで、一九一一年に出た、エルンスト・カッシーラー（Ernst Cassirer）の『近代の哲学と科学における認識問題』（*Das Erkenntnisproblem in der Philosophie und Wissenschaft der neueren Zeit*, Berlin）により、フィチーノが哲学者としても評価され出した、と述べている。確かに、カッシーラー以後、イタリアの学者たち、ジョヴァンニ・ジェンティーレ（Giovanni Gentile）、ジュゼッペ・サイッタ（Giuseppe Saitta）、ジュゼッペ・アニキーニ（Giuseppe Anichini）、ジョヴァンニ・ディ・ナポリ（Giovanni Di Napoli）、イタリア以外では、ポーランド出身で学術誌『新スコラ哲学誌』（*Rivista di filosofia neo-scolastica*）に論考を発表したマルヤン・ハイツマン（Marjan Heitzman）、若い頃はイタリアにいた、ベルリン出身のパウル・オスカー・クリステラー（Paul Oskar Kristeller）らの専門研究により、フィチーノ解釈は大きな進展を遂げて、現在に至った。

二　フィチーノとフランチェスコ・ダ・ディアッチェートの愛の伝統

このような研究上の発展が、今日の私のこの提題に十分に反映されうるかどうかは自信があるわけではない。

最初、このシンポジウムの企画を加藤守通氏からいただいた時、私が考えていたのは、フィチーノの『愛について』(*De amore*) の系譜を辿ることであった。その視点から、「一五・六世紀のプラトン主義――フィチーノと彼以後の世代の哲学者」という題は提出された。

これは、インターネット時代に入り、フィチーノの最も重要な弟子であったフランチェスコ・ディ・ザノビ・カッタニ・ダ・ディアッチェート（一四六六―一五二二年）の、師の作品と同題名の『愛について』(*De amore libri tres*) などが容易にアプローチできるようになったことがあったし、また、待望のジョルダーノ・ブルーノの翻訳、『英雄的狂気』(*Eroici furori*) がいつもながら加藤訳（東信堂、二〇〇六年）で出たこともあり、いいタイミングに思われたからであった。『英雄的狂気』には、清新体派詩の詠う高貴な心にペトラルキズモに見られる愛の冷たき炎がともされた文学的伝統と、フィチーノやディアッチェートのプラトン的愛の哲学的伝統が流入し、混交し合っている。ここでは、詩人と、神的な至上の対象を英雄的に憧憬する哲学者はひとりの人に集約され、異なってはいない。ブルーノはまさしく詩人哲学者である。

ディアッチェートの代表的著作のうち、『美について』(*De pulchro libri III*) は現代の校訂版(3)があり、読むのは容易だったが、『愛について』は一六世紀の版しかなく、なかなか見ることさえ困難であった。ディアッチェートの両作品とも、存在の位階論においてきわめてプロティノス的であるので、新プラトン主義の名を冠するこの協会で発表するには相応しい、と考えてもいた。その『愛について』のなかでディアッチェートが、プロティノスやその他のプラトン主義者は、キリスト教の神（Iddio）が本質あるいは知性であることを否定し、まったく単に一なるもので充溢、満ちている、といっているのは面白い。また、神は自らにしか知られず、彼の神性の底知れぬ深みの礼讃者、崇拝者であると断じ、ディオニュシオス・アレオパギテスがこの神的な濃霧（caligine）

を祝している、とも書いている。

なお、『愛について』はフィチーノと同様、自ら俗語訳を行っている。ルネサンス時代には、実にさまざまな「愛の著者たち」(trattatisti d'amore)が現れた。ブルーノの前記作品もそのひとつであり、フィチーノとディアッチェートの師弟は、わけても重要な著述を残して、これらの著者たちに素材を提供した思想家といえるであろう。彼らのプラトン的伝統は特にペトラルカの詩的伝統と融合する。この影響は大きく、フランスやイベリア半島の国々、海を越えて英国など、広範な拡がりを見せた。一例を挙げると、加藤美雄の研究(『モーリス・セーヴ研究』昭森社、一九六四年)と訳業(モーリス・セーヴ『デリ――至高の徳の対象』青山社、一九九〇年)から知られる、一六世紀フランス文学におけるモーリス・セーヴ(一五〇一―一六四年)がいる。セーヴはリヨン出身で、当地はイタリア・ルネサンス文化の重要な流入地であった。

三　公会議と霊魂不滅論

ここではしかし、愛の問題、またその発展史をこれ以上辿らずに、私自身が関心を持ち続けている題目に話を転じることにしたい。それは「霊魂不滅」の問題である。このプラトン主義的テーマは、私たちの先祖が初めてキリスト教を受け入れた時――一六世紀後半のことであるが、この思想をも知ることになったという意味で、たいへんに重要だと考えるに至った。来日したイエズス会を中心とする宣教師たちは、仏教、特に禅宗がキリスト教と違って、死ねば終わり、霊魂は死すべき、と説いていると、盛んに批判した。彼らが霊魂不死を強調した背景には、後述するラテラノ公会議で決められたことが大きかったたであろう。

一五八三年に来日し、九〇年にはイエズス会日本準管区長となった、ペドロ・ゴメスの『講義要綱（コンペンディウム）』（*Breve compendium*）――アリストテレス『霊魂論』の註釈とカトリック教義の解説――日本語本では、ラテン語本と違い、霊魂不死の特別な頁があり、これをコッレージョで講義することがいかに大切な意味を有していたかが、よくわかる。ちなみに、この『講義要綱（コンペンディウム）』のラテン語本は現在ヴァティカン図書館にあるが、かつてはスウェーデンのクリスティーナ女王が所有していた。また、日本語本はかれこれ十年ほど前の一九九五年に、オックスフォード大学モードリン・カレッジ付属図書館で発見された。

その同じ年に、筆者は編訳著として『ルネサンスの霊魂論』（一九九五年、三元社）を公にし、フィチーノの『プラトン神学』と霊魂不滅の伝統――特に「自然的欲求」をめぐって」を著した。この時には、私のなかでは「霊魂不滅」は彼我の相違を越えた普遍的問題、と必ずしも明瞭には意識されていなかった。その小論で、中世思想とルネサンス思想の問題を対比させる意味で、ふたつの公会議に言及した。それは、一三一一―一二年開催のヴィエンヌ（Vienne）と一五一二―一七年開催の第五ラテラノ（Laterano）の公会議で、一方には中世のアリストテレス主義の影響が、他方にはルネサンスのプラトン主義の影響がそれぞれ、如実に表現されている、と指摘した。ただ、そこでは公会議の中身までは踏み込んで書いていないので、今日はすこし細かくその内容を見てみたい。

一四世紀初めのヴィエンヌの教令（decreta）には以下のようにある。「理性的あるいは知的霊魂の実体が、それ自身でおよび本質的に人間の身体の形相でないと無謀に主張するか、あるいは疑わしいと見なす、すべての教説あるいは命題は、誤りであり、かつカトリック信仰の真理に反するとして拒否する。(4)」、と。これは当時にあって、フランチェスコ修道会厳格主義者（spirituale）、ヨハンネス・ペトルス・オリヴィ（一二九八年死去）の説に従う者たちの思想を否定したのであった。ここには、霊魂は肉体の形相である、というアリストテレス主義の観点が反映されている。一三世紀に、同主義が西欧世界に齎され、大学で大きな権威を持った結果であった。質料としての身体、形相としての霊魂などという考え方が、聖書的・キリスト教的伝統にはとても見出されない概念であることは言うまでもない。

この二百年後の、一六世紀初めのラテラノの教書（constitutio）ではこうである。「信徒たちによって常に峻拒されてきた、特に理性的霊魂（anima rationalis）の本性、それが死すべきものである、あるいはすべての人間にそれが唯一であるという、きわめて有害な誤り、毒麦を主の耕地に蒔く者があり、（そのなかの）ある者は哲学者気取りで、この命題は哲学に従えば、真理であると見なしている。」、と。(5) ここには、イスラムの哲学者アヴェロエスの説と所謂二重真理説が示唆されている。

これに対し、続けてラテラノ教書は、ヴィエンヌの普遍公会議と、時のローマ教皇クレメンス五世の名を挙げながら、言う。「同会議で宣言された規定（canon）では、知性的霊魂（anima intellectiva）は、まことにそれ自身でおよび本質的に（vere per se et essentialiter）人間の身体の形相として存在するだけでなく、不滅である。さらに、数多の数の身体にそれがひとつずつ（singulariter）注入されて、それは多数化され、またそうされるべきなのである。これが明確に福音から確定されるのは、主が〈かれらは霊魂を殺すことはできない〉〔マタイオス（マタイ）一〇章二八節〕、また別のところで〈この世で自らの霊魂（anima）を憎む者は永遠の生（vita）ではこれを保つ〉〔ヨハンネス（ヨハネ）一二章二五節〕。共同訳では〈この世で自分の命を顧みない人は、それを保って永遠の生命に至る〉と言われるときである。また、永遠の褒賞、そして永遠の罰を生の価値に応じて判断すると、主が約束されるときなのである〔マタイオス二五章四六節〕。そうでなければ、化肉とキリスト教の他の奥義がわれわれにはなんのためにもならず、復活は期待されえないこととなり、かつ、聖人と義人は「その使徒（註。大文字。イエスを指そう）が言われるように」、あらゆる人間のうちこれ以上の惨めな者はいないということになるだろう。」、と。(6)

引用には名指しされていないものの、パドヴァなど、北イタリアの大学で教えたアリストテレス主義者、ピエトロ・ポンポナッツィ（一四六二―一五二五年）と彼の思想が批判され、否定されていると見ることができるであろう。このポンポナッツィの学的活動を知るには、パリ大学とは異なる当地の大学の実態を知っておく必要がある。ここでは、学芸学部が次元の異なる神学部に抗して、哲学の権利を主張する必要はなかった。パドヴァを始め、ボローニャ、マントヴァ、フェッラーラ――彼が教えた諸大学であった――などは法律と学芸だけの学部で、独立した神学部は存在していなかった。(7)このため哲学は宗教のことを顧慮することなく、純粋に理性に基づく哲学的議論が可能だった。霊魂不滅の問題も、彼はアリストテレス思想を究めることで、信仰から切り離された同哲学の霊魂観を語ることができたのである。

さて、先の「霊魂は肉体の形相である」という表現と同様、聖書的・キリスト教的伝統には見出し難い「霊魂自体の不死」は、ルネサンス期に高まったこの可否をめぐる議論と無関係ではない、つまりフィチーノの『プラトン神学――霊魂不滅論』(*Theologia platonica de immortalitate animorum*)に見られるような、その強調の風潮と大いに関連があると見るべきであろう。この時代、霊魂不滅の書が数多く書かれたことは、ディ・ナポリが大著で詳細に研究しているところである。(8)霊魂不滅論の流行が一六世紀初めに教会に影響を及ぼし、霊魂不滅が信仰箇条になったことは、イタリア・ルネサンスにおけるプラトン主義復興の反映の結果と言えるであろう。霊魂不滅論のスンマというべき『プラトン神学』の第一五巻は、不敬虔なアヴェロエスに対する批判となっている。

四　プレトンからフィチーノを経てステウコへ――「古代神学」から「永遠の哲学」へ

ルネサンスにおけるプラトン主義復興のきっかけは、ラテン教会とギリシャ教会との合同を目指すフィレンツェ公会議にギリシャ人の一行がやって来たことにある。一四三八―三九年のことで、その一員のなかにプレトンの異名を有するゲオルギオス・ゲミストスがいた。プラトンの響きに似ていることから、彼は好んでそのように名乗った。短期の滞在中にプレトンは、イタリアにいる「プラトン主義者たちのために」『プラトンとアリストテレスの哲学の相違』(*De platonicae et aristotelicae philosophiae differentia*) を著わし、ラテン人がアリストテレスを誤読して、間違った理解をしているのであり、アリストテレスの思想がキリスト教会に反していることの数々の理由を指摘した。そのなかに、アリストテレスは人間の霊魂は不死であるとは教えていない、というものもあった。また、アヴェロエスが、このギリシャ哲学者の著作は人間の叡智全体を包括すると信じ込ませている、というものでもあった。特に、アリストテレスの著作が自然哲学を完璧に完成させている、という確信性において、アヴェロエスは間違いを犯していると主張した(9)。

本書の詳細な内容に立ち入らずに、ここでは、プレトン思想と区別されるフィチーノ思想の特色にいくらか触れておきたい。プレトンが提示した、プラトン―アリストテレス間の相違というよりもむしろ優劣をめぐる議論には、イタリア半島のヒューマニストはこの段階では積極的な関心を示してはいない。むしろ来伊したギリシャ人哲学者の間で盛んな論題となった。そのなかにあって、のちにローマ教会の枢機卿になり、重要な蔵書をヴェネツィアの図書館に遺贈したベッサリオンは両哲学者のそれぞれの特長を認め、双方に価値を置いた。この考え方に後の世代に属するフィチーノは与し、プレトンのように一方的にアリストテレスを否定することはなかった。その上で、プレトンとフィチーノの最大の違いは、人間の行動に自由を認めるかどうかに懸かっているであろう。プレトンは『運命論（ペリ・ヘイマルメネース）』では、宿命論・決定論を展開した。フィチーノは『プロティノス註釈』(*Epitoma Plotini*) の、プロティノスのエネアスⅢ、一「運命について」で、その名こそ挙げていないが、プレトン説に与しない発言を行っている。また、プレトンの先の著とこれを含む一写本（Riccardiana MS. 76）を、フィチーノは所有していたが、これに註をつけ、人間の自由意志を弁護している。また、プレトンの『法律』（ノモイ）に窺われる多神教崇拝もフィチーノには無縁である。(10)

ただ、プラトン主義の伝統を「古代神学」(prisca theologia) の伝統と見なすフィチーノの歴史観には、プレトンに負うところがあるであろう。「古代神学」の鍵となる人物はフィチーノの場合、ヘルメス・トリスメギストスであった。これはやがて、アゴスティーノ・ステウコ（一四九七―一五四八年）の著名な『永遠の哲学』(*De perenni philosophia libri X*. De Eugubij nomine, Lugduni 1540, altra edizione, Basileae, 1542. *De perenni philosophia* by Augustinus Steuchus. With a New Introduction by Charles B. Schmitt, New York/London, 1972) に結実する。彼は一四九七年か九八年にグッビオに生まれた。ラテン名は Steuchus Eugubinus だが、早い時期に洗礼名グイドの名をアゴスティーノ、つまりアウグスティヌスに改めた。のちに、ローマ教皇パウルス三世にヴァティカン図書館を任された。トレント公会議に赴く途中、一五四八年にヴェネツィアで亡くなった。

ステウコはヘブライ語を理解し、カバラにも通じていた。このことはその主著にも窺える。ヘルメス文書の引用も、神話的オルフェウスの名も目立つ。そのほか、プラトン、アリストテレスなどはもちろんだが、アレクサンドリアのフィロン、プロティノス、プロクロス、イアンブリコス、それにディオニュシオス・アレオパギテスの名も頻出する。プレトンも結構現れ、プレトンが重視した古代神学者ゾロアスターも何度も出てくる。プルタルコスやキケロの名は言うまでもない。哲学各派を教えるディオゲネス・ラエルティオスが紹介されたのも、このイタリア・ルネサンスであったが、やはり彼の名も多く引用されている。ただ、ポンポナッツィの名はまったく出てこない。このような豊穣な哲学史に通じながら、特にプラトン主義の伝統を踏まえて書かれたのが、この『永遠の哲学』であった。フィチーノの名の引用は一度だけだが、「永遠の哲学」とは、フィチーノの「敬虔な哲学」(pia philosophia)、「古代神学」にもっとも遡及すると考えていいであろう。[11]

ルネサンスのプラトン主義を見ていると、哲学と神学が分離し難いことが見えてくる。冒頭でマイエルの論を紹介しながら、カッシーラーの名を出したところだが、彼は『認識問題』第一巻を発展させた、ルネサンス哲学研究の古典『個と宇宙』(*Individuum und Kosmos in der Philosophie der Renaissance*, Berlin/Leipzig, 1927)のなかで、スコラ神学から哲学が自立していくことを近代思想の特色とした。そこでは、フィチーノが積極的に評価されず、却って「アリストテレス主義者」ポンポナッツィが注目されている観がある。カッシーラーの観点では、フィチーノの哲学思想は神学的傾向が強く、その分、近代的でないと判断されたのであろう。

フィチーノとステウコの思想から、神学と哲学双方の結合強化を図る上で、アウグスティヌスが鍵を握っている教父であることは明白である。[12] アウグスティヌスはまた、一五世紀プラトン哲学復興以前の歴史を考える上で重要な人物である。一四世紀のペトラルカが、『わが秘密』(*Secretum*)でこのアウグスティヌスを対話の相手に選んだことは、イタリア・ルネサンスのプラトン主義開始の画期をなすものであった。この点で、ダンテにアウグスティヌスが欠如しているのは象徴的である。そして、ペトラルカの同時代人、グレゴリオ・ダ・リミニ(一三〇〇—五八年)は近代最初のアウグスティヌス主義者といえるのではないだろうか。ここには明確に、ビザンティンの伝統とは別の、教父を介したラテン的伝統におけるプラトン主義の歴史がある。

ステウコ以後になると、イエズス会士ロベルト・ベッラルミーノ（一五四二―一六二一年）が、その『教会の著作家』（*De scriptoribus ecclesiasticis*）のなかで、アウグスティヌスに大いに注目している。[13] イエズス会の思惟・思考とアリストテレス哲学に基づくトマス神学との深い関連性はよく知られているけれども、プラトン主義の大事な一翼を成すアウグスティヌス主義がルネサンスにおいていかなる発展を遂げて、近代の新たな修道会などにどのように受け入れられたのかは、今後の研究課題である。

註

（1）M. Meier, Gott und Geist bei Marsiglio (*sic*) Ficino, in *Beiträge zur Geschichte der Renaissance und Reformation*, München/Freising, 1917, pp.236-47.

（2）*Descartes und die Renaissance*, Münster i. Westf, 1914.

（3）A cura di Sylvain Matton, Scuola normale superiore di Pisa, 1986.

（4）*Decrees of the Ecumenical Counciles*, Volume One *Nicaea I to Lateran V*, edited by Norman P. Tanner S.J., Sheed & Ward and Georgetown University Press, 1990, pp.360-61. ラテン語原文に英訳対訳となっている。

（5）*Ibid.*, p.605.

（6）*Ibid.*

（7）Jos Decorte,Proofs of the Immortality and Mortality of the Soul in the Renaissance of the 12th and late 15th Centuries, in *Mediaeval Antiquity*, Leuvan University Press, 1995, pp.95-126, 特に pp.116-17.

（8）*L'immortalità dell'anima nel Rinascimento*, Torino, 1963.

（9）Charles Lohr, Georgius Gemistus Pletho and Averroes. The Periodization of Latin Aristotelianism, in *Sapietiam amemus. Humanismus und Aristotelismus in der Renaissance*, herausgegeben von Paul Richard Blum in Verbindung mit Constance Blackwell und

Charles Lohr, München, 1999, pp.39-48.

(10) A. Keller, Two Byzantine Scholars and their Reception in Italy, in *Journal of the Warburg and Courtauld Institute*, XX(1957), 363-370, 特に 365. John Monfasani, Platonic Paganism in the Fifteenth Century, in *Reconsidering the Renaissance. Papers from the Twenty-First Annual Conference*, edited by Mario A. Di Cesare, New York, 1992, pp.45-61.

(11) Mariano Crociata, *Umanesimo e teologia in Agostino Steuco. Neoplatonismo e teologia della creazione nel «* ≫ *de perenni philosophia* ≪ , Roma, 1987,48. 引用の頻度は、*Ibid.*, pp.233-39.

(12) *Ibid.*, p.51

(13) William J. Bouwsma, The Two Faces of Humanism. Stoicism and Augustinianism in Renaissance Thought, in *A Usable Past. Essays in European Cultural History*, Los Angeles/Oxford, 1990, pp.19-73, 特に 62.

あとがき

ここ何年かのあいだに上野の東京国立博物館ではキリシタン史に関わる興味深い展示が行われた。二〇一四年は支倉常長像の、そして今年二〇一六年は伊東マンショ像の展示が同一室内で行われた。肖像画家はともにイタリア人で、描かれた日本人と同時代の画家たち、アルキータ・リッチ、そしてドメニコ・ティントレットである。支倉像の作者は不確かなままであったが、これで確定したといえようか。支倉の姿は知られて久しかったが、マンショ像の出現には驚かされた。なぜなら、文書記録上はヴェネツィア共和国のあの大画家、ドメニコの父ヤコポ・ティントレットが描いたといわれてきたのだが、肝心の絵が見つからないままになっていたところに、ついにかれが姿を現したからである。これは早速出たばかりの以下の書に挿絵として収録された。Alessandro Valignano, *Dialogo sulla missione degli ambasciatori giapponesi alla curia romana e sulle cose osservate in Europa e durante tutto il viaggio* basate sul diario degli ambasciatori e tradotto in latino da Duarte de Sande, sacerdote della Compagnia di Gesù, a cura di Marisa di Russo. Traduzione di Pia Assunta Airoldi. Presentazione di Dacia Maraini, Firenze, 2016.

ティントレット一家は画家一族であり、時に娘のマリエッタが描いたのではないか、と小説に似合いの想像をしたことがあったが、息子の手になることが分かったのである。支倉常長も伊東マンショもともにすばらしい出来栄えであり、油絵の威力を発揮して、今も目の前にかれらがいるかのような迫真性があり、なかなか立ち去ることができなかった。

ずいぶん前にヴェネツィアに行った折、ティントレットの家を訪ね、彼の傑作《聖母マリアの奉献》のある教会、マドンナ・デロルトに出かけたことがある。むろん、天正遣欧使節との関係を知ったうえでの行動で、サン・マルコ広場を基点に考えれば、ヴェネツィア本島もずいぶんと広いと思ったものだ。同教会はまたコンタリーニ一族の菩提寺でもあり、イエズス会公認に尽力したガスパロ・コンタリーニの墳墓もまた見出された。ティントレットは対抗宗教改革を代表する画家であり、ヴェネツィアの大スクゥオーラ、サン・ロッコに行くと、まさにバロックを代表する画家であることを信じることができる。これに対してコンタリーニのほうはまだカトリック教会とプロテスタントの間の和解の道を探っていた、行動するヒューマニストだった。一昨年初めてトレント（トリエント）にでかけ、ここでの公会議開催に余念がなかったコンタリーニのことを思わずにはいられなかった。彼はその前に亡くなり、公会議の話し合いは彼の期待していた方向へは進まなかった。

今回の小著には以上のような私の体験や感慨が反映されているが、古今のキリシタン史研究者からは学ぶところは多く、学術研究の連続性を覚えることがたびたびあった。本書がこの連結した研究に幾らかなりとも貢献ができたなら、幸いである。最後に、出版にご理解をいただいた知泉書館の小山光夫氏には謝意を表する。

二〇一六年一〇月二三日――トレント再訪を前にして

著　者　識

（学習院女子大学研究成果刊行助成）

初出一覧（指示がない場合は本書が初出である）

第一章　『藝林』第五二巻第一号、二〇〇三年、七一―九八頁。

第二章　『地中海研究所紀要』第三号、二〇〇五年、九一―一〇九頁。

第三章　『学習院女子大学紀要』第七号、二〇〇五年、二五―四二頁。

第四章　『ソフィア』二二六号、第五四巻第四号、二〇〇六年、一〇―一五（四二四―二九）頁。
『学習院女子短期大学紀要』第三四号、一九九六年、一八―三三頁。

第五章　『中近世ヨーロッパのキリスト教会と民衆宗教』（科学研究費成果報告書（研究代表者甚野尚志）、二〇一〇年、一七―二三頁）

第六章　『学習院女子大学紀要』第一四号、二〇一二年、七五―九二頁。

第七章　『学習院女子大学紀要』第一〇号、二〇〇八年、五三―六五頁。

補　遺　『学習院女子大学紀要』第一一号、二〇〇九年、六五―六七頁。

第八章　『教育の社会史――ヨーロッパ中近世』浅野啓子・佐久間弘展編、知泉書館、二〇〇六年、一二五―四八頁。

補論Ⅰ　『「近世化」論と日本――東アジアの捉え方をめぐって』清水光明編、勉誠出版、二〇一五年、一六四―七一頁。

補論Ⅱ　『新プラトン主義研究』第七号、二〇〇七年、三一―三八頁。

根占 献一（ねじめ・けんいち）

1949 年生。学習院女子大学国際文化交流学部教授。現在同大学図書館長。博士（文学，早稲田大学）。ルネサンス思想・文化史，東西交流史

〔主要業績〕『ロレンツォ・デ・メディチ―ルネサンス期フィレンツェ社会における個人の形成』南窓社，1997 年（第 20 回マルコ・ポーロ賞受賞作品。1999 年重版）。『東西ルネサンスの邂逅―南蛮と禰寝氏の歴史的世界を求めて』東信堂，1998 年。『フィレンツェ共和国のヒューマニスト―イタリア・ルネサンス研究（正）』創文社，2005 年。『共和国のプラトン的世界―イタリア・ルネサンス研究（続）』同上。『ルネサンス精神への旅―ジョアッキーノ・ダ・フィオーレからカッシーラーまで』創文社，2009 年。（編著）『イタリア・ルネサンスの霊魂論』三元社，2013（1995）年。（監訳・共訳）カッシーラー『シンボルとスキエンティア―近代ヨーロッパの科学と哲学』ありな書房，1995 年。クリステラー『イタリア・ルネサンスの哲学者』みすず書房，2006（1993）年。『原典イタリア・ルネサンス人文主義』名古屋大学出版会，2010 年。ハービソン『キリスト教的学識者』知泉書館，2015 年。

〔イタリアルネサンスとアジア日本〕　ISBN978-4-86285-250-2

2017 年 2 月 20 日　第 1 刷印刷
2017 年 2 月 25 日　第 1 刷発行

著　者　根　占　献　一
発行者　小　山　光　夫
製　版　ジ　ャ　ッ　ト

発行所　〒113-0033 東京都文京区本郷1-13-2
電話03（3814）6161 振替00120-6-117170
http://www.chisen.co.jp
株式会社 知泉書館

Printed in Japan　印刷・製本／藤原印刷

Asia and Japan in the World of the Italian Renaissance: Humanism, Aristotelianism, Platonism

By

Kenichi Nejime

Chisenshokan

2017

Contents

固有名索引

あ　行

聖アウグスティヌス（Augustinus）　25, 137, 151, 161, 199
クラウディオ・アクァヴィーヴァ (Claudio Acquaviva)　22, 167, 203
ルドルフ・アグリコラ（Rudolf Agricola）　199
ジャコモ・アコンチョ（アコンティウス，Giovanni Aconcio[Acontius]）　191
アレッサンドロ・アキッリーニ（Alessandro Achillini）　208
ドン・フランシスコ・アルヴァレス（Don Francisco Arvarez）　42
ポンポニオ・デ・アルジェリオ（Pomponio de Algerio）　71
アルメイダ（Almeida）　109, 110, 137
アレクサンデル五世（Alexander V）　57
聖アントニーノ（Antonino）　57, 98, 194
聖イグナチオ・デ・ロヨラ（Ignacio López de Loyola）　5, 11, 13, 22, 95, 167
シリウス・イタリクス（Silius Italicus）　47
　『ポエニ戦役』（*Punica*）　47
イソクラテス（*Isocrates*）　195, 198
　『ニコクレスに』（*Ad Nicoclem*）　198
偽イソクラテス　198
　『デモニコスに』（Ad Demonicum）　198
インノケンティウス八世（Innocentius VIII）　172–76, 182
ヴァーグナー（H・Wagner）　45
ジョルジョ・ヴァザーリ（Giorgio Vasari）　38
　『列伝』（*Le vite*）　38
ロレンツォ・ヴァッラ（Lorenzo Valla）　199
アレッサンドロ・ヴァリニャーノ（Alessandro Valignano）　12, 14, 52, 54, 75, 146, 205, 221
ベネデット・ヴァルキ（Benedetto Varchi）　165
ヴィーコ（Vico）　53, 79, 141, 177, 186, 202
ヴィッラーニ（Villani）　193
ヴイットリーノ・ダ・フェルトレ（Vittorino da Feltre）　198
ウイリアム・オブ・オッカム（William of Occam）　119
マッフェオ・ヴェージョ（Maffeo Vegio）　196, 199
アメリゴ・ヴェスプッチ (Amerigo Vespucci）　4, 39, 75, 207
ピエル・ヴェットーリ（Pier Vettori）　165
ジョヴァンニ・ダ・ヴェッラッザーノ（Giovanni da Verrazzano）　42
ウェルギリウス（Vergilius）　138, 197, 199–201
ピエトロ・パオロ・ヴェルジェーリオ（Pietro Paolo Vergelio）　198
　『若人の優れた礼儀と自由教育』（*De inguis moribus et liberalibus adulescentiae studiis liber*）　198
　ピエトロ・マルティーレ・ヴェルミリ（Pietro Martire Vermigli）　77
エジディオ・ダ・ヴィテルボ（Egidio da Viterbo）　28, 131, 136 et passim, 144, 145, 150, 151, 153, 157
デシデリウス・エラスムス (Desiderius Erasmus）　25, 94, 137, 152, 153, 171, 199, 204

ベルナルディーノ・オキーノ（Bernardino Ochino）　93, 191
オドリコ・ダ・ポルデノーネ（Odorico da Pordenone）　51, 57
　『報告』（*Relatio*）　57
オリヴィ（Johannes Petrus Olivi）　235

か　行

トンマーゾ・デ・ヴィオ（カイエタヌス）（Tommaso de Vio[Caietanus]）　119
アルヴィーゼ・カ・ダ・モスト（Alvise Ca' da Mosto）　38
カストルッチョ・カストラカーニ（Castruccio Castracani）　177
カッシーラー（Ernst Cassirer）　232, 240
カボート（Caboto）　75
カモンイス（Luís Vaz de Camões）　5
　『ウズ・ルジアダス』（Os Lusíadas）　5
ヴィンチェンツォ・ガリレオ（Vincenzo Galileo）　165
ガリレオ・ガリレイ（Galileo Galilei）　14, 190
　『二大世界体系についての対話』（*I due massimi sistemi del mondo*）　190
アントニオ・ガルバン（Antonio Galvan）　63
ピエトロ・カルネッセッキ（Pietro Carnesecchi）　178
ルドウィーコ・カルボーネ（Ludovico Carbone）　205
カルレッティ（Francesco Carletti）　18, 19, 21, 33, 104, 114
カルロス（カール）五世（Carolus V）　105, 140
カンティモーリ（Delio Cantimori）　94
トンマーゾ・カンパネッラ（Tommaso Campanella）　208
　『太陽の都』（*La città del sole*）　208
ギンズブルグ（Carlo Ginzburg）　94
グアリーノ・ヴェロネーゼ（Guarino Veronese）　57, 198
バッティスタ・グアリーノ（Battista Guarino）　199
ロドヴィーコ・グィチァルディーニ（Lodovico Guicciardini）　186
　『気晴らし時間』（*Ore di ricreazione*）　177
クィンティリアヌス（Quintilianus）　47
　『弁論術教程』（*Institutio oratoria*）　47
アニバル・ドゥ・クドレ（Annibal de Coudret）　204
ニコラウス・クザーヌス（Nicolaus Cusanus）　8, 46, 93
　『知恵の狩りについて』（*De venatione sapientiae*）　46
　『要約』（*Compendium*）　46
クラヴィウス（Christoph(er) Clavius）　14, 19, 33, 34
アントン・フランチェスコ・グラッツィーニ (Anton Francesco Grazzini)　165
セバスティアーノ・クリノ（Sebastiano Crinò）　44–46, 51, 52, 57, 59
マニュエル・クリュソロラス（Manuel Chrysoloras）　57
グレゴリオ・ダ・リミニ（Gregorio da Rimini）　240
チェーザレ・クレモニーニ（Cesare Cremonini）　123
クレメンス七世（Clemnes VII）　91, 140
ペドロ・ゴメス（Pedro Gómez）　125, 147, 150
アンドレア・コルサーリ（Andrea Corsali）　42, 53
ヴィットリア・コロンナ（Vittoria Colonna）　93
ステファノ・コロンナ（Stefano Colonna）　197
クリストーフォロ・コロンボ（Cristoforo Colombo, コロンブス Columbus）　3, 4, 6, 29, 35, 37
ニッコロ・デ・コンティ（Niccolò de' Conti）　9, 30, 37, 40, 53, 157, 158, 215
ジュリア・ゴンザーガ（Giulia Gonzaga）　191

フェルディナンド・ゴンザーガ（Ferdinando Gonzga） 79
ガスパロ・コンタリーニ（Gasparo Contarini） 28, 150, 192, 208

さ　行

ヤコポ・サドレート（Iacopo Sadoleto） 192
『正しい少年教育』（*De pueris recte instituendis*） 192
聖フランシスコ・ザビエル（Francisco Xavier） 3, 31, 40, 63, 79, 89, 113, 125, 204, 215, 219
アキッレ・サン＝ジョヴァンニ（Achille San Giovanni） 70
セバスティアーノ・ジェンティーレ（Sebastiano Gentile） 45, 57
ジョヴァンニ・バッティスタ・シドティ（Giovanni Battista Sidoti） 64
ジローラモ・ディ・サント＝ステーファノ（Girolamo di Santo Stefano） 40
フランチェスコ・ジョルジョ（Francesco Giorgio） 77
シュールハンマー（Schurhammer） 79, 84, 93, 94, 114
ジュンティ（Giunti） 77, 165, 167–70, 172, 178, 179, 183
トンマーゾ・ジュンティ（Tommaso Giunti） 77
フィリッポ・ジュンティ（Filippo Giunti） 167
ジョヴァンニ・ダ・エンポリ（Giovanni da Empoli） 52, 53, 140–42, 144, 158
パオロ・ジョーヴィオ（Paolo Giovio） 176
『トルコ事情註解』（*Commentario de le cose de' Turchi*） 176
スタティウス（Statius） 47
『セルヴェ』（*Silvae*） 47
ステウコ（Agostino Steuco） 238–41
ストラボン (Strabo) 9, 45, 57
モーリス・セーヴ（Maurice Scéve） 234
ロドヴィーコ・セルグリエルミ（Lodovico Serguglielmi） 79
フランチェスコ・セルドナーティ（Francesco Serdonati） 165 et passim
『第 216 代ローマ教皇インノケンティウス 8 世の生涯と事績録』（*Vita e fatti d' Innocenzo VIII papa ccxvi*）
『トルコ人の慣習と彼らとの戦闘方法』（*Costumi de' turchi e modo di guerreggiarli. Ragionamento inedito di Mess. Francesco Serdonati tratto dall'autografo esistente nella Magliabechiana*） 175, 176, 182, 183
シプリアーノ・ソアレス（Cipriano Soares） 14, 204
レリオ・ソッツィーニ（Lelio Sozzini） 191
ソデリーニ（Soderini） 28, 141
ソニエ（V. L. Saunier） 94

た　行

ピエトロ・マルティーレ・ダンギエーラ（Pietro Martiere d'Anghiera） 39, 77
『新世界』（*De orbe novo decades octo*） 39
ピエル・ダイイ（Pierre D'Ailly） 44
『世界像』（*Imago mundi*） 44
ペロ・タフル（Pero Tafur） 58
タメルラン（Tamerlane. ティムール） 49
チリアコ・ダンコーナ（Ciriaco d'Ancona） 57
アルベリコ・チーボ (Alberico Cibo もしくは Cybo) 169, 173
ジョヴァンニ・バッティスタ・チーボ（Giovanni Battista Cibo） 173
フランチェスケット・チーボ（Franceschetto Cibo） 173, 174
エドガー・ツィルゼル（Edgar Zilsel） 73

グレコリオ・ティフェルナーテ（Gregorio Tifernate） 57
アマート・ディ・サン＝フィリッポ（Amato di San Filippo） 74
ディ・ナポリ（Di Napli） 145, 232
ジョヴァン・フランチェスコ・ディ・パルマ（Giovan Francesco di Palma） 74
ドメニコ・ティントレット（Domenico Tintoretto） 32, 243
ヤコポ・ティントレット（Jacopo Tintoretto） 243
パオロ・デ・ロッシ（Paolo de' Rossi パオロ・デル・ロッソ Paolo del Rosso） 172
デカルト（Descartes） 202, 231
ジョヴァンニ・デッラ・カーサ（Giovanni della Casa） 177
『ガラテーオ』（*Galateo*） 177
ルフェーヴル・デタープル（Lefèvre d' Étaples) 92, 171
トインビー（Arnold Joseph Toynbee） 111
アントン・フランチェスコ・ドーニ（Anton Francesco Doni） 77, 207
パオロ・ダル・ポッツォ・トスカネッリ Paolo dal Pozzo Toscanelli 7, 44
ジョヴァンニ・ドナディオ（Giovanni Donadio） 73
聖トマス（Thomas トマ，トメー） 43, 97, 118, 119, 121, 126, 137, 145, 147, 148, 151, 160, 205, 207, 241
聖トマス・アクイナス（Thomas Aquinas） 118, 126, 205
『神学大全』（*Summa theologiae*） 205
ドミーニチ（Dominici） 201
『家庭采配諸事規定』（*Regola del governo di cura familiare*） 201
オラツィオ・トルセッリーニ（Orazio Torsellini） 79, 204
カルロ・ドルチ（Carlo Dolci） 71
オラツィオ・トルセッリーニ（Orazio Torsellini） 79, 204
『フランシスコ・ザビエル伝』（*De vita Francisci Xaverii*） 79
ルクレツィア・トルナブオーニ（Lucrezia Tornabuoni） 194
ステファノ・トレヴィザン（Stefano Trevisan） 46

な　行

ジャコモ・ニーヴァ（Giacomo Niva，倪一誠） 72
ジョヴァン・フランチェスコ・ニコーラ（Giovan Francesco Nicola） 74
ジョヴァンニ・ニコラオ（ニッコロ，ニコーラ）・ダ(ディ)・ノーラ（Giovanni Nicolao [Niccolò, Nicola] da[di] Nola） 71, 109, 227
ニッコロ・ニッコリ（Niccolò Niccoli） 48, 57
フランチェスコ・ネグリ（Francesco Negri） 177
オラツィオ・ネレッティ（Orazio Neretti） 114
イゾッタ・ノガローラ（Isotta Nogarola） 187, 199
ニッコロ・ノラーノ（Nicolò Nolano） 74

は　行

バウサーニ（A. Bausani） 144
パウルス三世（Paulus III） 91, 239
聖パウロ（Paulus） 9, 10, 12, 25, 26, 94, 99, 121, 124, 160, 170, 171, 202, 213
聖バシレイオス（Basileios） 202
パッラーディオ（Palladio） 16, 77
ガスパリーノ・パルジッザ（Gasparino Barzizza） 198
ピエトロ・アンジェリ・ダ・バルガ（Pietro Angeli da Barga イル・バルジェオ il Bargeo） 165, 169, 172, 173
コジモ・バルトリ (Cosimo Bartoli） 165
ダニエッロ・バルトリ（Daniello Bartoli） 72, 79, 80

エルモラオ・バルバロ（Ermolao Barbaro） 174
アオニオ・パレアリオ（Aonio Paleario） 124
ピエトロ・バロッツィ (Pietro Barozzi) 117
ファン・ルイス・ビーベス（Juan Luiz Vives） 204
『貧窮者支援』（*De subventione pauperum*） 76
聖ヒエロニムス（Hieronymus） 184
フラヴィオ・ビオンド（Flavio Biondo） 200
『ローマ更新』（*Roma instaurata*） 200
エネア・シルヴィオ・ピッコローミニ（Enea Silvio Piccolomini） 198
『少年教育』（*De liberorum educatione*） 198
アントニオ・ピガフェッタ（Antonio Pigafetta） 75,198
ピーコ・デッラ・ミランドラ（Pico della Mirandola） 10, 93, 175
トメ・ピレス（Tomé Pires） 141
『東方諸国記』（*Suma oriental*） 141
ピピーノ・ダ・ボローニャ（Fra Pipino da Bologna） 45
メンデス・ピント（Mendes Pinto） 63, 78
マルシリオ・フィチーノ（Marsilio Ficino） 24, 26, 27, 93, 95, 101, 117, 119, 120, 121, 145–47, 151, 152, 159, 160, 192, 216, 231 et passim
ウベルト・フォリエッタ（Uberto Foglietta） 168
フランソワ１世（François I） 91
フランチェスコ・ダ・ディアッチェート（Francesco da Diacceto） 233
『愛について』（*De amore*） 233
『美について』（*De pulchro*） 233
プトレマイオス（Ptolemaios. Ptolemy） 8, 38, 44, 45, 50, 215, 216
『地理学』（*Geographia*） 38
ジローラモ・フラカストロ（Girolamo Fracastro） 38
ヤコポ・ブラッチョリーニ（Jacopo Bracciolini） 168
偽プルタルコス（Plutarchus） 198
『子供の教育』（*De liberis educandis*） 198
プリニウス（Plinius） 44, 51
『博物誌』（*Naturalis Historia*） 44
ジョルダーノ・ブルーノ（Giordano Bruno） 72, 233
ゲミストス・プレトン（Georgios Gemistos Plethon） 9, 57, 238
パオロ・ベーニ（Paolo Beni） 209
ペトラルカ（Petrarca） 119, 135, 155, 161, 190, 195–98, 202, 204, 210, 234, 240
『わが秘密』（*Secretum*） 190, 192, 195, 210, 240
ペトルス・ロンバルドゥス（Petrus Lombardus） 148, 205
『命題集」（*Sententiae*） 148, 205
ベッサリオン（Bessarion） 238
ベッラルミーノ（Roberto Bellarmino） 241
ベネデット・ダ・マントヴァ（Benedetto da Mantova. ベネデット・フォンタニーニ Fontanini とも） 76
『キリストの恩恵』（*Il beneficio di Cristo*） 76
ベルナルディーノ・ダ・シエナ（Bernardino da Siena） 199
マヌエル・ペレイラ（Manuel Pereira, 游文輝） 72
ボッカッチョ (Boccaccio) 169, 170, 177
『著名婦人』（*De mulieribus claris*） 178
『著名人の運命』（*De casibus virorum illustrium*） 178
ポッジョ・ブラッチョリーニ（Poggio Bracciolini） 9, 41, 47, 55, 168
『運命転変論』（*De varietate fortunae*） 9, 47–49, 54

『滑稽譚』(*Facetiae*)　48
『老人は妻を娶るべきか否か』(*An seni sit uxor ducenda*)　48
『フィレンツェ史』(*Historia florentina*)　168
アントニオ・ポッセヴィーノ(Antonio Possevino)　15, 79
『蔵書精選』(*Bibliotheca selecta*)　79
ジョヴァンニ・ボテーロ(Giovanni Botero)　208
ポリツィアーノ(Poliziano)　174, 177, 201
『お気に入り金言』(*Detti piacevoli*)　177
ヴィンチェンツォ・ボルギーニ(Vincenzo Borghini)　165
マルコ・ポーロ(Marco Polo)　7, 17, 29, 30, 37, 40, 42, 51, 54, 55, 57, 80, 97, 155, 217
『東方見聞録』(*Il Milione. Divisament dou monde*)　7, 29, 30, 37, 40, 41, 45, 47, 49, 51, 59
ポンターノ(Pontano)　174
ピエトロ・ポンポナッツィ(Pietro Pomponazzi)　24, 25, 104, 105, 122, 124, 126, 147, 160, 208, 237, 240

ま　行

ジョヴァン[ニ]・ピエトロ・マッフェイ(Giovan[ni] Pietro Maffei)　78–80, 167, 168, 172, 178, 183
『インディア(アジア)史全16巻』(*Historiarum Indicarum libri XVI*)　79, 167
フラ・マウロ(Fra Mauro)　46, 215
ニコーラ・マストリッリ(Nicola Mastrilli)　72
ジャンノッツォ・マネッティ(Giannozzo Manetti)　196
ガレオット・マルツィオ・ダ・ナルニ(Galeotto Marzio da Narni)　169, 183
『さまざまな学説』(*Della varia dottrina*)　169, 183
アンドレア・マンテーニァ(Andrea Mantegna)　174
フェリーチェ・ベアト(Felice Beato)　70
ジュゼッペ・ベトゥッシ(Giuseppe Betussi)　178
ポンポニオ・デ・アルジェリオ(Pomponio de Algerio)　72
マガリャンイス(Fernão de Magalhães. マゼラン Magellan)　17, 38
カルロ・マルスッピーニ(Carlo Marsuppini)　48, 199
フェルナン・マルティンス(Fernão Martins , Fernam Martins)　9, 45
マリカ・ミラネージ(Marica Milanesi)　40
マルク - アントワーヌ・ミュレ(Marc-Antoine Muret. ラテン名ムレトゥス Muretus)　170
ドン・ジョヴァンニ・メディチ(Don Giovanni Medici)　176, 183
マッダレーナ・デ・メディチ(Maddalena de' Medici)　173
ロレンツォ・デ・メディチ(Lorenzo de' Medici, il Magnifico)　173, 174
ロレンツォ・ディ・ピエルフランチェスコ・デ・メディチ(Lorenzo di Francesco de' Medici)　39
フィリップ・メランヒトン(Philipp Melanchton)　177
アンジェラ・メリチ(Angela Merici)　192
トマス・モア(Thomas More)　207
『ユートピア』(*Utopia*)　76, 207
聖モニカ(Monica)　199, 200
ジョヴァンニ・モレッリ(Giovanni Morelli)　196
モンテーニュ(Montaigne)　5, 98, 104, 113, 114, 190, 193, 196, 197, 206, 208
『エセー』(*Les Essais*)　98, 104, 113, 114, 190, 193, 197, 211

や〜わ　行

文 献 目 録

AA.VV., *Anno 1585: Milano incontra il Giappone. Testimonianze della prima missione giapponese in Italia*, Milano, 1990.

Atti e memoria dell'accademia Toscana di scienze e lettere. La colombaria, v. LIV, Firenze, 1989.

Bruto Amante, *Giulia Gonzaga. Contessa di Fondi e il movimento religioso femminile nel secolo XVI con due incisioni e molti documenti inediti*, Bologna, 1896.

P. Amat di S. Filippo, *Studi biografici e bibliografici sulla storia della geografia* in *Italia*. Volume I, *Biografia dei viaggiatori italiani colla bibliografia delle loro opere*, seconda edizione, Roma, 1882.

Amore e guerra nel tardo Rinascimento. Le lettere di Livia Vernazza e Don Giovanni de' Medici, a cura e con un saggio di Brendan Dooley, Firenze, 2009.

G. Arciniegas, *Amerigo and the New World. The Life of Amerigo Vespucci*, translated from the Spanish by H. de Onis, New York, 1978.

Amerigo Vespucci,*Lettere al Piero Soderini,* a cura di G. Sergio Martini, Firenze, 1957.

Amerigo Vespucci, la vita e i viaggi, Banca Toscana, 1991.

A. Aurati, *Nicolao Lancilotto. Un gesuita urbinate del secolo XVI in India benemerito della cultura*, Urbino, 1974.

Ester Balossi, *Don Giovanni de' Medici. Saggio biografico*, Torino, 1899.

Giuseppina Battista, *L'educazione dei figli nella regola di Giovanni Dominici (1355/6-1419)*, Firenze, 2002.

Paolo Brezzi, *Le riforme cattoliche dei secoli xv e xvi*, Roma, 1945.

D. Bartoli, *Giappone. Istoria della Compagnia di Gesù,* a cura di N. Majellaro, Milano, 1985.

Lucia Nadin Bassani, *Il poligrafo Veneto Giuseppe Betussi*, Padova, 1992.

Andrea Battistini, *I manuali di retorica dei gesuiti*, in *La <ratio studiorum> . Modelli culturali e pratiche educative dei gesuiti in Italia tra Cinque e Seicento*, Roma, 1981, pp.77-120.

Guy Bedouelle, *Lefèvre d'Étaples et l'Intelligence des Ecritures*, Genève, 1976.

Giuseppe Billanovich, Auctorista, humamista, orator, in *Rivista di cultura classica e medievale*, Vll (1965), pp. 143-63.

A. Biondi, La Bibliotheca selecta di Antonio Possevino. Un progetto di egemonia culturale, in *La <ratio studiorum>. Modelli culturali e pratiche educative dei Gesuiti in Italia tra Cinque e Seicento*, a cura di G. P. Brizzi, Roma, 1981, pp. 43-75.

Robert Black, *Humanism and Education in Medieval and Renaissance Italy. Tradition and*

Innovation in Latin Schools from theTwelfth to the Fifteenth Century, Cambridge, 2001.

R.R.Bolgar, *The Classical Heritage and its Beneficiaries*, Cambridge, Mass., 1973 (1954).

F. Bonatti, Alberico Cybo e i letterati del suo tmpo, in *Il tempo di Alberico 1553-1623. Alberico I Cybo-Malaspina: Signore, politico e mecenate a Massa e a Carrara*, 1991, pp. 233-49.

W J. Bouwsma, *Concordia mundi. The Career and Thought of Guillaume Postel (1510-1581)*, Cambridge, Mass., 1957.

Id., The Two Faces of Humanism. Stoicism and Augustinianism in Renaissance Thought, in *A Usable Past. Essays in European Cultural History*, Los Angeles / Oxford, 1990, pp.19-73.

A. Boscaro, *Sixteenth Century European Printed Works on the First Japanese Mission to Europe. A Descriptive Bibliography*, Leiden, 1973.

Charles R. Boxer, *The Christian Century in Japan 1549-1650*, Manchester, 1993 (1951).

Heinrich Böhmer, *Luthers Romfahrt*, Reprint, 2011 (1914).

Anna Cox Brinton, *Maphaeus Vegius and his Thirteenth Book of the Aeneid. A Chapter on Virgil in the Renaissance*, Stanford, 1930.

Peter Burke, Renaissance Europe and the World, in *Renaissance Historiography*, edited by Jonathan Woolfson, Basingstoke / New York, 2005, pp. 52-70.

Gianluca Caputo, *L'aurora del Giappone tra mito e storiografia. Nascita ed evoluzione dell'alterità nipponica nella cultura italiana, 1300-1600*, Firenze, 2016.

G.Ceci, Maestri organari a Napoli dal XV al XVIII secolo, in *Scritti storici*, *Nozze Cortese-De Cicco*, Napoli, 1931, pp. 1-10.

Baronio Cesare, *Essortazione dell'Illustrissimo, et Reverendissimo Signor Card. Baronio Bibliotecario Apostolico alla Repubblica di V*enezia, tradotta dalla latina nella volgar lingua da Francesco Serdonati fiorentino, Roma, Luigi Zannetti, 1606, printed and bound in India for SN Books World.

Mary Agnes Cannon, *The Education of Women during the Renaissance*, Washington, D. C., 1916

S. Caponetto, *Aonio Paleario e la riforma protestante in Toscana*, Torino, 1979.

Id., *La riforma protestante nell'Italia del Cinquecento*, Torino, 1992.

Francesco Carletti, *My Voyage around the World by Francesco Carletti, a 16th Century Floretine Merchant*, translated from the Italian by Herbert Weinstock, New York, 1964.

F. C. Church, *The Italian Reformers 1534-1564*, New York, 1932.

Giovanni Cipriani, *Il mito etrusco nel rinascimento fioretino,* Firenze, 1980.

Barry Collett, *Italian Benedictine Scholars and the Reformation. The Congregation of Santa Giustina of Padua*, Oxford, 1985.

Giuseppe L. Coluccia, *Niccolò V umanista: papa e riformatore. Renovatio politica e morale*, Venezia, 1998.

The Constitution of the Society of Jesus, translated with Introdution and a Commentary by George E. Ganss, S. J., St. Louis, 1970.

Sebastiano Crinò, *La scoperta della carta originale dal Paolo Pozzo Toscanelli che servi di guida a Cristoforo Colombo per il viaggio verso il Nuovo Mondo*, Firenze, 1941.

Id., *Come fu scoperta l'America. A proposito della identificazione della carta originale di Paolo dal Pozzo Toscanelli la cui copia servi di Guida a Cristoforo Colombo per il viaggio verso il Nuovo Mondo*, Milano, 1943.

Mariano Crociata, *Umanesimo e teologia in Agostino Steuco. Neoplatonismo e teologia della creazione nel «de perenni philosophia»*, Roma, 1987.

V. Cronin, *A Pearl to India. The Life of Roberto de Nobili*, New York, 1959.

Id., *The Floretine Renaissance*, London, 1967.

E. W. Dahlgren, *Les débuts de la cartographie du Japon*, in Archive d'Ētudes Orientales, publiées par J.-A. Lundell, vol.4, Upsal, 1911.

Jos Decorte, Proofs of the Immortality and Mortality of the Soul in the Renaissance of the 12th and late 15th Centuries, in *Mediaeval Antiquity*, Leuvan University Press, 1995, 95-126.

Decrees of the Ecumenical Councils, Original Text Compilers: Giuseppe Alberigo and Others, English Editor: Norman P. Tanner,S.J., Georgetown, 1990, 2vols.

C. Dejob, *Marc-Antoine Muret; un professeur français en Italie*, Genève, Slatkine Reprints, 1970 (1881).

Isidoro Del Badia, *Egnazio Danti cosmografo e matematico*, Firenze, 1881.

Giovanni della Casa, *Prose, e altri trattatisti cinquecenteschi del comportamento*, a cura di Arnaldo di Benedetto, Torino, 1970.

Jean Delumeau, *Vie économique et sociale de Rome dans la seconde moitié du XVIe siècl*e, Paris, 1957.

Id., *L'alun de Rome, XVe-XIXe siècle*, Paris, 1962.

Id., *La Civilisation de la Renaissance,* Paris, 1967.

Pasquale D'Elia, *Il mappa mondo cinese del P. Matteo Ricci S. J.*, commentato, tradotto e annotato, Vaticano, 1938.

Id., Bernardo, il primo giapponese venuto a Roma (1555), in *La Civilà cattolica*, vol.CII (1951), part III, pp. 277-87, pp. 527-35.

Dell'ira libri tre di Lucio Anneo Seneca tradotti ed annotati da Francesco Serdonati nuovamente ridotti a miglior lezione coll'aggiunta delle lettere di S. Paolo a Seneca e di Seneca a S. Paolo volgaizzate nel secolo xiv, Milano, 1863.

Francesco di Zanobi Cattani da Diacceto, *De pulchro libri III*, a cura di Sylvain Matton, Scuola normale superiore di Pisa, 1986.

P. B. Diffley, *Paolo Beni. A Biographical and Critical Study*, Oxford, 1988.

Giovanni di Napoli, *L'immortalità dell'anima nel Rinascimento*, Torino, 1963.

Die Disputationen des P. Cosme de Torres S.J. mit den Buddhisten in Yamaguchi im Jahre 1551 : nach den Briefen des P. Torres und dem Protkoll seines Dolmetschers Br. Juan Fernandez S.J. / von Georg Schurhammer Tokyo: Deutsche Gesellschaft für Natur- u. Völkerkunde

Ostasiens, 1929.
Fram Dittrich, *Gasparo Contarini. Eine Monographie*, Nieuwkoop, 1972 (1885).
Dizionario biografico degli Italiani, Roma, 1960~.
Egidio da Viterbo, *Scechina de Libellus de litteris hebraicis*, a cura di François Secret, Roma, 1959, 2 voll.
Encyclopedia of Renaissance , ed. by Paul F.Grendler, New York, 1999, 6 vols.
Ēvora MS (CXVI/1-30, Biblioteca Pública e Arquivo Distrial).
C. Fabro, *La nozione metafisica di partecipazione second S. Tommaso d'Aquino*, Milano, 1939.
Elisabeth Feist Hirsch, *Damião de Góis. The Life and Thought of a Portuguese Humanist 1502-1574*, The Hague, 1967.
Marsilii Ficini *Opera omnia*, Torino, 1962 (Basiliae, 1576), 2 voll.
Marsilio Ficino, *El libro dell'amore*, a cura di Sandra Niccoli, Firenze, 1987.
Firenze e la scoperta dell'America. Umanesimo e geografia nell'400 fiorentino, Catalogo a cura di Sebastiano Gentile, Firenze, 1992.
Marsilio Ficino, *Platonic Theology*. English Translation by Michael J. B. Allen. Latin Text edited by James Hankins with William Bowen, London, 2004, 6 vols.
Luigi Firpo, *Lo stato ideale della Controriforma. Ludovico Agostini*, Bari, 1957.
P. Luis Frois, S. J., *Historia de Japam*. Edicao anotada por Jose Wicki, S. J., 1976, 5 vols.
Fonti ricciane, edite e commentate da Pasquale M.D'Elia, S. J., Roma, 1942, 3 voll, I, *Storia dell'introduzione del Cristianesimo in Cina.*
Federico Gabotto, *Vita di Giorgio Merula*, Alessandria, 1893.
F. Gandolfo, *Il dolce tempo. Mistica, ermetismo, e sogno nel Cinquecento*, Roma, 1978.
L. –B. Geiger, *La participation dans la philosophie de S. Thomas d'Aquin*, Paris, 1953 (1942).
G. Le Gentil, *Fernão Mendes Pinto. Un précurseur de l'exotisme au XVIe siècle*, Paris, 1947.
Paul F. Gehl, *A Moral Art. Grammer Society and Culture in Trecento Florence*, Ithaca / London, 1993.
P. Gios, *L'attività pastorale del vescovo Pietro Barozzi a Padova (1487-1507)*, Padova, 1977.
Paolo Giovio, *Commentario de le cose de' Turchi*, a cura di Lara Michelacci, Bologna, 2005.
I Giunti tipografi editori di Firenze 1571-1625. Annali inediti con un'appendice sui bibliografi dei Giunti, a cura di L.Silvestro Camerini, Firenze, 1979.
Anthony Grafton, *Rome Reborn. The Vatican Library and Renaissance Culture,* Washington D. C., 1993.
A. Grafton and Lisa Jardine, *From Humanism to the Humanities. Education and the Liberal Arts in Fifteenth- and Sixteenth-Century Europe*, London, 1986.
Damião de Góis. Humaniste européen. Ētudes présetées par José V. De Pina Martins, Braga, 1982.
Id., *Lisbon in the Renaissance*. A New Translation of the urbis olisiponis descriptio by Jeffrey S. Ruth, New York, 1996.

Paul F. Grendler, *Critics of the Italian World 1530 - 1560. Anton Francesco Doni, Nicolò Franco and Ortensio Lando*, Madison / London, 1969.

Id., *Schooling in Renaissance Italy. Literacy and Learning, 1300-1600,* Baltimore / London, 1989.

Id., Intellectual Freedom in Italian Universities: The Controversy over the Immortality of the Soul, in *Le contrôle des idées a la Renaissance*, édité par J.M. De Bujanda, Genève, 1996, 31-48.

A. Grossato, *L'India di Niccolò de' Conti. Un manoscritto del libro IV del De varietate fortunae di Francesco Poggio Bracciolini da Terranova (Marc.2560)*, Padova, 1994.

Id., *Navigatori e viaggiatori veneti sulla rotta per l'India da Marco Polo ad Angelo Legrenzi*, Firenze, 1994.

Lodovico Guicciardini. (Florence 1521-Anvers 1589), publié par Pierre Jodogne, Louvain, 1991.

J.R.Hale, *The Civilization of Europe in the Renaissance*, London, 1993.

D. Hay, J. Law, E. Cochrane, *La civilta' del Rinascimento. Storia e cultura. L'Italia dal 1380 al 1600*, Bari, 1991, 4voll.

Peter Herde, *Vom Dante zum Risorgimento. Studien zur geistes- und sozialgeschichte Italiens*, Stuttgart, 1997.

W. Heyd, *Histoire du commerce du Levant au Moyen Âge*, Amsterdam, 959 (1885-86), 2 tomes.

M. Henninger-Voss, Toscanelli, in *Encyclodedia of Renaissance*, New York, 1999, VI, pp. 154-55.

Vincent. J. Hockan, *Educational Theories and Principles of Maffeo Vegio*, Washington, D.C., 1953.

Humanist Educational Treatises, edited and translated by Craig W. Kallendorf, Cambridge Mass. / London, 2002.

Itinerario de Ludovico de Varthema, a cura di Paolo Giudici, Milano, 1928.

Itinerario dallo Egitto alla India, a cura di Enrico Musacchio, Bologna, 1991.

Craig Kallendorf, *In Praise of Aeneas. Virgil and Epideictic Rhetoric in the Early Italian Renaissance*, Hanover / London, 1989

Teodoro Katinis, *Medicina e filosofia in Marsilio Ficino. Il consiglio contro la pestilenza*, Roma, 2007.

A. Keller, Two Byzantine Scholars and their Reception in Italy, in *Journal of the Warburg and Courtauld Institute*, XX (1957), pp. 363-70.

P. O. Kristeller, *Die italienischen Universitäten der Renaissance*, Köln, 1953.

Id., *Le Thomisme et la pensée italienne de la Renaissance*, Montréal et Paris, 1967.

Id., Nuove fonti per la storia dell'umanesimo italiano, in id., *Studies in Renaissance Thought and Letters*, Roma, 1969 (1953), pp. 373-94.

Id., *Die Philosophie des Marsilio Ficino*, Frankfurt am Main, 1972.

Id., *Aristotelismo e sincretismo nel pensiero di Pietro Pomponazzi*, Padova, 1983.

Id., The Contribution of Religious Orders to Renaissance Thought and Learninng, in Id., *Medieval Aspects of Renaissance Learning. Three Essays*, edited and translated by Edward P. Mahoney, Durham, 1974, pp. 93-114.

M. L. Kuntz, *Guillaume Postel. Prophet of the Restitution of All Things. His Life and Thought,* The Hague / Boston / London, 1981.

Ead., *Venice, Myth and Utopian Thought in the Sixteenth Century*, Variorum, 1999.

Ead., Guillaume Postel e l'idea di Venezia come la magistratura piú perfetta, in *Postello, Venezia e il suo mondo*, Firenze, 1988, pp. 163-78.

Donald F. Lach , *Asia in the Making of Europe*, Chicago, 1965-1991, 3 vols, 9 bks.

Antonio Lanza, *Polemiche e berte letterarie nella Firenze del primo Rinascimento.* Seconda edizione completamente rifatta, Roma, 1989.

Johannes Laures, St. Francis Xavier at Yamaguchi, in *Contemporary Japan: A Review of Japanese Affairs*, July-Dec., 1948, The Foreign Affairs Association of Japan, 1949, pp. 264-81.

M, Ludovica Lenzi, *Donne e madonne. L'educazione femmnile nel primo Rinascimento italiano*, Torino, 1982.

F. Lestringant, Cosmographie pour une restituition: note sur le traité < *Des merveilles du monde* > de Guillaume Postel (1553), in *Postello, Venezia e il suo mondo*, pp.227-59

Jay A.Levenson, *Circa 1492. Art in the Age of Exploration*, Yale, 1991.

1492. Un anno fra due ere, Banca Toscana, 1992.

Olof G. Lidin, *Tanegashima. The Arrival of Europe in Japan*, Nordic Institute of Asian Studies Monograph Series, No. 90, Copenhagen, 2002.

Charles Lohr, Georgius Gemistus Pletho and Averroes. The Periodization of Latin Aristotelianism, in *Sapietiam amemus. Humanismus und Aristotelismus in der Renaissance*, herausgegeben von Paul Richard Blum in Verbindung mit Constance Blackwell und Charles Lohr, München, 1999, pp. 39-48.

Vittorio Lugli, *I trattatisti della famiglia nel Quattrocento*, precede un giudizio di Giovanni Pascoli, Bologna / Modena, 1909.

Heinrich Lutz, *Ragione di stato und Christliche Staatsethik im 16. Jahrhundert*, Münster in Westfalen, 1961.

L. Mabilleau, *Étude historique sur la philosophie de la Renaissance en Italie(Cesare Cremonini)*, Elibron Classics, 2006 (1881).

Giovanni Pietro Maffei, *Opera omnia latine scripta nunc primum in unum corpus collecta. Accedit Maffeji vita Petro Antonio Serassio auctore*, Bergomi, Petrus Lancellottus, 1747, 2 voll.

G. Malena, Le ambascerie giapponesi in Italia (1585, 1615) ed i loro lascito nell'editoria e nelle arti, in *Italia-Giappone. 450 anni*, a cura di A. Tamburello, ISIAO, 2003, pp. 41-52.

E.P. Mahoney, *Two Aristotelians of the Italian Renaissance. Nicoletto Vernia and Agostino Nifo*, Variorum, Aldershot, 2000.

Giuseppe Manacorda, *Storia della scuola in Italia. Il medioevo*, 1980 (1914).

Guido Manacorda, *Petrus Angelius Bargaeus(Piero Angeli da Barga)*, Pisa, 1904.

Giorgio Mangani, *Il <mondo> di Abramo Ortelio. Misticismo, geografia e collezionismo nel Rinascimento dei Paesi Bassi*,. Seconda edizione, Modena, 2006.

R. Manselli, Cristoforo Colombo, Alessandro VI e i primi missionari francescani, Id., *Da Gioacchino da Fiore a Cristoforo Colombo. Studi sul francescanesimo spirituale, sull'ecclesiologia e sull'escatologismo bassomedievali*, introduzione e cura di P. Vian, Roma, 1997, pp. 668-80.

Patrik Macey, *Bonfire Songs. Savonarola's Musical Legacy*, Oxford, 1998.

Oskar Mayer, *Zur Genesis neuzeitlicher Religionskritik in Japan. Fukansai Fabian, Japanismus und japanisches Christentum*, Frankfurt a. M., 1985.

Giuseppe Maria Mecatti, *Storia cronologica della città di Firenze*, Napoli, 1755.

M. Meier, *Descartes und die Renaissance*, Münster i. Westf, 1914.

Id., Gott und Geist bei Marsiglio (*sic*) Ficino, in *Beiträge zur Geschichte der Renaissance und Reformation*, München / Freising, 1917.

Lara Michelacci, *Giovio in Parnasso. Tra collezione di forme e storia universale*, Bologna, 2004.

M. Milanesi, *Filippo Sassetti*, Firenze, 1973.

John Monfasani, Platonic Paganism in the Fifteenth Century, in *Reconsidering the Renaissance. Papers from the Twenty-First Annual Conference*, edited by Mario A. Di Cesare, New York, 1992, pp. 45-61.

Id., Aristotelians, Platonists, and the Missing Ockhamists: Philosophical Liberty in Pre-Reformation Italy, in *Renaissance Quarterly*, XLVI, 2 (1993), pp. 247-76.

Monumenta ignatiana, serie I: *Epistolae et Instructiones*, Madrid/Roma, Mon. Hist. lesu, 1903-11, qualche serie.

D. Moreni, *Annali della tipografia fiorentina di Lorenzo Torrentino impressore ducale,* Firenze,1989(1819).

G. Morpurgo, *Un umanista martire. Aonio Paleario e la riforma teorica italiana nel secolo XVI*, Città di Castello, 1912.

P. Giulio Negri, *Istoria degli scrittori fiorentini*, Bologna, 1973 (Ferrara, 1722).

Kenichi Nejime, Gli scambi culturali fra il Rinascimento italiano e[d] il Giappone, in *Bulletin of Gakushuin Women's College*, no.6, 2004, pp. 17-23.

Id., Alessandro Vaglignano (1539-1606) between Padua and Japan, in *Bulletin of Gakushuin Women's College*, no. 16, 2014, pp. 43-52.

Id., Aristotelianism, Platonism and Humanism in Japan's Christian Century, in *Bulletin of Gakushuin Women's College*, no. 18, 2016, pp. 149-158.

Id., Fabian Fucan and Renaissance Syncretism in the West and the East. Saturday, 2 April 2016, Boston. (Presentation).

Allan P. Farrell. S. J., *The Jesuit code of Liberal Education. Development and Scope of The Ratio Studiorum*, Milwaukee, 1938.

G. Nencioni, Filippo Sassetti sulle rotte della cultura e degli oceani, in *La colombaria*, LIV (1989), pp. 287-316.

The New Century Italian Renaissance Encyclopedia, ed. Catherine B. Avery, New York, 1972.

F. Niccolai, *Pier Vettori (1499-1585),* Firenze, 1912.

Laurence A.Noonan, *John of Empoli and his Relations with Afonso de Albuquerque,* Lisboa, 1989.

L. Olschki, *Storia letteraria delle scoperte geografiche. Studi e ricerche*, Firenze, 1999 (1937).

Id., *L'asia di Marco Polo*, Firenze, 1957.

J. W. O'Malley, *Trent and all that. Renaming Catholicism in the Early Modern Era*, Cambridge, Mass. / London, 2000.

Id., *Rome and the Renaissance. Studies in Culture and Religion*, London, 1981.

Aonii Palearii Verulani *Opera*, Ienae, 1728, 2 tomi.

Aonii Palearii Verulani De animorum immortalitate libri III. Introduction and Text, by D. Sacré, Brussel, 1992.

Piccolomini, *Aeneae Silvii de liberorum educatione, with an Introduction*, by Brother Joel Stanislaus Nelson, F. S. C., Washington, 1940.

Pio Paschini, Le Compagnie del Divino Amore e la beneficenza pubblica nei primi decenni del Cinquecento, in *Tre ricerche sulla storia della chiesa nel Cinquecento*, Roma, 1945, pp. 3-88.

Pier Desiderio Pasolini, *Caterina Sforza*, Roma, 1893-1897 (ristampa 1968), 4 voll.

Léon G. Pélissier, Pour la biographie du cardinal Gilles de Viterbe (Egido Canisio), in *Miscellanea di studi critici* edita in onore di Arturo Graf, Bergamo, 1903, pp. 789-815.

Prospero Peragallo, Cenni intorno alla colonia italiana in Portogallo nei secoli XIV, XV, XVI, in *Miscellanea di storia italiana*, Torino, S.III, T. IX (1904), pp. 379(1)-462(84).

Yvonne Petry, *Gender, Kabbalah and the Reformation. The Mystical Theology of Guillaume Postel (1510-1581)*, Leiden / London, 2004.

William A. Pettas, *The Giunti of Florence. Merchant Publishers of the Sixteenth Century*, San Francisco, 1980.

G. Pico della Mirandola, *De hominis dignitate. Heptaplus. De ente et uno.* E *scritti vari* a cura di Eugeio,Garin, Firenze, 1942.

Gaetano Pieracini, *La stripe de' Medici di Cafaggiolo*, Firenze, 1986 (1924-1947), 3voll.

Martin L. Pine, *Pietro Pomponazzi: Radical Philosopher of the Renaissance*, Padova, 1986.

Olga Pinto, *Nuptialia. Saggio di bibliografia di scritti italiani pubblicati per nozze dal 1484 al 1799*, Firenze, 1971.

Antonino Poppi, *Statuti dell' «universitas theologorum»dello studio di Padova (1385-1784)*, Treviso, 2004.

Poggio Bracciolini, *Historiae de varietate fortunae*, Ristampa anastatica di 1723, Bologna, 1969.

Id., *De varietate fortunae*, Edizione critica con introduzione e commento, a cura di O. Merisalo, Annales Academiae Scientiarum Fennicae (ser.B, t.265), Helsinki, 1993.

Id., *De l'Inde. Les voyages en Asie de Niccolò de, Conti, De varietate fortunae livre IV*, Texte établi, traduit et commenté par M. Guéret-Laferté, Turnhout, 2004.

Id., *Lettere*, a cura di H. Harth, Firenze, 1983-87, 3voll.

Angelo Poliziano, *Detti piacevoli*, a cura di Tiziano Zanato, Roma, 1983.

Petrus Pomponatius, *Tractatus de immortalitate animae*, a cura di Gianfranco Morra, Bologna, 1954.

Id., *Trattato sull' immortalità dell'anima*, a cura di V.Perrone Compagni, Firenze, 1999.

Guillaume Postel et Jean Boulaese, De summopere (1556) et le miracle de Laon (1566). Edition critique, traduction et notes par I. Backus, Genève, 1995.

Postello, Venezia e il suo mondo, a cura di M. L. Kuntz, Firenze, 1988.

F. Purnell, Jr, *Jacopo Mazzoni and his Comparison of Plato and Aristotle*, Columbia University, Ph.D., 1971. UMI Dissertation Services.

Paolo Prodi, *Il sovrano pontefice. Un corpo e due anime: la monarchia papale nella prima età moderna*, Bologna, 2006 (1982).

Prosatori latini del Quattrocento, VI, a cura di E. Garin, Torino, 1977.

D. B. Quinn, The Italian Renaissance and Columbus, in *Renaissance Studies*, Volume 6, Number3-4, 1992, pp. 352-59.

G.B. Ramusio, *Navigationi et viaggi*, 3 voll., Venezia, vol. I 1550, vol. II 1559, vol. III 1556. Reprint, ed. G.B. Parks, R.A. Skelton, Amsterdam, 1970.

Id., *Navigationi et viaggi*, a cura di M. Milanesi, Torino, 1978-1988, 6 voll..

P. Ragnisco, *Nicoletto Vernia. Studi storici sulla filosofia padovana nella seconda metà del secolo decimoquinto*, Estr. dal Tomo II, Ser. VII degli Atti del R. Istituto veneto di scienze, lettere ed arti, Venezia, 1891.

Id., *Documenti inediti e rari intorno alla vita ed agli scritti di Nicoletto Vernia e di Elia del Medigo*, Padova, 1891.

Clara Rech, Roma e la cultura straniera nel Medioevo e nel Rinascimento, in *Roma. Memoria e oblio,* Roma, 2001, pp. 208-34.

Marjorie E. Reeves, Cardinal Egidio of Viterbo and the Abbot Joachim, in *Il profetismo gioachimita tra Quattrocento e Cinquecento*. Atti del III Congresso Internazionale di Studi Gioachimiti, S. Giovanni in Fiore, 17-21 settembre 1989, a cura di Gian Luca Potestà, Genova, 1991, pp. 139-55.

Regola del governo di cura familiare compilata dal Beato Giovanni Dominici fiorentino, dato in

luce e illustrato con note dal Donato Salvi, Firenze, 1860.

Renaissance Studies. Journal of the Society for Renaissance Studies, published by Oxford University Press, vol. 6, n. 3-4, 1992. This number is called <The Encounter of Two Worlds in the Renaissance>.

Giuliano de' Ricci, *Cronaca (1532-1606)*, a cura di G. Sapori, Milano / Napoli, 1972.

E.Rodocanachi, *La Réforme en Italie*, Paris, 1921, 2 tomes.

A. C. Ross, *A Vision Betrayed. The Jesuits in Japan and China, 1542-1742*, New York, 1994.

Antonio Rotondò, I movimenti ereticali nell'europa del Cinquecento, in *Studi e ricerche di storia ereticale italiana del Cinquecento*, Torino, 1974.

Giuseppe Saitta, *Marsilio Ficino e la filosofia dell'umanesimo*, Bologna, 1954 (1943).

G. Santinello, 'Materia prima' e Lefèvre d'Ètaples, in Id., Studi sull'umanesimo *europeo. Cusano e Petrarca. Lefèvre, Erasmo, Colet, Moro*, Padova, 1969.

Filippo Sassetti, *Vita di Francesco Ferrucci*, a cura di Vanni Bramanti, Torino, 2000.

Id., *Lettere dall'India (1583-1588)*, a cura di A. Dei, Roma, 1995.

Ernest Satow, Vicissitudes of the Church at Yamaguchi from 1550 to 1586, [Yokohama, s. n., 1879], pp. 131-56, Reprint from *The Transactions of the Asiatic Society of Japan*.

A. Scaglione, *The Liberal Arts and the Gesuit College System*, Amsterdam / Philadelphia, 1986.

Paul Schubring, *Cassoni. Truhen und Truhenbilder der italienischen Frührenaissance. Ein Beitrag zur Profanmalerei im Quattrocento*, Stuttgart, 2007 (1923).

Georg Schurhammer, *Das kirchliche Sprachproblem in der japanischen Jesuitenmission des 16. und 17. Jahrhunderts,* Tokyo, 1928.

Id., *Franz Xaver : sein Leben und seine Zeit*, Freiburg, 1955-1971, 3 Bde.

Id., *Gesammelte Studien*. II *Orientalia*, Rom / Lisboa, 1963.

Id., *Francis Xavier: his Life, his Times*, translated by M. Joseph Costello, Rome: Jesuit Historical Institute, 1973-1982, 4 vols

F. Secret, Les kabbalistes chrètiens de la Renaissance. Nouvelle editon mise à jour et augumenteè, Milano, 1985.

Francesco Serdonati, *Vita e fatti d'Innocenzo VIII papa CCXVI coll'aggiunta dell'ordine di leggere gli scrittore della storia romana composto in latino per M.Pietro Angeli da Barga e fatto volgare dallo stesso Serdonati*, dalla tipografia di Vincenzo Ferrario, Milano, 1829.

Id., *Costumi de' turchi e modo di guerreggiarli. Ragonamenti inedito*, Faenza, 1853.

Id., *Alcune vite di donne celebri italiane* scritte da Francesco Serdonati fiorentino. Nozze Penada—Vasoin. Prefazione di Pietro Ferrato, Padova, 1871.

Id., *Proverbi inediti di Francesco Serdonati aggiuntovi una supplica dello stesso al consiglio dei CC*, Padova, 1873.

Id., *Lettere inedite di Francesco Serdonati tratte dal R. Archivio in Firenze,* Padova, 1873. (Per Nozze Modigliani-Modena *Lettere* inedite di Francesco Serdonati tratte dal Regio Archivio di Stato in Firenze, Padova Tipografia Luigi Penada, 1872.)

Nozze Rocca Saporiti-Resta *Vite di cinque donne illustri italiane* Cia Ubaldini-Caterina Sforza-Omandella Gaetani-Caterina Cybo-Caterina de' Medici. Scritte nel secolo XVI da Francesco Serdonati fiorentino, Firenze Tipografia di G.B.Campolmi 1869.

Ernesto Rinaldo S. I., *La fondazione del Collegio Romano. Memorie storiche*, Arezzo, 1914.

Gemma Sgrilli, *Francesco Carletti,mercante e viaggiatore fiorentino 1573(?)-1636,* Rocca San Casciano, 1905.

Petec M. Schon, *Vorformen des Essays in Antike und Humanismus Ein Beitrag zur Entstehungsgeschichte der Essais von Montaigne*, Wiesbaden, 1954.

Giuseppe Signorelli, *Il Card. Egidio da Viterbo agostiano, umanista e riformatore 1469-1532*, Firenze.

XXXI. *SS. D. N. PP. Iulio II.* Dal Cod. Senese pp. 203-06, in Signorelli, *Il Card. Egidio da Viterbo agostiano, umanista e riformatore 1469-1532*, pp. 235-36.

M. Spallanzani., *Ceramiche alla corte dei Medici nel Quattrocento*, Modena, 1994.

Id., *Ceramiche orientali a Firenze nel Rinascimento*, Firenze, 1997 (1978).

Id, *Mercanti fiorentini nell'Asia portoghese (1500-1525)*, Firenze, 1997.

Id., *Giovanni da Empoli. Un mercante fiorentino nell'Asia portoghese*, Firenze, 1999 (1984).

Id., *Oriental Rugs in Renaissance Florence*, Firenze, 2007.

Storia dei Viaggiatori italiani nelle indie orientali, compilata da Angelo de Gubernatis con estratti d'alucune relazioni di viaggio a stampa ed alcuni documenti inediti, Livorno 1875.

N. Sumien, *La correspondence du savant floretin Paolo dal Pozzo Toscanelli avec Christophe Colomb*, Paris, 1927.

Pietro Tacchi Venturi, *Storia della Compagnia di Gesù in Italia,* Roma, 1930.

The Triumph of Marriage. Painted Cassoni of the Renaissance, edited by Cristelle Baskins et al., Boston, 2009.

G. Uzielli, *La vita e i tempi di Paolo Dal Pozzo Toscanelli, Ricerche e studi,* Roma, 1894.

Alessandro Valignano, *Dialogo sulla missione degli ambasciatori giapponesi alla curia romana e sulle cose osservate in Europa e durante tutto il viaggio* basate sul diario degli ambasciatori e tradotto in latino da Duarte de Sande, sacerdote della Compagnia di Gesù, a cura di Marisa di Russo. Traduzione di Pia Assunta Airoldi. Presentazione di Dacia Maraini, Firenze, 2016.

C. Valera, *Colombo e i fiorentini*, traduzione e cura di R. Pieraccoli, Firenze, 1991.

Giorgio Vasari, *Le vite de' più eccellenti architetti, pittori, et scultori italiani, da Cimabue insino a'tempi nostri* nell'edizione per i tipi di Lorenzo Torrentino, Firenze, 1550, a cura di Luciano Bellosi e Aldo Rossi. Presentazione di Giovanni Previtali, Torino, 1986.

Maphei Vegii laudensis de educatione liberorum et eorum claris moribus libri sex, by Sister Maria Walburg Fanning, M. A., Washington, D. C., 1933, 2 vols.

Maffeo Vegio, *Supplementum libro XIII dell' Eneide*. Versione, commento e saggi di Stefano Bonfanti. Presentazione di Carlo Bo, Milano, 1997.

Maffeo Vegio, *Short Epics*, edited and translated by Michael C. J. Putnam with James Hankins, Harvard (Mass.) / London, 2004.

Venezia e l'Oriente fra tardo Medioevo e Rinascimento, a cura di Agostino Pertusi, Firenze, 1966.

G. Verbeke, *L'évolution de la doctrine du pneuma du stoicism a S.Augustin. Ètude philosophique,* Paris / Louvain, 1945.

Viaggi e scoperte di navigatori ed esploratori italiani, Milano, 1928-32, 18 voll.

Viaggi in Persia, India e Giava di Niccolò de' Conti, Girolamo Adorno e Girolamo da Santo Stefano, a cura di Mario Longhena, Milano, 1929.

Giovanni Villani, *Cronica*, a cura di Franc. Gherardini Dragomanni, Firenze, 1845, 4 voll.

Riccardo G. Villoslada S. I., *Storia del Collegio Romano dal inizio (1551) alla soppresione della Compagnia di Gesù,* Roma, 1954.

W. A. Wallace, *Galileo, the Jesuits, and the Medieval Aristotle*, Variorum, 1991.

E. Walser, *Poggius Florentinus. Leben und Werk*e, Hildesheim / New York, 1974 (1914).

P. M. Watts, From the Desert to the New World: the Viator, and the Venator, and the Age of Discoveries, in *Renaissance Studies in Honor of C. H. Smyth*, ed. by A. Morrogh et al., Firenze, 1985, I, pp. 519-30.

G. Weill, Vie er caractére de *Guillaume Postel,* traduite du latin et mise ɑ̀ jour par Secret, Milano, 1987.

Robert J. Wilkinson, *Orientalism, Aramic and Kabbalah in the Catholic Reformation. The First Printing of the Syriac New Testament*, Leiden / Boston, 2007.

Ronald G. Witt, *In the Footsteps of the Ancients. The Origins of Humanism from Lovato to Bruni*, Leiden / Boston / Köln, 2000.

William Harrison Woodward, V*ittorino da Feltre and Other Humaist Educators*, 1963 (1897), New York.

A. D. Wright, *The Counter-Reformation. Catholic Europe and the Non-Christian World,* New York, 1982.

T.C. Price Zimmermann, *Paolo Giovio. The Historian and the Crisis of Sixteenth- Century Italy*, Princeton, 1995.

会田雄次『ルネサンス』世界の歴史 12，河出書房，1969 年。

赤木昭三『フランス近代の反宗教思想――リベルタンと地下写本』岩波書店，1993 年。

浅見雅一『キリシタン時代の偶像崇拝』東京大学出版会，2009 年。

アリオスト『狂えるオルランド』全 2 巻，脇功訳，名古屋大学出版会，2001 年。

『ある巡礼者の物語――イグナチオ・デ・ロヨラ自叙伝』門脇佳吉訳・注解，岩波書店，2000 年。

『イエズス会会憲 付会憲補足規定』イエズス会日本管区編訳，南窓社，2011 年。

イエズス会教育使徒職国際委員会編『イエズス会の教育の特徴』高祖敏明訳，サンパウ

ロ，1988 年。

家近良樹『浦上キリシタン流配事件』吉川弘文館，1998 年。

同『西郷隆盛と幕末維新の政局――体調不良問題から見た薩長同盟・征韓論政変』ミネルヴァ書房，2011 年。

伊川健二『大航海時代の東アジア――日欧通交の歴史的前提』吉川弘文館，2007 年。

石井元章『ヴェネツィアと日本――美術をめぐる交流』ブリュッケ，1999 年。

石原保徳『インディアスの発見――ラス・カサスを読む』田畑書店，1980 年。

井沢実『大航海時代夜話』岩波書店，1977 年。

井手勝美『キリシタン思想史研究序説――日本人のキリスト教受容』ぺりかん社，1995 年。

犬塚孝明「近代西欧文明と鹿児島――英学移入から留学生派遣まで」，『薩摩と西欧文明――ザビエルそして洋学，留学生』ザビエル渡来四五〇周年記念シンポジウム委員会 (鹿児島純心女子大学) 編，南方新社，2000 年，47-81 頁。

岩生成一『鎖国』日本の歴史 14，中央公論新社，2012 年改版 2 刷。

岩村忍『マルコ・ポーロ――西洋と東洋を結んだ最初の人』岩波書店，1951 年。

ヴァザーリ『ルネサンス画人伝』平川・小谷・田中訳，白水社，1982 年。

ヴァリニャーノ『日本巡察記（日本諸事要録)』東洋文庫 229，松田毅一ほか訳，平凡社，1973 年。
E．H．ウィルキンス『ペトラルカの生涯』渡辺友市訳，東海大学出版会，1970 年。
内田銀蔵「シラの島及びゴーレスに就きて」，『内田銀蔵講演論集』同文館，1922 年，622-37 頁。

榎一雄『商人カルレッティ』大東出版社，1984 年。

海老沢有道『キリシタン南蛮文学入門』教文館，1991 年。

海老沢有道・井手勝美・岸野久編『キリシタン教理書』教文館，1993 年。

岡美穂子『商人と宣教師――南蛮貿易の世界』東京大学出版会，2011（2010）年。

大住広人『ザビエルとヤジロウの旅』葦書房，1999 年。

岡本良知『長崎開港以前欧船往来考』日東書院，1932 年。

同「初期洋画の育成――耶蘇会の画学舎」，同『キリシタンの時代――その文化と貿易』高瀬弘一郎編，八木書店，1988 年，56-73 頁。

小平卓保『鹿児島に来たザビエル』春苑堂出版，1998 年。

尾原悟『ザビエル』清水書院，1998 年。

同「日本で活躍したイタリア人――ヴァリニャーノの教育・出版活動を中心に」，『国際シンポジウム　日伊文化交流の 500 年　報告書』ピエロ・コッラディーニ編，2003 年，ローマ，225-40 頁。

折井善果『キリシタン文学における日欧文化比較――ルイス・デ・グラナダと日本』教文館，2010 年。

オルファネール『日本キリシタン教会史 1602 - 1620 年』井手勝美訳，ホセ・デルガド・ガルシア註，雄松堂書店。

『鹿児島県姓氏家系大辞典』角川書店，1994年。

『鹿児島市立美術館所蔵作品抄』鹿児島市立美術館，1995年。

梶田叡一『不干斎ハビアンの思想』創元社，2014年。

片岡千鶴子『八良尾のセミナリョ』キリシタン文化研究会（上智大学），1970年再版。

カロリーナ・カパッソ「宣教師シドッティの研究」，『神戸女学院大学論集』，通巻第144号（2002）年，110-43頁。

ガレン『ルネサンスの教育』近藤恒一訳，知泉書館，2002年。

河上真理『工部美術学校の研究――イタリア王国の美術外交と日本』中央公論美術出版，2011年。

川崎大十『「さつま」の姓氏』高城書房，2000年。

川瀬一馬『増補新訂足利学校』吉川弘文館，2015年新装版。

カモンイス『ウズ・ルジアダス――ルーススの民のうた』池上岑夫訳，白水社，2000年。

川添昭二『九州史跡見学』岩波書店，1989年。

川村信三『キリシタン信徒組織の誕生と変容――「コンフラリア」から「こんふらりあ」へ』教文館，2003年。

同『戦国宗教社会＝思想史――キリシタン事例からの考察』知泉書館，2011年。

岸野久『西欧人の日本発見――ザビエル来日前日本情報の研究』吉川弘文館，1995年。

同『ザビエルと日本――キリシタン開教期の研究』吉川弘文館，1998年。

同『ザビエルの同伴者アンジロー』吉川弘文館，2001年。

『教育思想史Ⅴルネサンスの教育思想（上）』上智大学中世思想研究所編，東洋館出版社，1985年。

楠家重敏『アーネスト・サトウの読書ノート――イギリス外交官の見た明治維新の舞台裏』雄松堂出版，2009年。

クリステラー『イタリア・ルネサンスの哲学者』根占献一他訳，みすず書房，2006（1993）年。

桑原直己「ペドロ・ゴメスによる『霊魂論』の位置――anima論の展開とキリシタン時代における日本布教の文脈の中で」，『倫理学』第32号（2015年），筑波大学倫理学研究会，1-19頁。

高祖敏明「イエズス会学校」『教育思想史Ⅵルネサンスの教育思想（下）』東洋館出版社，1986年，271-303頁。

同「江戸時代の日本に与えたイタリア人宣教師の影響――イエズス会士ジュリオ・アレニの場合」，『日伊文化交流の500年　報告書』ピエロ・コッラディーニ編，2003年，ローマ，241-54頁（伊文 pp. 65-81）。

幸田成友「鹿児島の耶蘇教徒」，『幸田成友著作集』，中央公論社，1971年，第3巻，366-74頁。

児島由枝「日本二十六聖人記念館の《雪のサンタ・マリア》とシチリアの聖母像」，『イタリア学会誌』65号（2015年），67-88頁。

小堀桂一郎編『東西の思想闘争』叢書比較文学比較文化4，中央公論社，1994年。

小堀桂一郎『日本に於ける理性の傳統』中央公論新社，2007 年。

五野井隆史『日本キリシタン史の研究』吉川弘文館，2002 年。

ペドロ・ゴメス『イエズス会日本コレジョの講義要綱』全 3 巻，教文館，1997-99 年。

小山悳子「キリシタン宗門と吉田神道の接点――「天道」という語をめぐって」，『キリシタン研究』第 20 輯，1980 年，225-57 頁。

近藤恒一『ペトラルカと対話体文学』創文社，1997 年。

坂元正義『日本キリシタンの聖と俗――背教者ファビアンとその時代』名著刊行会，1981 年。

『薩摩と西欧文明――ザビエルそして洋学，留学生』ザビエル渡来 450 周年記念シンポジウム委員会編，南方新社，2000 年。

『聖フランシスコ・ザビエル全書簡』全 4 巻，河野純徳訳，東洋文庫 579-582，平凡社，1994 年。

釈徹宗『不干斎ハビアン――神も仏も棄てた宗教者』新潮社，2011 年。

シュールハンマー『山口の討論――1551 年，イエズス会士コスメ・デ・トレスと仏教徒との』シュワーデ校閲，神尾庄司訳，新生社，1964 年。

ジョナサン・スペンス『マッテオ・リッチ――記憶の宮殿』古田島洋介，平凡社，1995 年。

清水紘一「長崎裁判所の浦上教徒処分案をめぐって」，『近代日本の形成と宗教問題』中央大学人文科学研究所編，中央大学出版部，1993 年改訂版，49-87 頁。

同『織豊政権とキリシタン――日欧交渉の起源と展開』岩田書院，2001 年。

清水有子『近世日本とルソン――「鎖国」形成史再考』東京堂出版，2012 年。

『セネカ哲学全集 1 倫理論集 (Moralia) Ⅰ』，『怒りについて』兼利琢也訳，岩波書店，2005 年。

『大航海時代におけるヨーロッパとアジアの出会い』「東洋の使徒」ザビエル / ザビエル渡来 450 周年記念行事委員会編，上智大学，1999 年。『アジア世界におけるヨーロッパ・キリスト教文化の展開』同編，同大学，2000 年。

高瀬弘一郎『キリシタン時代の研究』岩波書店，1977 年。

同『キリシタンの世紀――ザビエル渡日から「鎖国」まで』岩波書店，1993 年。

同『キリシタン時代の文化と諸相』八木書店，2001 年。

竹内理三『武士の登場』日本の歴史 6，中央公論新社，2015 年。

タッソ『エルサレム解放』A. ジュリアーニ編，鷲平京子訳，岩波文庫，2010 年。

田中義成『織田時代史』講談社学術文庫，1980 年。

田辺敬子「ピッコローミニとヴェージョ」『教育思想史Ⅴ ルネサンスの教育思想（上）』東洋館出版社，1985 年，179-207 頁。

H・チースリク『キリシタン時代の邦人司祭』キリシタン文化研究会，1981 年。

同『続　キリストの証し人』聖母の騎士社，1997 年。

同『キリシタンの心』聖母の騎士社，1999 年。

同『キリシタン史考』聖母の騎士社，2002 年。

H・チースリク監修・五野井隆史著『ペトロ岐部カスイ』大分県教育委員会，1997 年。

同監修・太田淑子編『日本史小百科キリシタン』東京堂出版，1999 年。

H・チースリク編『北方探検記——元和年間に於ける外国人の蝦夷報告』聖心女子大学カトリック文化研究所，1962 年。

『デ・サンデ天正遣欧使節記』泉井久之助・長沢信寿・三谷昇二・角南一郎訳，雄松堂，1969 年。

ヘルマン・テュヒレ他『バロック時代のキリスト教』キリスト教史 6，上智大学中世思想研究所編訳，平凡社，1997 年。

所荘吉「鉄砲伝来をめぐって——その正しい理解のために」，『鉄砲伝来前後——種子島をめぐる技術と文化』種子島開発総合センター編，有斐閣，1987 年，45-73 頁。

『長崎版どちりな きりしたん』海老沢有道校注，岩波書店，2000（1950）年。

『長崎のコレジョ』純心女子短期大学・長崎地方文化史研究所編，1985 年。

中畑正志「総解説　プラトンを読む——昔も，そして今も」，アルビノス他『プラトン哲学入門』京都大学学術出版会，2008 年，423-49 頁。

永原慶二『下克上の時代』日本の歴史 10，中央公論新社，2012 年改版 3 刷。

『南蛮美術館の光と影——泰西王侯騎馬図屏風の謎』日本経済新聞社，会期：2011 年 10 月 26 日（水）～ 12 月 4 日（日）会場：サントリー美術館。

西村貞二『神の国から地上の国へ』大世界史 10，文藝春秋，1968 年。

根占献一「根占権之丞清長のこと——衆中交替期の一私人についての素描」，『鹿児島中世史研究会報』第 44 号（1986 年），20-26 頁。

同「小松帯刀とカヴール——1860 年代の日伊関係」，『日伊文化研究』，第 26 号（1988 年），43-54 頁。

同『東西ルネサンスの邂逅——南蛮と禰寝氏の歴史的世界を求めて』東信堂，1998 年。

同『ロレンツォ・デ・メディチ——ルネサンス期フィレンツェ社会における個人の形成』南窓社，1999 年第 2 版。

同『フィレンツェ共和国のヒューマニスト——イタリア・ルネサンス研究（正）』創文社，2005 年。

同『共和国のプラトン的世界——イタリア・ルネサンス研究（続）』創文社，2005 年。

同「イゾッタ・ノガローラの古書と私」，『星美学園短期大学 日伊総合研究所報』（*Bollettino Istituto di ricerca italo-giapponese*），第 3 号，2007 年，26-32 頁。

同「小松帯刀とその時代——特に「外国交際」の観点から」，『学習院女子大学紀要』，第 11 号（2009 年），71-91 頁。

同「コロンナ，ミケランジェロ，ポントルモ——時代と向き合う芸術家たち」，『学習院女子大学紀要』第 13 号，2011 年，131-45 頁。

同「ルネサンス文化と改革期のローマ——15・16 世紀イタリアの教会と世界」，『中近世ヨーロッパの宗教と政治——キリスト教世界の統一性と多元性』甚野尚志・踊共二編，ミネルヴァ書房，2014 年，132-57 頁。

同「ガスパロ・コンタリーニとトレント公会議への哲学的・神学的傾向」，『西洋史論叢』

第36号（2014年12月），25-38頁。

同「再生と充溢としてのルネサンス観とその今日的課題——東西を結ぶルネサンス概念」，甚野尚志・益田朋幸編『ヨーロッパ文化の再生と革新』知泉書館，2016年，61-85頁。

根占献一編『イタリア・ルネサンスの霊魂論』三元社，2013（1995）年。

ヘンリー・H・ハート『ヴェネツィアの冒険家——マルコ・ポーロ伝』幸田礼雅訳，新評論，1994年。

『幕末・明治期における日伊交流』日伊協会編，日本放送協会，1984年。

喬本政宣『近世公家社会の研究』吉川弘文館，2002年。

橋本雄「「鉄炮伝来」と禰寝侵攻一件」，『日本歴史』2016年7月号，69-77頁。

ディエゴ・パチェコ『鈴田の囚人——カルロス・スピノラの書簡』長崎文献社，1967年。

同『鹿児島のキリシタン』春苑堂書店，1975年。

原田祐司『キリシタン司祭後藤ミゲルのラテン語の詩とその印刷者税所ミゲルをめぐって』近代文芸社，1998年。

ルイス・ハンケ『アリストテレスとアメリカ・インディアン』岩波書店，1974年。

平川祐弘『マッテオ・リッチ伝』全3巻，東洋文庫，平凡社，1969-97年。

平岡隆二『南蛮学系宇宙論の原典的研究』花書院，2013年。

トメ・ピレス『東方諸国記』，『大航海時代叢書』5，生田滋他訳，岩波書店。

ヒロ・ヒライ / 小澤実編『知のミクロコスモス——中世・ルネサンスのインテレクチュアル・ヒストリー』中央公論新社，2014年。

フェリペ・フェルナンデス＝アルメスト『1492。コロンブス——逆転の世界史』青土社，2010年。

ウィリアム・J・ブースマ『ギヨーム・ポステル。異貌のルネサンス人の生涯と思想』長谷川光明訳，法政大学出版局，2010年。

『完訳フロイス日本史』松田毅一・川崎桃太訳，中公文庫，中央公論新社，全12巻。

ジラール・フレデリック「ペドロ・ゴメスの『講義要項』の和譯（1595年）と日本の宗教」『東洋の思想と宗教』第28号（2011年），1-53頁。

フロイス『日欧文化比較』岡田章雄訳注，岩波書店，1999年。

ペトラルカ『わが秘密』近藤恒一訳，岩波文庫，1996年。

イザヤ・ベンダサン『日本教徒』山本七平訳編，文藝春秋，1997年。

マルコ・ポーロ『東方見聞録』愛宕松男訳，平凡社，1997（1971）年。

『全訳マルコ・ポーロ東方見聞録』月村辰雄・久保田勝一訳，岩波書店，2002年。

マルコ・ポーロ / ルスティケーロ・ダ・ピーサ『世界の記』高田英樹訳，名古屋大学出版会，2013年。

ジョヴァンニ・ボテーロ『国家理性論』石黒盛久訳，風行社，2015年。

前之園幸一郎「ルネサンス期イタリアにおける読み書きの入門教育について」『ルネサンス研究』ルネサンス研究会編，I (1994)，46-67頁。

松田毅一『南蛮巡礼』中央公論社，1981年。

松田智雄・会田雄次『近代への序曲』世界の歴史 7，中央公論社，1961 年。

的場節子『ジパングと日本』吉川弘文館，2007 年。

増田義郎『新世界のユートピア』研究社，1971 年。

同『コロンブス』岩波書店，1979 年。

ヨゼフ・B・ムイベルガー（ミュールベルガー）『日本における信仰――ヴァリニャーノの「日本のカテキズモ」と倫理神学的見解』サンパウロ，2004 年。

村岡典嗣『吉利支丹文学抄』改造社，1926 年。

同『神道史』日本思想史研究第一巻，創文社，1974 年。

村山修一『安土桃山時代の公家と京都――西洞院時慶の日記にみる世相』塙書房，2009 年。

モンテーニュ『エセー』全 6 冊，原二郎訳，岩波書店。

彌永信美『幻想の東洋――オリエンタリズムの系譜』青土社，1987 年。

山内昶『青い目に映った日本人――戦国・江戸期の日仏情報史』人文書院，1998 年。

米田潔弘「15 世紀フィレンツェにおける慈善と教育」『桐朋学園大学研究紀要』29，2003 年，63-87 頁。

『来日 450 周年 大ザビエル展 図録』東武美術館，朝日新聞社，1999 年。

マテオ・リッチ『天主実義』柴田篤訳，東洋文庫，2004 年。

『ルネッサンス』図説世界文化史体系 8，角川書店，1959 年。

ジョアン・ロドリーゲス『日本教会史』訳者多数，岩波書店，1967-70 年，全 2 巻。

『和辻哲郎全集』増補版，岩波書店，，1989-92 年，全 25 巻 別巻 2。